Nico Stehr und Amanda Machin
Gesellschaft und Klima

D1719782

Nico Stehr und Amanda Machin

Gesellschaft und Klima

Entwicklungen, Umbrüche, Herausforderungen

Aus dem Englischen
übersetzt von Hella Beister

VELBRÜCK
WISSENSCHAFT

Erste deutsche Auflage 2019
© Velbrück Wissenschaft, Weilerswist 2019
www.velbrueck-wissenschaft.de
Printed in Germany
ISBN 978-3-95832-167-0

Bibliografische Information der Deutschen Nationalbibliothek
Die Deutsche Nationalbibliothek verzeichnet diese Publikation in der
Deutschen Nationalbibliografie; detaillierte bibliografische Daten
sind im Internet über http://dnb.ddb.de abrufbar.

Inhalt

Überblick

Grundlage dieses Buchs ist die Überzeugung, dass eine Analyse der Wechselwirkung von Klima und Gesellschaft so spannend wie aufschlussreich ist. Früher einmal mag das Klima der selbstverständliche Hintergrund der sozialen, politischen und ökonomischen Interaktionen gewesen sein. Wenn die klimatischen Bedingungen Jahr für Jahr für Jahr dieselben bleiben, wenn die Jahreszeiten wie erwartet aufeinander folgen, ist Zukunft etwas, das man sich vorstellen und planen kann. Architekturformen, landwirtschaftliche Zyklen und Reisepläne können in einer Welt, die ansonsten vielfach im Fluss ist, als feste Größen eingeplant werden. Aber dieser selbstverständliche Hintergrund ist dabei, seine Selbstverständlichkeit zu verlieren. Das Klima ist aus dem Hintergrund der gesellschaftlichen Anliegen in den Vordergrund gerückt, es ist in Zeitungsschlagzeilen, Parteiprogrammen und Alltagsgesprächen ebenso präsent wie als Forschungsgegenstand ganz unterschiedlicher Disziplinen. Man mag seine Zweifel an der Richtigkeit der herrschenden Darstellungen und Diskurse haben, doch sie zu ignorieren wird immer schwieriger. *Klima zählt*, und auf welche Arten es zählt, beginnen wir erst zu verstehen.

Aber das Problem ist nicht nur, dass ein unbeständiges Klima Auswirkungen auf die Gesellschaft haben wird. Denn was sich mittlerweile kaum mehr leugnen lässt, auch wenn es deswegen noch längst nicht allgemein akzeptiert wird, ist die Art und Weise, wie sich gesellschaftliche Institutionen und die Energiebasis, die ihre Grundlage ist, auf das Klima auswirken. Gerade so, wie das Klima für die Gesellschaft zählt, so *zählt die Gesellschaft* für das Klima (Urry 2011: 3). In ihrer totalen Abhängigkeit von fossilen Brennstoffen haben die Industriestaaten so viel Treibhausgas in die Atmosphäre ausgestoßen, dass das Klima irreversibel geschädigt ist. Die zu erwartenden Folgen werden gewöhnlich als »Erderwärmung« bezeichnet, doch bestehen sie nicht nur in steigenden Durchschnittstemperaturen, sondern auch in steigenden Meeresspiegeln und zunehmend häufigeren Wetterextremen. Dies wiederum wird schwerwiegende Langzeitfolgen für die Gesellschaft haben. Deshalb ist die deutsche Kanzlerin, Angela Merkel, überzeugt, dass der anthropogene – der menschengemachte – Klimawandel »eine der größten Herausforderungen für die Menschheit ist« (Osborne 2017). Der Klimawandel wird vielfach als Katastrophe von noch nie dagewesenen Ausmaßen verstanden, als etwas, wodurch sich, mit den Worten von Naomi Klein (2014; Stehr 2014), »alles ändert«.

Natürlich ist die bloße *Feststellung*, dass der Klimawandel eine Herausforderung darstellt, zunächst einmal politische Rhetorik und bedeutet nicht unbedingt, dass auf sie auch eine handfeste politische Antwort

folgt, die geeignet wäre, die von Klein verlangte Veränderung voranzutreiben. Wie weit heutige Gesellschaften fähig und bereit sind, auf die
klimabedingten Herausforderungen zu reagieren, die sie mit Sicherheit
betreffen werden, ist nicht ganz klar, um es vorsichtig zu formulieren.
Amitav Ghosh diagnostiziert eine weit verbreitete Mittäterschaft in Gestalt der Blindheit – er nennt das »die große Verblendung« (2017) – gegenüber den Bedrohungen durch ein sich wandelndes Klima. Während
also das Problem der Erderwärmung weltweit politisch in den Vordergrund gerückt ist, könnte die schwungvolle Rhetorik über eine weit weniger eindeutige Realität hinwegtäuschen. Das Klimaabkommen von Paris zum Beispiel ist eine Übereinkunft im Rahmen der Klimakonvention
der Vereinten Nationen (*United Nations Framework Convention on Climate Change*, UNFCCC). In dem Abkommen, das am 12. Dezember
2015 von 195 Ländern einvernehmlich angenommen wurde, geht es um
die Verringerung der Treibhausgasemissionen und um Anpassung und
Finanzierung ab dem Jahr 2020. Sein ausdrücklich formuliertes oberstes
Ziel ist, »den Anstieg der globalen Durchschnittstemperatur auf deutlich
unter 2° C über dem vorindustriellen Niveau zu halten und sich darüber
hinaus zu bemühen, ihn auf 1,5° C über dem vorindustriellen Niveau
zu begrenzen, da dies die Risiken und Auswirkungen des Klimawandels
deutlich reduzieren würde« (United Nations 2015: 22). Weithin als historischer Meilenstein betrachtet (siehe Milman et al. 2017), scheint das
Übereinkommen von Paris einem allgemeinen wissenschaftlichen und öffentlichen Konsens Ausdruck zu geben, dass der menschengemachte Klimawandel eine schwerwiegende Bedrohung darstellt.

Das Abkommen ist jedoch nicht rechtlich bindend. Weder gibt es formelle Sanktionen, wenn ein Land seinen Verpflichtungen im Hinblick
auf Folgenabschwächung, Anpassung oder Finanzierung nicht nachkommen sollte, noch eine Garantie für seine Reichweite. Dieses Problem wurde am 1. Juni 2017 offenkundig, als der Präsident der Vereinigten Staaten, Donald Trump, den formellen Rücktritt der Vereinigten Staaten von
dem Abkommen bekanntgab. Damit gesellten sich die USA zu Nicaragua und Syrien, die als einzige Länder der Welt dem Klimaabkommen
nicht beigetreten waren. Nicaragua und Syrien unterschrieben es später
allerdings doch noch. Formal können die USA gemäß dem Pariser Abkommen den Austrittsprozess zwar erst im November 2019 einleiten,
doch ist die derzeitige Regierung schon jetzt auf einen deutlich umwelt-
schädlichen Kurs umgeschwenkt. Mit seiner Austrittsankündigung er-
füllte Trump sein Wahlversprechen, den »Krieg gegen die Kohle zu be-
enden« (Bomberg 2017: 1), und verfolgte weiter sein vorgebliches Ziel,
dem amerikanischen Volk seine Souveränität zurückzugeben, ganz im
Sinne der Parole »America first« (Milman et al. 2017). Aber schon kurz
nach dieser Ankündigung, in der Trump auch betonte, er sei schließlich gewählt worden, um »die Menschen in Pittsburgh und nicht die in

Paris« zu vertreten, übte der Bürgermeister von Pittsburgh, Bill Peduto, in einer viel beachteten Erklärung scharfe Kritik an dem Austritt und bekräftigte, seine Stadt werde weiter zu dem Abkommen stehen (siehe Gambino 2017). Tatsächlich werden eine ganze Reihe amerikanischer Bundesstaaten und Städte die im Abkommen formulierte Klimapolitik fortsetzen und »einen deutlichen Gegenkurs gegen Trumps umweltgefährdenden Kreuzzug fahren« (Bomberg 2017: 5; Cooper und Ronayne 2017). Dieses Szenarium macht zumindest eines deutlich, nämlich wie hochgradig politisiert die Probleme von Klima und Klimawandel in der heutigen Welt sind.

Der Rückzug aus dem Übereinkommen bedeutet nach Ansicht vieler Menschen, dass die USA (derzeit nach China der zweitgrößte Verursacher von Treibhausgasemissionen) ihren ethischen Verpflichtungen in Bezug auf den Klimawandel nicht nachkommen. Schließlich ist nicht zu übersehen, dass die Teile der Welt, die durch den Klimawandel existentiell am stärksten bedroht sein werden, auch diejenigen sind, die von der Industrialisierung, die diesen Klimawandel angefacht hat, am wenigsten profitiert haben. Sie sind seinen Risiken stärker ausgesetzt und zugleich weniger gut in der Lage, gerechte Lösungen auszuhandeln (Roberts und Parks 2007). Indem der Klimawandel bereits bestehende globale Ungleichheiten verschärft, macht er deutlich, dass das Klima ein hochkomplexes System ist, in dem geophysikalische Elemente und soziale, ökonomische und politische Prozesse und Institutionen ineinandergreifen.

Wir lenken die Aufmerksamkeit auf drei Annahmen, die unzutreffend, aber für die üblichen Klimadarstellungen typisch sind und das Klima als *globales* Objekt der *Naturwissenschaften* begreifen, für das man sich erst *neuerdings* zu interessieren beginnt. Erstens: Klima wird überwiegend *global* dargestellt. Tatsächlich aber sind die Auswirkungen globaler Umweltprobleme wie auch deren Ursachen weltweit ungleich verteilt. Eine Beschreibung des Klimawandels als globales Problem unterstreicht sein Ausmaß, täuscht aber darüber hinweg, dass seine Ursachen wie seine Folgen durchaus differenziert sind. Nicht die menschliche Gesellschaft *im Allgemeinen* hat durch Industrialisierung, Urbanisierung und Entwaldung den Treibhauseffekt verstärkt. Nicht die Menschheit als homogenes Ganzes wird die volle Wucht der Auswirkungen zu spüren bekommen. Und doch sind die lokal unterschiedlichen Auswirkungen gerade ein Ergebnis der Art und Weise, wie das Klima global wirkt, nämlich als ein sensibles und komplexes System, das bei der Verteilung von Wirkungen und Ursachen einen jeweils anderen Maßstab anlegt.

Zweitens: Das Klima wird häufig als *naturwissenschaftliches* Problem verstanden (siehe Grundmann und Stehr 2000 und 2010). Aber Klimaprobleme lassen sich nicht von ihrem gesellschaftlichen Kontext trennen und fallen damit auch in den Bereich der Sozialwissenschaften. Das Klima verändert sich nicht nur aufgrund natürlicher Prozesse, sondern auch aufgrund von gesellschaftlichen Technologien, ökonomischen Mustern und kulturellen Verhaltensweisen. Und umgekehrt können sich gesellschaftliche Institutionen und politische Verhältnisse unter dem Einfluss des Klimas und seiner Wechselfälle verändern: Geschlechter-, Rassen- und Klassenungleichheiten könnten sich verschärfen; Sicherheits- und (ökonomische) Wachstumsdiskurse könnten im Hinblick auf Umweltrisiken neu formuliert werden. Klima und Gesellschaft schließen einander ein. Das heißt, dass wir Analysen nicht nur von Geophysikern, Biogeochemikern und Meteorologen brauchen, sondern auch von Soziologen, Philosophen, Historikern, Anthropologen und Politologen. Zugleich müssen auch die Klimawahrnehmungen von Laien mit einbezogen werden. Denn ohne die Unterstützung der Öffentlichkeit dürfte jedwede klimapolitische Bewegung oder Entscheidung kaum Erfolg haben. Aber so entscheidend der Input an wissenschaftlichem Wissen für das öffentliche Verständnis des Klimaproblems ist, so deutlich ist auch das Spannungsverhältnis zwischen wissenschaftlicher Expertise und öffentlicher Wahrnehmung. Verschiedene Konstruktionen des Klimas bedingen, ergänzen und widersprechen einander.

Drittens: Weil in jüngster Zeit der menschengemachte Klimawandel in aller Munde ist, kam es zu der weitverbreiteten Annahme, das Klima sei erst *neuerdings* zum Gegenstand der Analyse geworden. Aber Untersuchungen zum Klima und seinen Schwankungen wie auch zu seinen Folgen für die Gesellschaft hat es schon lange gegeben: Kolonialisten und Chemiker, Bergsteiger und Seefahrer haben sich mit verschiedenen Komponenten des Klimas im Kontext ganz unterschiedlicher Interessen und Annahmen auseinandergesetzt. Es lohnt sich, sich diese früheren Darstellungen genauer anzusehen. Das ist kein rein akademisches Glasperlenspiel. Ihre Entdeckungen, Ideen und Fehler können uns etwas über unsere eigenen Entdeckungen, Ideen und Fehler sagen und uns davon abhalten, Neues zu verkünden, wo gar nichts Neues ist, und uns auf Irrwege zu begeben, die schon einmal begangen wurden.

Daher ist es so wichtig, die jüngere Klimaforschung auch als Etappe einer historischen Entwicklung zu betrachten. Natürlich sind die heutigen Warnungen vor einem sich wandelnden Klima vordringlich und alarmierend. Aber so einmalig die gegenwärtigen Klimabedingungen auch sind, eine Betrachtung dieser Warnungen im Kontext von historischen Darstellungen von Klima und Klimawandel könnte dennoch von Nutzen sein. Eine solche (Wieder-)Bekanntschaft mit der früheren wissenschaftlichen Forschung sollte nicht als Versuch missverstanden werden, überholte Ideen am Leben zu erhalten. Sie könnte aber helfen, neue zu produzieren (Stehr und von Storch 2008: 4).

Aus der Erkenntnis, dass Ausmaß, Bedeutung und Folgen von Klima und Klimawandel nur mit Hilfe von Input aus verschiedenen Disziplinen mit unterschiedlichen Raum- und Zeitskalen zu begreifen sind, ergeben sich zahlreiche Fragen: Wie »natürlich« ist das Klima? Wie »unnatürlich« ist der Klimawandel? Was sind die sozialen, politischen und kulturellen Folgen eines sich wandelnden Klimas? Offenbart sich mit ihm letztlich die extreme Zerbrechlichkeit des sozialen Lebens oder doch eher seine kreative Kraft? Lässt sich das Klima mit menschlicher Technologie unter Kontrolle bringen, oder ist das Ausdruck einer blinden Selbstüberschätzung, die die grundlegende Komplexität des Klimasystems verkennt? Wie unterscheiden sich wissenschaftliche und »alltägliche« Darstellungen von Klima und Klimawandel? Was ließe sich aus einer Gegenüberstellung unserer heutigen – wissenschaftlichen wie alltäglichen – Konstruktionen mit früheren Sinngebungen lernen? Und welche Schlüsse ließen sich aus den vergangenen wie gegenwärtigen Antworten auf Umweltprobleme ziehen?

Dies sind die aufschlussreichen Fragen zu den Wechselbeziehungen zwischen Menschen, Gesellschaften, Wissenschaften, Naturen und Klimaverhältnissen, auf die wir in diesem Buch aufmerksam machen möchten, wenn auch ohne den Anspruch, sie beantworten zu können. Dabei möchten wir in erster Linie ein breites Bild der so verwirrenden wie erhellenden Wechselwirkungen von Klima und Gesellschaft bieten und den Horizont der Analyse erweitern. Das soll jedoch nicht heißen, dass dieses Bild umfassend ist, sind wir uns doch unserer Position als Sozialwissenschaftler des globalen Nordens wie auch der vielen Schwachstellen und Einseitigkeiten unserer Darstellung nur allzu bewusst.

Das 1. Kapitel bietet eine Einführung in diese andere Art, sich dem Klima zu nähern, nämlich unter dem Gesichtspunkt der Dichotomie von »Natur« und »Gesellschaft«. Wir machen deutlich, dass »Klima« in verschiedenen historischen Epochen, verschiedenen Weltgegenden und den vielen verschiedenen Bereichen des sozialen Handelns unterschiedliche Bedeutungen haben kann: Religiöse, wissenschaftliche und alltägliche Auffassungen ergänzen einander und konkurrieren miteinander. Zum wissenschaftlichen Objekt wurde das Klima um das 18. Jahrhundert herum. Aber dieses Objekt lässt sich nicht getrennt von den sozialen Strukturen betrachten, denen es Grenzen setzt und deren Einfluss es zugleich unterliegt. Der Klimawandel kann als eine Facette des »Anthropozäns« verstanden werden, eines geologischen Zeitabschnitts, der dem Einfluss Rechnung trägt, den bestimmte Formen von menschlichen Gesellschaften auf den Planeten haben. Das Anthropozän bedeutet, dass die Unterscheidung von Natur und Gesellschaft in sich zusammenbricht und das Klima zu etwas zugleich Natürlichem *und* Gesellschaftlichem wird.

Im 2. Kapitel geht es um die Entwicklung des Klimas als wissenschaftliches Objekt. Wir befassen uns zunächst mit der wissenschaftlichen Interpretation des Klimas als *mittleres Wetter*. Wir sehen, wie diese Interpretation zu einer Vorstellung vom Klima als eines Ensembles von regelhaften Bedingungen führte, das als verlässliche Ressource genutzt werden konnte. Wir beschreiben den Wandel, der sich seit dem 19. Jahrhundert in der Klimatologie vollzog: vom Erzeuger von statistischen und numerischen Darstellungen des regionalen Klimas zu einer globalen analytischen Herangehensweise, die das Klima als komplexes und strukturiertes, die Komponenten Atmosphäre, Hydrosphäre, Kryosphäre und Biosphäre umfassendes System begreift. Klima war nun *mögliches Wetter*.

Heute dürften die Wissenschaftler auf die *Instabilität* des Klimas weitaus mehr Gewicht legen als auf seine Verlässlichkeit. Daher konzentriert sich das 3. Kapitel auf diese Dimension des Klimas: Klima als ein variables Ensemble von Bedingungen. Damit sind wir bei der Frage des Klima*wandels* angelangt und der Frage, wie er in der Vergangenheit gesehen wurde und heute gesehen wird. Klimaschwankungen waren zwar schon lange ein Forschungsgegenstand, doch ging man früher davon aus, dass solche Schwankungen periodisch oder in Zyklen auftraten. Im Unterschied dazu stehen heute gerade solche Klimaänderungen im Vordergrund, die als »progressiv« und also irreversibel angesehen werden. Wir befassen uns außerdem mit den ungleich verteilten Auswirkungen des Klimawandels und halten fest, dass die Effekte von »natürlichen« Umweltgefahren und -risiken nicht losgelöst von bestimmten soziopolitischen Verhältnissen betrachtet werden können: Machtverhältnisse, Geschlechternormen und soziale Ungleichheiten.

Wie weit reichen die Auswirkungen des Klimawandels auf die Gesellschaft? Das 4. Kapitel vertieft sich in die trübe Vergangenheit des Klimadeterminismus und befasst sich mit der Behauptung, dass letztlich das Klima über die Möglichkeiten entscheidet, die der menschlichen Zivilisation zur Verfügung stehen. Diese Vorstellung galt im 19. Jahrhundert als hartes wissenschaftliches Faktum. Wir warnen vor einer möglichen Wiederkehr des Klimadeterminismus in den heutigen Analysen; hier gilt es, sehr genau hinzuschauen. Denn das Klima ist für die menschliche Gesellschaft zwar eine *Bedingung*, aber keine *Determinante*, und dies zu vergessen heißt, die menschliche und gesellschaftliche Handlungsfähigkeit zu schwächen. Es heißt jedoch nicht, dass das Klima überhaupt keinen Einfluss hat. Tatsächlich könnten die Störungen und Gefahren eines sich wandelnden Klimas in den kommenden Jahrzehnten enorme gesellschaftliche Auswirkungen haben. Wir können das Klima weder kontrollieren noch uns gegen seine Unbeständigkeit abschirmen. Das war vielleicht noch nie so klar wie heute, wo die potentiell dramatischen Auswirkungen eines im Wandel begriffenen Klimas in der sozialen, politischen und ökonomischen Diskussion ganz obenan stehen.

Im 5. Kapitel wenden wir uns allgemeineren öffentlichen Wahrnehmungen des Klimas und der Tendenz zu, von einem Ensemble stabiler Klimabedingungen auszugehen, auf deren Konstanz man vertrauen kann. Paradoxerweise kann ein solches Vertrauen blind für die Art und

Weise machen, wie Gesellschaften darauf hinwirken, eben diese Verhältnisse zu untergraben. Tatsächlich sind die potentiell dramatischen Folgen des menschengemachten Klimawandels immer schwerer zu ignorieren. Neben der Beschreibung des Klimas als einer konstanten Bedingung gibt es also eine neuerdings dominante Beschreibung des Klimas als Quelle einer künftigen Katastrophe. Wir überlegen, ob nicht beide dieser scheinbar widersprüchlichen Beschreibungen – als konstant und als katastrophisch – dem sozialen und politischen Engagement im Wege stehen. Welche Rolle spielen dabei die Klimaforscher? Wir denken auch über die Frage des Miss- bzw. Vertrauens nach, das den Klimaforschern in der Öffentlichkeit entgegengebracht wird. Wir hoffen, in diesem Kapitel deutlich machen zu können, wie tief Klimawahrnehmungen in unserer Lebensform verwurzelt sind und wie schwer hier ein Umdenken ist. Dies hat immense Folgen für die Politikgestaltung.

Das 6. Kapitel handelt daher vom Klima als politischer Frage. Ganz im Sinne unserer oben aufgestellten Behauptung, dass das Klima nicht mehr einfach eine Hintergrundbedingung des Alltagslebens ist, verfolgen wir, wie sich das Klima zu einem eigenständigen, aktive Einschätzungen und Reaktionen erfordernden Politikfeld entwickelt hat. Der Klimawandel und die Folgen und Risiken, die er mit sich bringt, sind zum festen Bestandteil unserer politischen Institutionen und Mechanismen geworden: als wichtiges Problem, bei dem es gilt, politische Entscheidungen zu treffen und umzusetzen. Wir unterscheiden drei getrennte, aber einander nicht ausschließende Ansätze der Klimapolitik, nämlich den technologiepolitischen, wirtschaftspolitischen und ordnungspolitischen.

Das Klima spielt eine Hauptrolle nicht nur auf der politischen, sondern auch auf der akademischen Bühne. In unserem kurzen Schlusskapitel beschäftigen wir uns mit den Folgen, die sich aus dieser wachsenden Prominenz des Klimas für Wissenschaft und Forschung ergeben. Wir meinen, dass der Klimawandel Chancen für neue Formen der interdisziplinären Zusammenarbeit bietet. Trotz aller Skepsis, was den Beitrag der Wissenschaft zur Politikgestaltung angeht – wenn der Klimawandel wirksam, kreativ und fair angegangen werden soll, dann bedarf es dringend neuer Formen, wie Wissenschaft betrieben, konzeptualisiert und angewendet wird. Könnte es sein, dass sich im Verstandnis des Zusammenhangs von Klima und Gesellschaft eine neue Phase abzeichnet?

Literatur

Bomberg, Elizabeth (2017): »Environmental politics in the Trump era: an early assessment«, *Environmental Politics* X (X): 1–8.
Cooper, Jonathan J. und Kathleen Ronayne (2017): »Proposed California climate deal takes aim at toxic air«, *Associated Press* 12.07.2017. Online

unter: www.apnews.com/63ba378c79714172a54206882d9ca160/Proposed-California-climate-deal-takes-aim-at-toxic-air (abgerufen am 14.03.2018).

Gambino, Lauren (2017) »Pittsburgh fires back at Trump: we stand with Paris, not you«, *The Guardian* 12.06.2017. Online unter: www.theguardian.com/us-news/2017/jun/01/pittsburgh-fires-back-trump-paris-agreement (abgerufen am 14.03.2018).

Ghosh, Amitav (2017 [2016]): *Die große Verblendung. Der Klimawandel als das Undenkbare.* München: Karl Blessing Verlag.

Grundmann, Reiner und Nico Stehr (2000): »Social science and the absence of nature«, *Social Science Information* 39 (1): 155–179.

– (2010): »Climate Change: What Role for Sociology?«, *Current Sociology* 58 (6): 897–910.

Klein, Naomi (2014): *This Changes Everything: Capitalism vs. the Climate.* New York: Simon and Schuster.

Milman, Oliver, David Smith und Damian Carrington (2017): »Donald Trump confirms US will quit Paris climate agreement«, *The Guardian* 01.06.2017. Online unter: www.theguardian.com/environment/2017/jun/01/donald-trump-confirms-us-will-quit-paris-climate-deal (abgerufen am 14.03.2018).

Osborne, Samuel (2017): »Angela Merkel promises to tackle Donald Trump on climate change at G20 summit«, *The Independent* 29.06.2017. Online unter: www.independent.co.uk/news/world/europe/angela-merkel-donald-trump-g20-summit-climate-change-germany-chancellor-us-president-trade-wilbur-a7813716.html (abgerufen am 14.03.2018).

Parks, J. Timmons und Bradley C. Parks (2007): *A Climate of Injustice: Global Inequality, North-South Politics, and Climate Policy.* Cambridge, London: MIT Press.

Stehr, Nico (2014): »Climate policy: A societal sea change«, *Nature* 513: 312.

Stehr, Nico und Hans von Storch (2008): »Der Klimaforscher Eduard Brückner«, in: Stehr, Nico und Hans von Storch (Hrsg.): *Eduard Brückner – Die Geschichte unseres Klimas: Klimaschwankungen und Klimafolgen.* Österreichische Beiträge zu Meteorologie und Geophysik, Heft 40: 4–9.

United Nations (2015): »Adoption of the Paris Agreement«. Online unter: https://unfccc.int/resource/docs/2015/cop21/eng/l09r01.pdf (abgerufen am 14.03.2018).

Urry, John (2011): *Climate Change and Society.* Cambridge and Malden: Polity Press.

1. Einleitung: Gesellschaft, Natur, Klima

> Der Ausdruck Klima bezeichnet in seinem allgemeins-
> ten Sinne alle Veränderungen in der Atmosphäre, die
> unsere Organe merklich afficieren: die Temperatur, die
> Feuchtigkeit, die Veränderungen des barometrischen
> Druckes, den ruhigen Luftzustand oder die Wirkun-
> gen ungleichnamiger Winde, die Größe der elektri-
> schen Spannung, die Reinheit der Atmosphäre oder
> die Vermengung mit mehr oder minder schädlichen
> gasförmigen Exhalationen, endlich den Grad habitu-
> eller Durchsichtigkeit und Heiterkeit des Himmels:
> welcher nicht bloß wichtig ist für die vermehrte Wär-
> mestrahlung des Bodens, die organische Entwicklung
> der Gewächse und die Reifung der Früchte, sondern
> auch für die Gefühle und ganze Seelenstimmung des
> Menschen.
>
> *Alexander von Humboldt 1845: 340*

Das Klima ist eine der wichtigsten allgemeinen Bedingungen der menschlichen Existenz. So überrascht es nicht, dass es seit Jahrhunderten immer wieder zum Thema gesellschaftlicher, kultureller und wissenschaftlicher Betrachtungen wurde. Zahlreiche Abhandlungen definierten das
Klima als einen erklärenden Faktor, aus dem sich die Natur der menschlichen Zivilisation mit ihren besonderen Formen, Erfolgen und Miss-
erfolgen ergibt. Alexander von Humboldts oben zitierte, weit gefass-
te Klimadefinition aus dem ersten Band seiner berühmten Abhandlung
Kosmos. Entwurf einer physischen Weltbeschreibung verweist auf den
tiefgreifenden Einfluss des Klimas auf die *conditio humana*, die Lebensbedingungen und die Natur des Menschen. Zumindest teilweise, so die
Annahme, bestimmt das Klima den gesellschaftlichen Erwartungs- und
Vorstellungshorizont. Lange Zeit verstand man unter Klima, wie Eva
Horn bemerkt, den »Stempel, den die Natur dem Menschen aufdrückt«
(Horn 2016: 237). Aber diese Beziehung wirkt nicht nur in einer Richtung, denn die »Natur« trägt ihrerseits den Stempel, den die menschlichen Gesellschaften ihr aufdrücken: deren Formen von Landwirtschaft,
Architektur, Verkehr und Technologien aller Art tragen zur Gestaltung
der Umwelt bei. Auch dies war Humboldt bereits bewusst, der zu bedenken gab, »dass der umschaffende Geist der Nationen der Erde allmählich den Schmuck raubt[...]« (1987 [1808]: 180). Aber heute ist
dieser »Stempel, den der Mensch der Natur aufdrückt«, ganz offensichtlich und vermutlich offensichtlicher denn je, wie neueren Stellung-
nahmen über den menschengemachten Klimawandel zu entnehmen ist.

Zusammen mit anderen Umweltproblemen wie schwindende Artenvielfalt, gestörte Phosphor- und Stickstoffkreisläufe, saurer Regen und
Ozonloch lenkt der Klimawandel die Aufmerksamkeit auf die Zusammenhänge, aber auch die Spannungsverhältnisse zwischen »Natur« und
»Gesellschaft« (Latour 2017). Der Klimawandel unterstreicht nicht nur
die Abhängigkeit der Menschen von sauberen und stabilen Umweltbedingungen, sondern macht auch deutlich, wie sehr die menschliche Gesellschaft als Verursacher in die Verschmutzungen und Zerstörungen
verwickelt ist, die diese sauberen und stabilen Umweltbedingungen ge-
fährden. Aber diese Verbindung zwischen Natur und Gesellschaft ist
nicht überall gleich. Wettermuster und gesellschaftliche Normen sind
überall auf der Welt unterschiedlich. Also werden auch die Wahrnehmungen des Klimas und der Folgen des Klimawandels je nach kulturellen Traditionen und sozioökonomischen Strukturen unterschiedlich sein
(Meinert und Leggewie 2013).

Unser Ausgangspunkt in diesem Buch ist die Erkenntnis, dass das
»Klima« und seine Bestandteile in verschiedenen historischen Epochen
und in den vielfältigen Bereichen des sozialen Handelns unterschiedliche Bedeutungen haben können. Wir beginnen mit Überlegungen dazu,
wie Wettermuster und Wetterextreme unterschiedlich verstanden wurden, und zwar lange bevor »Klima« zum Objekt der Naturwissenschaften wurde, und auch heute unterschiedlich verstanden werden.

1.1 Die Natur des Wetters

Menschliche Gesellschaften waren schon immer in hohem Maße von
dem sie umgebenden Lebensraum abhängig und dem Einfluss von Umweltbedingungen und -krisen ausgesetzt (siehe Stehr 1978). Am unmit-
telbarsten dürfte das in der frühen Menschheitsgeschichte der Fall gewesen sein, als »Jagen und Sammeln« bzw. »Nahrungssuche« das typische
Muster der Beziehung von Gesellschaft und Umwelt war. Der Anteil der
Jäger- und Sammlergesellschaften an der Weltbevölkerung hat in den
letzten 10.000 Jahren stetig abgenommen, doch in verschiedenen Gegenden der Welt gibt es sie auch heute noch, wenn auch in etwas anderer Form (Reyes-García und Aili Pyhälä 2017). Meist sind es kleine Gesellschaften, die ihren Lebensunterhalt hauptsächlich durch Jagd
auf Wildtiere, Fischfang und das Sammeln von Pflanzen bestreiten (heute allerdings ergänzt durch andere Subsistenzquellen wie Landbau und
Haustiere). Ihr Überleben ist unmittelbar von den natürlichen lokalen
Ressourcen abhängig, was bedeutet, dass sie durch rasche und dramatische ökologische Veränderungen auch besonders gefährdet sein könnten (Reyes-García und Aili Pyhälä 2017: xxvii). Da der Einfluss dieser
Gesellschaften auf ihre Umwelt relativ geringfügig zu sein scheint, ist es

verführerisch, sie und ihr Verhältnis zur Natur zu verklären. Aber auch
wenn sich solchen Lebensweisen möglicherweise neue Sichtweisen abge-
winnen lassen, sollten wir doch darauf achten, wie das geschieht: »Wir
können von Jägern und Sammlern lernen, nicht indem wir Lebensweisen und Weltsichten kopieren, die sich nicht über ontologische Grenzen
hinweg transportieren lassen, sondern indem wir zu verstehen versuchen,
wie Menschen in uns fremden sozialen und kulturellen Kontexten mit
natürlichen und sozialen Umwelten, die im Übergang begriffen sind, [...]
umgehen und sich ihnen anpassen« (Schweitzer 2017: ix).

So erklärt zum Beispiel die Archäologin Liliana Janik in ihrer Forschung zu prähistorischen Jäger- und Sammlergesellschaften in Nord-
osteuropa (ca. 5.500 bis 1.500 v. u. Z.), dass diese Gemeinschaften in
»metastabilen Ökosystemen« lebten oder, mit anderen Worten, in einer
sich ständig verändernden Umwelt. Nach Janiks – vielleicht provokati-
ver – Meinung sollten wir nicht annehmen, dass solche fluktuierenden
Umweltbedingungen so gesehen wurden, wie wir sie vermutlich heute sehen, also als anormale und zerstörerische Ereignisse; vielmehr sei
eine solche Fluktuation und Variabilität eher die Norm gewesen (2013:
87). Statt in einem imaginären stabilen Klima spielte sich das Alltagsle-
ben in einem Kontext dynamischer Bedingungen ab, in dem von einem
Jahr zum nächsten nichts blieb, wie es war (Janik 2013: 94). Wichtig
ist hier Janiks Feststellung, dass Jagd- und Konsumpraktiken letztlich
nicht durch klimatische Bedingungen determiniert waren, wie oft un-
terstellt wird, sondern eher eine Frage von kulturellen Präferenzen und
Werten gewesen sein dürften. Sie warnt davor, unsere heutigen Erwartungen und Vorstellungen auf die Vergangenheit zu projizieren: »Frühere Gemeinschaften könnten natürlich die Welt um sie herum auf ganz
andere Weise begriffen und gedacht haben als wir heute« (2013: 87).
Klar ist jedenfalls, dass die Art und Weise, wie sich klimatische Veränderungen in der Vergangenheit auf eine Gesellschaft auswirkten, zumindest teilweise durch gesellschaftliche Faktoren bedingt war. Ein Vergleich zwischen der späten Ming-Dynastie (1560–1644) und der späten
Qing-Dynastie (1780–1911) in Nordchina zeigt zum Beispiel, wie unterschiedlich die gesellschaftlichen Reaktionen auf ähnliche Perioden
der Klimaverschlechterung und Klimakatastrophe sein können (Xiao
et al. 2015).

Das Wetter und seine Extreme wurden oft magisch oder religiös gedeutet. Wie James Frazer dokumentiert, gab es diverse Rituale und sym-
bolische Handlungen und Objekte (unter anderem Feuer, Frösche und
Vorhäute), mit deren Hilfe Regen heraufbeschworen oder Unwetter ab-
gewendet werden sollten (2009 [1922]). Im mittelalterlichen Island zum
Beispiel fand man Wettermanipulation mittels Magie genauso »natürlich« und vollkommen »normal« wie heute die Wettervorhersagen (Ogilvie und Pálsson 2003; siehe auch Kvideland und Sehmsdorf 1991).

Wolfgang Behringer (1999) beschreibt, wie Ende des 14. Jahrhunderts und im 15. Jahrhundert das Eintreten »unnatürlicher« Klimaphänomene – vor allem der Beginn der Kleinen Eiszeit – als Folge des Schadenzaubers einer »großen Hexenverschwörung« erklärt wurde. Frauen wurden als Wetterhexen denunziert und auf dem Scheiterhaufen verbrannt. Emily Oster zufolge geschah das auch schon Mitte des 13. Jahrhunderts: »In einer Zeit, in der die Gründe für Wetterschwankungen weitgehend im Dunkeln lagen, dürfte man angesichts tödlicher Veränderungen der Wettermuster nach einem Sündenbock gesucht haben. ›Hexen‹ konnte die Schuld zugeschoben werden, weil es einen kulturellen Rahmen gab, der sowohl ihre Verfolgung erlaubte als auch suggerierte, dass sie das Wetter beeinflussen konnten« (2004: 216).

Wetterextreme wie Überschwemmungen, Unwetter, Dürreperioden und Erdbeben und die mit ihnen einhergehenden Phänomene wie Pest und andere Epidemien, Viehseuchen und schlechte Ernten wurden auch lange als Ausdruck des Zorns der Götter und als Strafe für das sündhafte Leben der Menschen interpretiert (Stehr und von Storch 2000). Ein Beispiel ist die »Große Hungersnot« in Europa von 1315–1322 (Lucas 1930; Jordan 1996: 7). Die Hungersnot trat, wie Bruce Campbell erklärt, in einer Zeit erhöhter Klimainstabilität ein, die einen ganzen »Cocktail von Naturkatastrophen« nach sich zog (2016: 226). Ernteausfälle führten dazu, dass die Preise für Getreide und andere Nahrungsmittel stiegen und Ressourcen allgemein knapp wurden. Die Folge waren weitverbreitete, schwere Hungersnöte. Manche Quellen berichten, dass die Armen »Hunde, Katzen, Taubenkot und sogar ihre eigenen Kinder aßen« (Lucas 1930: 355). Die Ursache waren nicht enden wollende Regenfälle in den Sommermonaten und der Krieg, der alles noch schlimmer machte (Jordan 1996: 21). Besonders der sintflutartige Regen von 1315 war so ungewöhnlich, dass er an biblische Prophezeiungen erinnerte (Lucas 1930: 346). Die Kirchen erklärten das schlechte Wetter zur Strafe Gottes: »Sündhaftigkeit, Hass auf die sichtbare Kirche, leerer Glaube und der Abfall von Gott hätten den Zorn Gottes erregt, weswegen Er zuließ, dass das schlechte Wetter so lange anhielt« (Jordan 1996: 22). Mit Bittgebeten, Fasten und Barfußprozessionen versuchte man, Gott dazu zu bewegen, »die normalen Wetterabläufe wiederherzustellen« (Jordan 1996: 108).

Umgekehrt können Klimakatastrophen auch als *Gründungs*ereignisse interpretiert werden. In China zum Beispiel werden die Große Flut am Gelben Fluss um 1900 v. u. Z. und ihre Zähmung durch den legendären Herrscher Yu, der dann als Großer Kaiser Yu die Xia-Dynastie begründete, als der Beginn der chinesischen Kultur betrachtet (Wu et al. 2016). Was dieser Mythos erzählt, ob empirisch nachweisbar oder nicht, ist die Geschichte der »Schöpfung einer geordneten Welt aus dem Chaos« (Lewis 2006: 1). Es gibt verschiedene Versionen, aber viele von ihnen konstruieren die Flut als Sanktionierung der politischen Autorität und als Ursprung der chinesischen Kultur (Lewis 2006: 17). Während in einigen Versionen der Geschichte die Entstehung des dynastischen Staats im Mittelpunkt steht, wird in anderen die Flut als Strafe für die Verbrechen der Menschen gedeutet (ebd.). Auch das verheerende Erdbeben von Lissabon im Jahre 1755 wurde, wie Susan Neiman beschreibt, nicht als *natürliches* Übel gedeutet, sondern als Folge menschlicher »Habgier und Unzucht« (2004: 357). Die massive materielle Zerstörung führte aber auch gedanklich zu Verwüstungen (2004: 353) und veranlasste die Philosophen der Aufklärung zu einer immer dringlicheren Infragestellung der Güte und der Existenz Gottes. So konnte, mit Neimans Worten, »ein Erdbeben zu einem bestimmten Zeitpunkt in Europa die Grundfesten des Glaubens erschüttern und die Güte des Schöpfers fragwürdig machen« (Neiman 2004: 361). Das Erdbeben ereignete sich zu einem Zeitpunkt, als der Rationalismus seinen Anspruch geltend zu machen begann, dass die Natur letztlich erkennbar sein müsse: »Da waren zunächst die Naturwissenschaften, die sich verbündet hatten, um das Credo der Aufklärung zu bekräftigen, dass das Universum im ganzen verständlich ist« (Neiman 2004: 361).

Tatsächlich ging die moderne rationalistische Hoffnung dahin, dass der Mensch imstande sein sollte, die Natur nicht nur zu erkennen, sondern auch zu beherrschen und die Risiken eines unbeständigen Wetters zu verringern (Leiss 1972). Diese Hoffnung ist natürlich nicht auf die Moderne beschränkt. So ist die Entstehung diverser Strategien (etwa Vorratshaltung und Tierzucht) und Technologien (etwa Angelhaken und Netze), mit denen sich ökologische wie soziale Risiken verringern ließen, ein Thema, das die Anthropologen beschäftigt (Hayden 2009). Durch diese Strategien veränderte sich das Verhältnis von Wetter und Gesellschaft: Menschliche Gemeinschaften waren einerseits Wetterextremen weniger unmittelbar ausgesetzt, weil sie Nahrung auf Vorrat halten konnten, wurden aber andererseits wegen der geringeren Vielfalt der Nahrungsquellen auch verletzlicher. Aber das Ausmaß dieser Naturbeherrschung ging nicht so weit, dass sie auch das Wetter erreichte.

In den letzten Jahrhunderten sind jedoch neue Technologien aufgetaucht, die die verführerische Vorstellung einer von den Zufällen und Unannehmlichkeiten von Regen, Hitzewellen, Unwettern und Dürren befreiten Gesellschaft greifbarer werden lassen. Klimaanlagen, Hochwasserschutzsysteme, bessere Bewässerungstechniken (Varshney 1995) und so weiter schienen die Grundlage für eine spezifisch moderne Möglichkeit der Kontrolle und Verbesserung des Wetters zu bieten. Diese Technologien bilden eine Infrastruktur, die, wie Paul N. Edwards bemerkt, »in einem naturalisierten Hintergrund angesiedelt ist« (2003: 185): Obwohl ein Großteil unserer heutigen Lebensweisen von ihnen abhängt, »nehmen wir sie hauptsächlich dann zur Kenntnis, wenn sie versagen, was selten der Fall ist« (Edwards 2003: 185). Eva Horn meint, die Fähigkeit, Temperatur und Feuchtigkeit zu bestimmen, stelle vielleicht den ältesten Traum der Menschheit dar: den Traum von einem »Leben ohne Wetter, ohne meteorologische Unwägbarkeiten und Überraschungen, extreme Wetterereignisse, jahreszeitlich bedingte Veränderungen oder belastende lokale Klimabedingungen« (Horn 2016: 234). Wie sie weiter erklärt, konnte sich durch eine Technologie wie die Klimaanlage ein allgemeiner Klimastandard herausbilden, ein »Idealklima«, das nun zum Bild einer Moderne gehört, in der der Mensch von der Natur und die Gesellschaft vom Klima getrennt ist (Horn 2016: 237).

Ein entscheidender Teil der Infrastruktur, von der Edwards spricht, ist die Wettervorhersage. Tägliche Vorhersagen, heute eine Selbstverständlichkeit, wurden erstmals 1861 von Robert Fitzroy versucht, dem Begründer dessen, was heute das Met Office in London ist. Fitzroy ging es zunächst hauptsächlich um Unwetterwarnungen für die Schifffahrt, aber dann begann er, für *The Times* das zu schreiben, was er »Wettervorhersagen« nannte (Moore 2016). Mit Fitzroys Worten: »Das sind keine Prophezeiungen oder Voraussagen – der Ausdruck Vorhersage bezeichnet hier ausschließlich eine Meinung, die das Ergebnis einer wissenschaftlichen Überlegung und Berechnung ist« (zitiert in Moore 2016: 567). Die Daten, die gesammelt wurden, um das Wetter zu messen und vorherzusagen, bereiteten den Weg für die Entstehung des »Klimas« als eines Objekts, das neutral beobachtet, sorgfältig gemessen und mit einiger Vorsicht vorhergesagt werden konnte.

Doch bevor wir uns im nächsten Abschnitt diesem wissenschaftlichen Objekt zuwenden, sollten wir uns noch einmal vergegenwärtigen, dass Wetterereignisse, wie wir in diesem Abschnitt hoffentlich zeigen konnten, auf ganz unterschiedliche Weise interpretiert und beantwortet werden können. Gesellschaften mussten sich schon immer mit einer Reihe von lokalen Wetterbedingungen auseinandersetzen, die ihre Möglichkeiten im Hinblick auf landwirtschaftliche Praktiken, kulturelle Traditionen und politische Institutionen beschränken oder erweitern konnten (Xiao et al. 2015). Solche gesellschaftlichen und kulturellen Unterschiede bedeuten aber immer auch, dass es unterschiedliche Möglichkeiten gibt, diese Umweltveränderungen zu interpretieren, und damit auch unterschiedliche Möglichkeiten der Gestaltung des Verhältnisses von Gesellschaft und Klima. Nimmt man dies ernst, ergeben sich Fragen wie: Könnte es sein, dass wir von bestimmten Vorannahmen ausgehen, die zu einer verengten Interpretation von Wetterereignissen und Umweltkatastrophen führen? Welche Lehren wären aus vergangenen Reaktionen auf Klimakrisen (Behringer 2007) und Klimaschwankungen (Janik 2013) zu ziehen? Könnte eine eher ganzheitliche Weltsicht wie die des Buddhismus eine heilsame Alternative zu unserem Verständnis von Umweltkrisen darstellen (de Silva 1998)?

1.2 Das Klima der Wissenschaft

Nach der Einführung einer Reihe von meteorologischen Instrumenten im 17. Jahrhundert versuchte man verstärkt, standardisierte und geregelte Beobachtungen zu nutzen, um das Wetter zu verstehen. Wie wir im 2. Kapitel näher darstellen werden, kristallisierte sich Ende des 19. Jahrhunderts das »Klima« als Gegenstand der Wissenschaft heraus, und die Klimaforschung entwickelte sich zu einer eigenständigen wissenschaftlichen Disziplin. Dieser neue Zweig der Naturwissenschaften lieferte die Klimatabellen, die Grafiken, Karten und Atlanten, die von Kaufleuten, vom Militär und von Kolonisatoren zu Planungszwecken benötigt wurden. Meteorologische Messungen wurden standardisiert, sodass regionale Klimaverhältnisse kartografisch erfasst, gesammelt und verglichen werden konnten. »Man brachte Ordnung in das scheinbar chaotische Wetter« (Hulme 2009: 6). In der wissenschaftlichen Darstellung traten die greifbaren Eigenschaften von Regen, Wind und Sonne hinter den Daten zu Luftfeuchtigkeit, Niederschlag und Temperatur zurück. Klima und Wetter sind daher nicht dasselbe und sollten entsprechend unterschieden werden: Wetter ist der vorübergehende, reale, lokale und ungeregelte Zustand der Atmosphäre zu einem bestimmten Zeitpunkt, während das Klima eine abstrakte Größe ist. In seiner wissenschaftlichen Darstellung war das Klima nur über Statistiken zugänglich, die gewöhnlich über längere Zeiträume und größere geografische Räume berechnet wurden. Mit anderen Worten, Klima ist »Wetterstatistik«. So beschrieb der österreichische Meteorologe Julius von Hann (1839–1921) das Klima als:

>»die Gesamtheit der meteorologischen Erscheinungen, die den (mittleren) Zustand der Atmosphäre an irgendeiner Stelle der Erdoberfläche kennzeichnen«.

Das ähnelt stark der Klimabeschreibung der U.S. National Aeronautics and Space Administration (NASA) im 21. Jahrhundert:

>»Klima ist die Beschreibung des langfristigen Wettergeschehens in einem bestimmten Gebiet [...] Wenn Wissenschaftler von Klima sprechen, meinen sie Durchschnittswerte für Niederschläge, Temperatur, Luftfeuchtigkeit, Sonnenscheindauer, Windgeschwindigkeit, Erscheinungen wie Nebel, Frost und Hagel und sonstige Maße für Wettermerkmale, die über einen längeren Zeitraum an einem bestimmten Ort auftreten.«[1]

Klima wird hier also als *durchschnittliche* Wetterverhältnisse verstanden, die es real nicht gibt. Klima ist eine wissenschaftliche Konstruktion,

1   https://www.nasa.gov/mission_pages/noaa-n/climate/climate_weather.html (abgerufen am 15.01.2019)

geschaffen anhand der vergleichenden Zusammenstellung einer Reihe von Messungen und Beobachtungen atmosphärischer Werte – in erster Linie Temperatur, Niederschlag und Windgeschwindigkeit.

Das erste Netzwerk für meteorologische Messungen, die *Societas Meteorologica Palatina* (1780–1792) wurde 1780 von der Mannheimer Akademie der Wissenschaften in Deutschland eingerichtet (Cassidy 1985; Kington 1964; Lüdecke 1997). Mit Hilfe sorgfältig ausgewählter Standorte und standardisierter Vorgaben lieferte es außerordentlich zuverlässige und umfangreiche Daten. Das Ziel war, Monats- und Jahresmittelwerte zu ermitteln, mit denen sich mögliche Klimamuster erkennen ließen. Abbildung 1a zeigt als Beispiel die gleichzeitig an drei Standorten in Europa vorgenommenen Luftdruckmessungen, mit denen im Dezember 1775 der Durchzug eines Tiefdruckgebiets nach Osten verfolgt wurde.

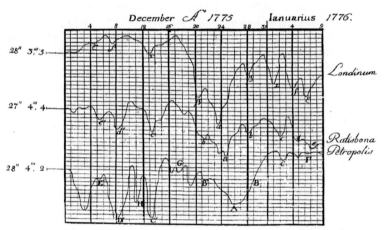

Abb. 1a: Luftdruckmessungen für London, St. Petersburg und Regensburg, erfasst von der Societas Meteorologica Palatina für den Zeitraum von Dezember 1775 bis Januar 1776.

Seither haben methodologische und technologische Entwicklungen dafür gesorgt, dass sich auch unser Wissen über das Klimasystem weiterentwickelt und vertieft hat. So können Klimaprozesse heute dank satellitengestützter Beobachtungssysteme genauer verfolgt werden. Die »Global Precipitation Measurement Mission« (GPM) zum Beispiel ist ein Gemeinschaftsprojekt der NASA und der japanischen Weltraumbehörde Japan Aerospace Exploration Agency (JAXA).[2] GPM nutzt Satelliten, um alle paar Stunden die Niederschläge auf der ganzen Welt zu erfassen und

2 https://www.nasa.gov/feature/goddard/how-nasa-sees-el-ni-o-effects-from-space (abgerufen am 15.01.2019)

Niederschlagsweltkarten zu erstellen, die unser Wissen über das Erdklima erweitern sollen. Diese Technologie kann helfen, tropische Wirbelstürme, Überschwemmungen, Orkane, Süßwasserknappheit vorherzusagen, aber auch das Wetter für den Tag.

Dank hochentwickelter Technologien und modernster Forschungsmethoden wurden komplexere und feiner abgestimmte Analysen der Interaktion zwischen verschiedenen Klimakomponenten möglich. Damit ließen sich brauchbare Klimamodelle erstellen, die die natürlichen Abläufe und ihre Sensitivität in Bezug auf diverse Faktoren realistisch beschreiben können. Diese Modelle simulieren das Erdklima und dienen der Klimaforschung als Experimentalanordnung. Doch obwohl es viele Modelle gibt, bleibt die Ungewissheit bestehen und gibt es auch weiterhin keine hieb- und stichfesten Vorhersagen, nicht zuletzt weil das Sozialverhalten und der Ausstoß von Treibhausgasen nicht vorhersagbar sind (Brown und Caldeira 2017; mehr zu Klimamodellen im 2. Kapitel).

Dieser technologische Wandel ging mit einem deutlichen Paradigmenwandel einher; Klima wurde nun nicht mehr als *durchschnittliches Wetter* verstanden, sondern als ein globales System, das *mögliches Wetter* beschreibt (McGregor 2006). In diese wissenschaftliche Beschreibungen des Klimas als *global* wirkendes System geht die *lokale* Vielfalt der materiellen, sozialen und psychologischen Klimafolgen in aggregierter Form ein. Klima wird im Wesentlichen als *neutrales Objekt* betrachtet, das sich mit Messdaten von Klimavariablen und deren Interaktionen quantitativ beschreiben lässt (Hulme 2014: 39f.).

Doch nicht erst neuerdings geben Kommentatoren zu bedenken, dass Klima viel mehr bedeuten kann, als sich mit dieser Art der Beschreibung erfassen lässt: globale Mittelwerte und globale Modelle können kein vollständiges Bild von der Art und Weise vermitteln, wie sich das Klima auf die Feinstrukturen menschlicher Kulturen auswirkt. Kurz, das Klima muss als gesellschaftliches und politisches Thema verstanden werden und nicht einfach als neutrales wissenschaftliches Objekt: Das Klima betrifft die Gesellschaft, ob sie will oder nicht. Im Schatten dieser Erkenntnis findet nun der Klimadeterminismus seinen Ansatzpunkt – die Lehre, die behauptet, gesellschaftliche Verhältnisse seien letzten Endes ein Effekt der Klimadynamik.

Wie wir im 4. Kapitel darstellen werden, weisen die Klimadeterministen zwar zu Recht auf die Bedeutung des Klimas für die Gesellschaft hin, übersehen aber – und das ist gefährlich – die Handlungsfähigkeit von Individuen und menschlichen Gemeinschaften. Dabei ist mit der wachsenden Erkenntnis, dass es einen menschengemachten Klimawandel gibt, die gesellschaftliche Handlungsfähigkeit gar nicht mehr zu leugnen. Die fragwürdige, vom Klimadeterminismus behauptete lineare Unabwendbarkeit bricht sich an der Erkenntnis, dass Klima wie Klimawissenschaft in die sozialen Kontexte eingebunden sind, in denen sie operieren. Diese

Erkenntnis verändert das Klimaverständnis: aus etwas *ganz und gar Natürlichem* wird etwas *teilweise Gesellschaftliches.*

1.3 Das Klima der Gesellschaft

Klimaschwankungen sind kein neues Forschungsthema, so wenig wie ihre menschengemachte Natur. Bereits im 18. und 19. Jahrhundert wurden, wie wir im 3. Kapitel zeigen werden, Klimaschwankungen und ihre Folgen für die Gesellschaft erkannt und problematisiert. Aber was neu sein dürfte, ist die weitverbreitete Anerkennung der Tatsache, dass dies ein Wandel auf Dauer ist. Klimaforscher zeigen die potentiell dramatischen und irreversiblen Gefahren auf, die von einem unbeständigen und unvorhersehbaren Klimasystem ausgehen.

Darüber hinaus steht bei den heutigen Diskussionen über den Klimawandel die Sorge über den unbestreitbaren und dauerhaften Einfluss im Vordergrund, den die Menschen durch Ackerbautechniken, Industrialisierung, Entwaldung und Erschließung bei steigenden Bevölkerungszahlen und steigendem Bedarf an Ressourcen auf ihre Umwelt hatten und haben. Das einst als »Erderwärmung« bekannte Phänomen bedeutet nicht bloß steigende Temperaturen, sondern auch schmelzende Gletscher, steigende Meeresspiegel und erhöhte Risiken von Hurrikanen, Taifunen, Dürren, Überschwemmungen und Flächenbränden (der Treibhauseffekt wird im 2. Kapitel genauer beschrieben).[3] Die von menschlichen Gesellschaften verursachten Treibhausgasemissionen haben heute einen ungleich größeren Einfluss auf das Klima als alle »natürlichen« Prozesse zusammen (Hayhoe et al. 2017: 134). Mit der Anerkennung dieser Tatsache begann sich die Aufmerksamkeit auf das Ineinandergreifen von Gesellschaft und Klima zu richten.

Die Verstrickung der Menschen in die Natur, die nun offenbar wurde, hat ein solches Ausmaß erreicht, dass die Realität einer von der Gesellschaft unabhängigen »Natur« überhaupt infrage gestellt wird. »Natur«, heißt es, gibt es nicht mehr (McKibben 1990). Denn was wir normalerweise unter »Natur« verstehen, ist in der Tat gewöhnlich längst von den Aktivitäten und Architekturen der menschlichen Gesellschaft verändert worden. Menschen haben in abgelegenen Winkeln des Planeten schon immer inmitten der Natur gelebt. Menschliches Gewerbe und

---

3   In Kalifornien, wo es 2017 zu mehreren Flächenbränden kam, »schaffen die zunehmenden jährlichen Temperatur- und Niederschlagsschwankungen [...] einen größeren Gegensatz zwischen Dürrejahren und feuchten Jahren. Und dies kann zu einem stark erhöhten Brandrisiko führen« (*New York Times*, »In a Warming California, a Future of More Fire«, 8. Dezember 2017). Ein Gegensatz, der in diesem Jahrzehnt gut zu beobachten war.

menschliche Landwirtschaft haben schon immer vom Land geborgt und das Land geplündert. Neuere Naturschutzpraktiken, die eigentlich zum *Erhalt* der Eigenschaften der natürlichen Landschaft bestimmt sind, bestimmen zugleich auch ihre Konturen. Unsere Erfahrung mit der Umwelt ist selten oder nie die eines Lebensraums in seinem natürlichen Reinzustand. Unberührte Natur wird selten angetroffen, denn:

>»Diese Natur ist immer schon über verschiedene Technologien von Produktion, Verkehr, Kommunikation und Besiedelung vielfach vermittelt. Folglich ist die unmittelbare Umwelt der Mitglieder solcher Gesellschaften eine technologische Umwelt, ein Produkt vielfältiger Transformationen der Natur« (Di Norcia, 1974: 89-90).

Trotz der anhaltenden Faszination, die von den Bildern einer ursprünglichen, von der Hand des Menschen unberührten »Wildnis« ausgeht, ist die Vorstellung von der Reinheit der Natur bestenfalls ein naiver und romantisierender Mythos und schlimmstenfalls eine Verleugnung sowohl der menschlichen Gesellschaften, die lange in und mit solchen sogenannten »Wildnissen« gelebt haben, als auch des wachsenden Einflusses der menschlichen Gesellschaft auf hochsensible Ökosysteme. Tatsächlich ist der menschliche Einfluss so durchgängig wie greifbar. Schwindende Artenvielfalt, Umweltverschmutzung, eine exponentiell wachsende Weltbevölkerung in Verbindung mit einem im Wandel begriffenen Klima samt allen damit zusammenhängenden Aspekten und Effekten sind Beispiele für die verheerenden Schäden, die Gesellschaftssysteme in natürlichen Systemen anrichten und die durchaus mit anderen, sehr seltenen erdgeschichtlichen Katastrophen vergleichbar sind (Kolbert 2014). Angesichts des Ausmaßes und der Tiefe der menschlichen Einwirkung auf die Geologie des Planeten sprechen manche Autoren bereits davon, dass eine »epochale Grenze« überschritten (Zalasiewicz et al. 2001) und eine neue geologische Epoche angebrochen sei.

So vertritt eine Gruppe von Wissenschaftlern die These, menschliches Handeln habe in den Ökosystemen und der Erdatmosphäre inzwischen so unauslöschliche Spuren hinterlassen, dass wir in das »Anthropozän« eingetreten seien (Purdy 2015; Wapner 2014). Der Begriff Anthropozän wurde vor nicht ganz zwei Jahrzehnten (2000) von dem Chemiker und Atmosphärenforscher Paul Crutzen und dem Biologen Eugene Stoermer eingeführt. Ihre zentrale These war, dass künftige Geologen einmal in der Lage sein würden, anhand der Untersuchung von Pollenprofilen und des Absterbens von Sedimentgestein (Riffsterben, Korallenbleiche) eine qualitative Veränderung im stratigrafischen Profil nachzuweisen (Brondizio et al. 2016). Kurz, die Gattung Mensch hat sich selbst in »eine global wirksame biogeophysikalische Kraft« verwandelt, »die in der Lage ist, einen dauerhaften Abdruck im geologischen Profil zu hinterlassen« (Revkin 2011).

Obwohl sein Anfangsdatum und sein wissenschaftlicher Status immer noch hoch umstritten sind (Monastersky 2015; Certini und Scalenghe 2015; Zalasiewicz et al. 2015; Waters et al. 2016), ist das Anthropozän mittlerweile ein wichtiges Forschungsthema. Quer durch die Natur-, Sozial- und Humanwissenschaften befassen sich Forscher mit seinen Auswirkungen auf die Grundannahmen ihrer Disziplinen. Das Anthropozän erfordert einen neuen Blick auf die traditionellen Vorstellungen davon, wer oder was Subjekt und Objekt von Verantwortlichkeit ist: Zeitvorstellungen (Dibley 2012); Geschichtsverständnis (Chakrabarty 2009; Mauelshagen 2014); literarische Darstellungsformen (Ghosh 2017 [2016]); Strukturen von Governance (Lövbrand et al. 2009); Umweltschutzprojekte (Wapner 2014); und Wissenskonstruktionen (Machin 2017). Neue akademische Disziplinen entstehen, um die immensen Implikationen eines integrierten »Erdsystems« zu erfassen, in dem Natur und Gesellschaft ineinandergreifen. Erdsystemwissenschaft ist ein »integriertes Wissenssystem« (Jackson 2009: 596), das »ein Verständnis der Interaktionen und Rückkopplungen zwischen den Komponenten des Erdsystems ermöglichen soll und Lithosphäre, Atmosphäre, Hydrosphäre, Kryosphäre und Biosphäre sowie die menschlichen Gesellschaften und Ökonomien umfasst« (ebd. 297); ein Wissenssystem, auf das »die menschliche Gesellschaft angesichts des globalen Klimawandels angewiesen sein könnte« (ebd. 596). Auch jenseits der akademischen Welt hinterlässt der Begriff seine Spuren, etwa in politischen Kommentaren, Medienartikeln, Umweltkampagnen und Museumsausstellungen.[4]

Unabhängig von den Debatten darüber, wie berechtigt eine solche Begriffsprägung für eine neue geologische Epoche ist, steht das Anthropozän für die für dieses Buch wichtige Erkenntnis, dass das Klima nicht länger als ganz und gar »natürlich« verstanden werden kann, sondern zumindest teilweise auch als Ergebnis einer »Einmischung« der Gesellschaft. Klima ist anfällig für menschliche Einflüsse, Manipulationen und Störungen; im Klima greifen natürliche und gesellschaftliche Einflüsse ineinander, sodass die Grenze zwischen beiden verschwimmt und ein Verständnis eines von seinem gesellschaftlichen Kontext getrennten »natürlichen« Klimas gar nicht möglich ist. Die Menschen können sich aus den natürlichen Prozessen, in die sie eingebunden sind, kaum ausklammern; sie sind immer zugleich *Teil und nicht Teil* ihrer Umwelten. Die Beziehung von Natur und Gesellschaft ist nicht ein für alle Mal festgelegt; es gibt vielfältige Möglichkeiten, je nachdem, welche Umweltbedingungen

---

4　»Welcome to the Anthropocene" war der Titel einer Sondernummer von *The Economist* aus dem Jahr 2011 (siehe www.economist.com/node/18744401), und »Willkommen im Anthropozän« der Titel einer Ausstellung im Deutschen Museum in München (www.deutsches-museum.de/en/exhibitions/special-exhibitions/anthropocene/).

und welche gesellschaftlichen Vorstellungswelten gerade vorherrschen. Klima ist Bestandteil wie Produkt dieses Ineinandergreifens. Dies bedeutet, dass jeder Versuch, die Zukunft von Klima und Gesellschaft vorherzusagen, auf schwankendem Boden steht. Die Komplexität der Beziehung zwischen den verschiedenen, sich ständig wandelnden Komponenten des Erdsystems, in dem sich geophysikalische Prozesse mit sozialen Institutionen und kulturellen Praktiken verbinden, macht Vorhersagen schwierig. Jede einfache Vorannahme über die Zukunft bricht sich an dieser Ungewissheit, was zu radikal auseinanderklaffenden Prognosen führt: Hoffnungen auf eine Natur, die aus eigener Kraft wieder ins Gleichgewicht kommt, vertragen sich schlecht mit dystopischen Katastrophenszenarien, sodass auch die gesellschaftlichen Antworten auf Klimawandel und Klimawissenschaften höchst unterschiedlich ausfallen (siehe 5. Kapitel).

Das breite Spektrum der verschiedenen möglichen Reaktion auf den Klimawandel bedeutet, dass die vermeintlich »natürlichen« Klimabedingungen zum Thema der Politik geworden sind. Das Klima ist in der politische Sphäre angekommen, und zwar nicht bloß als Forschungsobjekt, sondern als Thema der politische Debatte auf lokaler, nationaler und globaler Ebene, in diversen Institutionen und in den Diskursen über Regierungsformen und praktiken. Dadurch hat sich auch das politische Klima gewandelt. Klima ist nicht nur ein neues Politikfeld – auch bestehende Politikfelder, etwa Energie und Verkehr, mussten neu ausgerichtet werden, wenn auch oft nur oberflächlich.

Der Klimawandel hat auch wieder einmal deutlich gemacht, wie abhängig Politik und Politiker von Experten sind. Will man die Bedeutungen und Implikationen des Klimawandels verstehen, muss man wissenschaftliche Daten und Methoden verstehen, und will man wissenschaftliche Daten Politikern und Öffentlichkeit vermitteln, muss man mit politischen Abläufen vertraut sein. Das heißt aber nicht, dass es eine gerade Linie von der Klimawissenschaft zur Politikgestaltung gibt. Beim Verständnis des Klimawandels geht es nicht einfach um die richtige Einschätzung der wissenschaftlichen Fakten. Die übliche Vorstellung von Wissenschaft ist, dass sie von den Prozessen, die sie beschreibt, getrennt und so ausgestattet ist, dass sie objektives Wissen generiert und auch vor den Mächtigen nicht einknickt. Aber dieses Bild ist irreführend. Stephen Turner betont: »Wissenschaftler und Experten haben Interessen. Systeme von Expertenwissen gehen von bestimmten Voraussetzungen aus [...] Expertenwissen ist selber vom Wissen anderer Menschen und von den Systemen abhängig, mit denen es generiert wird« (2014: 4).

Das Thema Klimawandel lenkt die Aufmerksamkeit darauf, dass sich die Wissenschaft niemals völlig von dem sozialen Kontext befreien kann, in dem ihre Forschung betrieben, finanziert und kommuniziert wird. »Soziale Prozesse«, schreibt Sheila Jasanoff, »bestimmen mit, inwieweit wissenschaftliches Wissen als gesichert wahrgenommen wird [...] In Bereichen mit hoher Unsicherheit ist die Darstellung von wissenschaftlichen Fakten und Hypothesen oft von politischen Interessen geleitet« (Jasanoff 2012: 103).

Klima, Gesellschaft und Wissenschaft sind eng miteinander verflochten, was im östlichen Denken viel klarer gesehen wird (de Silva 1998); die Gesellschaft hat Auswirkungen auf das Klima, und sie hängt von der Wissenschaft ab, um diese Auswirkungen zu verstehen und auf sie zu reagieren; die Wissenschaft wiederum wurzelt in der Gesellschaft, die durch das Klima bedingt ist. Und es gibt nun einmal keine Hexen, die man verbrennen könnte, wenn es schief geht.

1.4 Schluss: Klima der Uneinigkeit

Die Fähigkeit der Gesellschaft, das Klima zu beeinflussen, wird von den einen als Ausdruck der destruktiven Kräfte der Menschheit angeprangert, von anderen gefeiert. Die Feier der menschlichen Erfindungsgabe geht mit einer »prometheischen« Konstruktion der Natur einher, in der sie als etwas erscheint, das von einer Gesellschaft, die keinen umweltbedingten Einschränkungen unterliegt, *beherrscht* werden kann. Im griechischen Mythos stiehlt der Titan *Prometheus* Zeus das Feuer zum Wohle der Menschheit und verkörpert damit die Fähigkeit der Menschen, die Welt zu manipulieren. John Dryzek (2005: 52) benutzt den Begriff »prometheisch« als Bezeichnung für »das grenzenlose Vertrauen in die Fähigkeit der Menschen und ihrer Technologien, Probleme jeglicher Art zu bewältigen – Umweltprobleme eingeschlossen«. Wie mächtig diese prometheische Konstruktion ist, zeigt sich heute vielleicht am deutlichsten in den Geoengineering-Projekten, bei denen durch Strahlungsmanagement (Solar Radiation Management) und CO_2-Abscheidung und speicherung der CO_2-Gehalt der Atmosphäre verringert bzw. die heiße Sonnenstrahlung in den Weltraum zurückreflektiert werden soll (siehe Hulme 2014; Ruser und Machin 2016). Diese prometheische Sicht steht im Gegensatz zu Auffassungen, für die die heutigen Formen der menschlichen Zivilisation auf grundsätzliche und gefährliche Weise nicht mehr in Einklang mit ihrer natürlichen Umwelt sind (siehe Kingsnorth und Hine 2009), wie auch zu der Forderung nach einer drastischen Reduzierung des Energieverbrauchs und einem dramatischen gesellschaftlichen und ökonomischen Wandel (Klein 2015). Sie steht auch im Gegensatz zu diversen Weltsichten, die Gesellschaft und Natur als eine ineinander verflochtene Gesamtstruktur auffassen und deshalb die Möglichkeit einer technologischen »Schnellreparatur« für Umweltprobleme für illusorisch halten.

Klima und Klimawandel können also, wie wir zu zeigen versucht haben, von der Gesellschaft auf unterschiedliche Weise verstanden und behandelt werden. Klima kann eine Beschränkung, eine Bedrohung und eine Ressource für die Menschen darstellen, die es nutzen, fürchten, schützen und imaginieren. Unterschiedliche Auffassungen von Klima gibt es innerhalb von Kulturen ebenso wie zwischen unterschiedlichen Kulturen und Lebensweisen und entsprechen unterschiedlichen Auffassungen und Erfahrungen von »Natur«.

Das heißt, kurz gesagt, dass die wissenschaftliche Erforschung, gesellschaftliche Bedeutung und politische Handhabung des Klimas alles andere als unkompliziert ist. Klima ist etwas, bei dem wir unweigerlich uneinig sein werden (vgl. Hulme 2009; Machin 2013). Im weiteren Verlauf dieses Buchs werden wir ausführlicher auf verschiedene, das Klima betreffende Themen, Sinngebungen, Fragen und Meinungen eingehen. Wir werden uns mit dem Klima als wissenschaftlichem Objekt und Rahmenbedingung des Alltags befassen; als Quelle von Katastrophen; als gesellschaftliche Determinante; als Thema der Politik. Dabei gehen wir davon aus, dass das Klima unsere gesellschaftliche Realität vielfach und keineswegs geradlinig beeinflusst, während unterschiedliche gesellschaftliche Auffassungen von Klima um die Deutungshoheit ringen.

Literatur

Behringer, Wolfgang (1999): »Climatic Change and Witch-hunting: the Impact of the Little Ice Age on Mentalities«, *Climatic Change* 43: 335–351.
– (2007): *Kulturgeschichte des Klimas*. Bonn: Bundeszentrale für politische Bildung.
Brondizio, Eduardo S., Karen O'Brien, Xuemei Bai, Frank Briemann, Will Steffen, Frans Berkhout, Christophe Cudennec, Marian C. Lemos, Alexander Wolfe, Jose Parma und Olivira Chen-Tung (2016): »Re-conceptualizing the Anthropocene«, *Global Environmental Change* 39: 318–327.
Brown, Patrick und Ken Caldeira (2017): »Greater future global warming inferred from Earth's recent energy budget«, *Nature* 552: 45–50.
Campbell, Bruce (2016): *The Great Transition: Climate, Disease and Society in the Late-Medieval World*. Cambridge: Cambridge University Press.
Cassidy, David (1985): »Meteorology in Mannheim: The Palatine Meteorological Society, 1780-1795«, *Sudhoffs Archive*: 8–25.
Certini, Giacomo und Riccardo Scalenghe (2015): »Is the Anthropocene really worthy of a formal geologic definition«, *The Anthropocene Review* 2 (1): 77–80.
Chakrabarty, Dipesh (2009): »The climate of history: Four theses«, *Eurozine*. Online unter: https://www.eurozine.com/the-climate-of-history-four-theses/ (abgerufen am 15.01.2019).
Crutzen Paul J. und Eugene F. Stoermer (2000): »The ›Anthropocene‹«, *The Global Change Newsletter* (41): 17–18.

de Silva, Padmasiri (1998): *Environmental Philosophy and Ethics in Buddhism*. Hampshire and London: Macmillan Press.

Dibley, Ben (2010): »»The Shape of Things to Come«: Seven theses on the Anthropocene and attachment«, *Australian Humanities Review* 52.

Di Norcia, Vincent (1974): »From critical theory to critical ecology«, *Telos* 22: 85–95.

Dryzek, John (2005): *The Politics of the Earth: Environmental Discourses*. Oxford: Oxford University Press.

Edwards, Paul N. (2003): »Infrastructure and Modernity: Force, Time, and Social Organization in the History of Sociotechnical Systems«, in: Thomas J. Misa, Philip Brey and Andrew Feenberg (Hrsg.): *Modernity and Technology*. Cambridge, MA: MIT Press: 185–225.

Frazer, James (2009 [1922]): *The Golden Bough. A Study in Magic and Religion*. New edition. A new abridgment from the second and third editions. Oxford: Oxford University Press.

Ghosh, Amitav (2017 [2016]): *Die große Verblendung. Der Klimawandel als das Undenkbare*. München: Karl Blessing Verlag.

Hann, Julius von (2012 [1883]): *Handbuch der Klimatologie, Bde. 1–2*. Paderborn: Salzwasser Verlag.

Hayden, Brian (2009): »The Proof is in the Pudding: Feasting and the Origins of Domestication«, *Current Anthropology* 50 (5): 597–601.

Hayhoe, K., J. Edmonds, R.E. Kopp, A.N. LeGrande, B.M. Sanderson, M.F. Wehner und Horn Eva (2016): »Air Conditioning: Taming the Climate as a Dream of Civilization«, in: James Graham, Caitlin Blanchfield, Alissa Anderson, Jordan Carver und Jacob Moore (Hrsg.): *Climates: Architecture and the Planetary Imaginary*. New York : Columbia Books on Architecture and the City: 233–241.

Hulme, Mike (2009): *Why we Disagree About Climate Change: Understanding Controversy, Inaction and Opportunity*. Cambridge: Cambridge University Press.

– (2014): *Can Science Fix Climate Change? A Case Against Climate Engineering*. Cambridge: Polity.

Humboldt, Alexander von (1845): *Kosmos. Entwurf einer physischen Weltbeschreibung*. Stuttgart und Tübingen.

– (1987 [1808]): *Aspekte der Natur. Bde. 1–2*, in: ders.: *Studienausgabe* Bd. 5. Darmstadt: Wissenschaftliche Buchgemeinschaft.

Jackson, Stephen T. (2009): »Alexander von Humboldt and the General Physics of the Earth«, *Science* 324: 596–597.

Jasanoff, Sheila (2012): *Science and Public Reason*. London: Routledge.

Janik, Liliana (2013): »Changing paradigms: Flux and stability in past environments«, *The Cambridge Journal of Anthropology* 31: 85–104.

Jordan, William Chester (1996): *The Great Famine: Northern Europe in the Early Fourteenth Century*. Princeton, NJ: Princeton University Press.

Kingsnorth, Paul und Dougald Hine (2009): *Dark Mountain Manifesto*. Online unter: http://dark-mountain.net/about/manifesto/ (abgerufen am 15.01.2019).

Kington, J. A. (1964): »The Societas Meteorologica Palatina: An eighteenth-century meteorological society«, *Weather* (29): 416–426.

Klein, Naomi (2015): *Die Entscheidung: Kapitalismus vs. Klima*. Frankfurt am Main: S. Fischer.

Kolbert, Elizabeth (2014): *The Sixth Extinction: An Unnatural History*. London, New Delhi New York and Sydney: Bloomsbury.

Kvideland Reimund und Henning. K. Sehmsdorf (Hrsg.) (1991): *Scandinavian Folk Belief and Legend*. Minneapolis: University of Minnesota Press.

Latour, Bruno (2017): *Facing Gaia: Eight Lectures on the New Climatic Regime*. Cambridge, Medford: Polity Press.

Leiss, William (1972): *The Domination of Nature*. New York: George Braziller.

Lewis, Mark Edward (2006): *The Flood Myths of Early China*. New York: State University of New York Press.

Lövbrand, Eva, Johannes Stripple und Bo Wiman (2009): »Earth System Go vernmentality: Reflections on Science in the Anthropocene«, *Global Environmental Change* (19) 7–13.

Lucas, Henry (1930): »The Great European Famine of 1315, 1316, and 1317«, *Speculum* 5 (4): 343–377.

Lüdecke, Cornelia (1997): »The monastery of Andechs as station in early meteorological observational networks«, *Meterorologische Zeitschrift* (6): 242–248.

Machin, Amanda (2013): *Negotiating Climate Change: Radical Democracy and the Illusion of Consensus*. London: Zed Books.

– (2017): »Sustaining Democracy: Science, Politics and Disagreement in the Anthropocene«, in: Thomas Pfister (Hrsg.): *Nachhaltigkeitswissenschaften und die Suche nach neuen Wissensregimen*. München: Metropolis.

Mauelshagen, Franz (2014): »Redefining historical climatology in the Anthropocene«, *The Anthropocene Review* 1 (2): 171–204.

McGregor, Glenn R. (2006): »Climatology: Its scientific nature and scope«, *International Journal of Climatology* 26: 1–5.

McKibben, Bill (1989): *The End of Nature*. New York: Random House.

Meinert, Carmen und Claus Leggewie (2013): »Foreword«, in: Carmen Meinert (Hrsg.): *Nature Environment and Culture in East Asia*. Leiden and Boston: Brill.

Monastersky, Richard (2015): »Anthropocene: The human age«, *Nature* (519): 144–147.

Moore, Peter (2016): *The Weather Experiment: The Pioneers who Sought to see the Future*. London: Vintage.

Neiman, Susan (2004): *Das Böse denken. Eine andere Geschichte der Philosophie*. Frankfurt am Main: Suhrkamp.

Ogilvie, Astrid E.J. und Gísli Pálsson (2003): »Mood, Magic, and Metaphor: Allusions to Weather and Climate in the Sagas of Icelanders«, in: Sarah Strauss und Ben Orlove (Hrsg.): *Weather, Climate, Culture*. Oxford, NY: Berg.

Oster, Emily (2004): »Witchcraft, Weather and Economic Growth in Renaissance Europe«, *Journal of Economic Perspectives* 18 (1): 215–228.

Purdy, Jedediah (2015): *After Nature: A Politics for the Anthropocene*. Cambridge MA: Harvard University Press.

Revkin, Andrew (2011): »Confronting the ›Anthropocene‹«, *New York Times* 11.05.2011. Online unter: http://dotearth.blogs.nytimes.com/2011/05/11/confronting-the-anthropocene/ (abgerufen 14.03.2018).

Reyes-García, Victoria und Aili Pyhälä (2017): *Hunter-Gatherers in a Changing World*. Springer.

Ruser, Alex und Amanda Machin (2016): »Technology can save us, can't it? The Emergence of the ›Technofix‹ Narrative in Climate Politics«, in: *Technology + Society =? Future. MASA Conference Proceedings*.

Schweitzer, Peter (2017): »Foreword«, in: Victoria Reyes-García und Aili Pyhälä (Hrsg.): *Hunter-Gatherers in a Changing World*. Springer International Publishing.

Stehr, Nico (1978): »Man and the environment: A general perspective«, *ARSP*, LXIV/1.

Stehr, Nico und Hans von Storch (2000): »Global warming in perspective. Contemporary concern about climate change has an age-old resonance«, *Nature* 405: 615.

Turner, Stephen P. (2014): *The Politics of Expertise*. New York, London: Routledge.

Varshney, R. S. (1995): »Modern Methods of Irrigation«, *GeoJournal* 35 (1): 59–63.

Wapner, Paul (2014): »The Changing Nature of Nature: Environmental Politics in the Anthropocene«, *Global Environmental Politics* 14 (4): 36–54.

Waters, Colin N. et al. (2016): »The Anthropocene Is Functionally and Stratigraphically Distinct from the Holocene«, *Science* 351 (6269).

Xiao, Lingbo et al. (2015): »Famine, migration and war: Comparison of climate change impacts and social responses in North China between the late Ming and late Qing dynasties«, *The Holocene* 25: 900–910.

Wu, Qinglong et al. (2016): »Outburst flood at 1920 BCE supports historicity of China's Great Flood and the Xia dynasty«, *Science* 353 (6299): 579–582.

Zalasiewicz, Jan et al. (2015): »When did the Anthropocene begin? A Mid-Twentieth Century boundary level Is stratigraphically optimal«, *Quaternary International* 383: 196–203.

Zalasiewicz, Jan, Mark Williams, Alan Haywood und Michael Ellis (2011): »The Anthropocene: A new epoch of geological time?«, *Philosophical Transactions of the Royal Society A*. (369): 835–841.

2. Klima als wissenschaftliches Objekt

Alle reden vom Wetter, aber keiner tut etwas dagegen.

Charles Dudley Warner, 1897[1]

Wetter ist ein beliebtes Small-Talk-Thema. Denn Wetter betrifft jeden direkt; es beeinflusst unser Verhalten, unsere Stimmung, unsere Gesundheit, unsere Pläne, und es kann bemerkenswert launisch sein. Klima dagegen ist etwas bedeutend anderes als Wetter: »Im Gegensatz zum Wind, den wir auf unserem Gesicht spüren, oder dem Regentropfen, der unser Haar benetzt«, schreibt Mike Hulme (2014: 40) »ist Klima ein Konstrukt. Diese Vorstellung nimmt unsere Sinneswahrnehmungen auf und baut sie zu etwas Abstrakterem zusammen«. Oder, wie die National Aeronautics and Space Administration (NASA) auf ihrer Website schreibt: »Man erwartet Klima [...] und bekommt Wetter«.[2]

Das heißt, dass die spürbaren Effekte des Klimas zwar einen ganz realen und direkten Einfluss haben, das Klima selbst aber nur *indirekt* erfahrbar ist. Klima wird irgendwie von der Gesamtheit der Wetterereignisse abgeleitet. Wie also funktioniert diese Ableitung? Die Alltagskonstruktion von Klima unterscheidet sich von der wissenschaftlichen Konstruktion; wir könnten sie »typisches Wetter« und »durchschnittliches Wetter« nennen. Aus der Laienperspektive könnte das Klima als das für einen bestimmten Standort »typische Wetter« wahrgenommen werden. Zum typischen Wetter könnten sehr trockene Sommer gehören, aber auch Jahre, in denen sie vollkommen verregnet sind. »Typisches Wetter« ist eine nützliche Konstruktion, aber wissenschaftlich nicht unbedingt haltbar.

Demgegenüber benutzen die Klimawissenschaftler den Begriff »mittleres« bzw. »durchschnittliches Wetter«, was nicht dasselbe ist. Wie Julius von Hann (1839–1921) in seinem – damals hochmodernen – *Handbuch der Klimatologie* erklärte: »Die Klimalehre wird die Aufgabe haben, uns mit den mittleren Zuständen der Atmosphäre über den verschiedenen Teilen der Erdoberfläche bekanntzumachen, [...]« (Hann 2012 [1883]: 2). Das »mittlere Wetter« ist ein Konstrukt, ein mathematisches Artefakt, das in der Wirklichkeit nicht vorkommt. Anders als beim »typischen

---

1   Charles Dudley Warner war Ende des 19. Jahrhunderts als Journalist und Herausgeber beim *Hartford Courant* tätig; der zitierte Ausspruch stand im August 1897 in einem Leitartikel des *Hartford Courant*. Allerdings ist umstritten, ob der Ausspruch nicht eigentlich von Mark Twain stammt, der Warners Freund und Nachbar war.

2   https://www.nasa.gov/mission_pages/noaa-n/climate/climate_weather.html (abgerufen am 16.01.2019).

Wetter« sind »Launen« bei ihm nicht vorgesehen. Dennoch wird in beiden Fällen das lokal erfahrene Wetter in eine übergreifende Konstruktion »Klima« übertragen.

In diesem Kapitel sehen wir uns zunächst einige der von der Klimaforschung erstellten Statistiken an und erklären, inwiefern sie für die Gesellschaft von Nutzen sind. Wir untersuchen das wissenschaftliche Artefakt des Klimas als »mittleres Wetter«. Dieses Artefakt entstand Ende des 19. Jahrhunderts, als es dank wissenschaftlicher Methoden und Instrumente allmählich möglich wurde, eine verlässliche zahlenmäßige Darstellung von beobachtbaren Klimavariablen zu produzieren. Sodann zeigen wir, wie sich das Klimaverständnis noch einmal verschob, nämlich weg von der Analyse einzelner Klimavariablen und hin zu einem globalen analytischen Ansatz, der Klima als ein komplex strukturiertes und variables interaktives System begreift, in dem die diversen Komponenten von Ozean, Atmosphäre und Eis zusammen- und gegeneinander wirken. Hier ist Klima weder *mittleres* noch *typisches* Wetter, sondern *mögliches* Wetter.

2.1 Klima als mittleres Wetter

Geradeso wie Klima nicht dasselbe ist wie Wetter, ist Klimatologie nicht dasselbe wie Meteorologie. Die Meteorologie befasst sich in erster Linie mit der Physik atmosphärischer Prozesse und wird üblicherweise mit Wettervorhersagen assoziiert. Wettervorhersagen haben gewöhnlich einen Zeithorizont von maximal 10 bis 15 Tagen (Wynne 2010: 294). Mit immer feiner entwickelten Technologien wurden auch die Vorhersagen immer genauer, aber der Zeitrahmen von Stunden, Tagen oder Wochen blieb (Bauer et al. 2015). In der Klimatologie dagegen geht es um viel längere Zeiträume. Ursprünglich hatte die Klimatologie die Aufgabe, das Wetter in den verschiedenen Weltregionen statistisch zu erfassen (also mittlere Wetterverhältnisse, Häufigkeit von Extremereignissen und so weiter). Die Klimatologie wurde sozusagen als Buchhalter der Meteorologie betrachtet (McGregor 2006: 1). Beide Disziplinen hängen deshalb eng zusammen, da sich Klimavorhersagen auf meteorologische Daten stützen (Bauer et al. 2015).

Also ist es die Klimatologie, die uns mit Details über die beiden Zyklen versorgt, die die Rahmenbedingungen unseres Alltags ausmachen. Diese Zyklen« wirken regional auf unterschiedlichen Zeitskalen: tageszyklisch und jahreszyklisch. Zum Tageszyklus gehören zum Beispiel die Veränderungen von Temperatur und Luftfeuchtigkeit im Tagesverlauf. Aufgrund dieses Tageszyklus ist es morgens vor Sonnenaufgang am kältesten und feuchtesten. Abb. 2a zeigt als Beispiel den »Tageszyklus« für Sommerbedingungen in Deutschland. Die höchsten Temperaturen werden ungefähr um 14:00 Uhr erreicht, die niedrigsten nicht vor 6:00 Uhr früh. Der

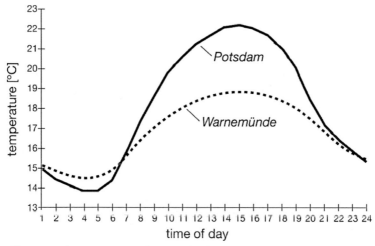

Abb. 2a: Mittlerer Temperatur-Tageszyklus für zwei Standorte in Deutschland im Juli: Warnemünde an der Ostseeküste und Potsdam bei Berlin.

Temperaturunterschied im Ostseebad Warnemünde beträgt nur etwa 5° C und ist damit viel geringer als in Potsdam, das weiter im Inland liegt und wo er 7°C beträgt.

Im Jahreszyklus führen die im Laufe der Monate steigenden bzw. fallenden Lufttemperaturen dazu, dass sich Jahreszeiten unterscheiden lassen. Abbildung 2b und 2c zeigen die durchschnittlichen Monatsmittelwerte für Niederschläge und die durchschnittlichen Monatsmittelwerte der Tages- und Nachttemperaturen im Jahreszyklus an mehreren über die Welt verteilten Standorten. Diese Zahlen verdeutlichen die großen Klimaunterschiede in verschiedenen Weltregionen.

Die kältesten und die wärmsten Monate werden nach allgemeinem Verständnis als Winter und Sommer unterschieden. Zu beachten ist allerdings, dass die offiziellen Jahreszeiten tatsächlich *astronomisch* bestimmt werden, nämlich als der Dreimonatszeitraum zwischen dem kürzesten Tag und der nächsten Tag- und Nachtgleiche. Diese Bestimmung weicht um ungefähr drei Wochen von der *meteorologischen* Definition ab, nach der in den drei kältesten Monaten »Winter« und in den drei wärmsten Monaten »Sommer« und in den anderen Dreimonatszeiträumen »Frühling« bzw. »Herbst« ist. Auf der Nordhalbkugel ist also im Dezember, Januar, Februar Winter und im Juni, Juli, August Sommer. Auf der Südhalbkugel ist das Muster umgekehrt (vergleiche Hamburg in Deutschland und Hobart in Australien in Abb. 2b).

Die Einteilung der Jahreszeiten, soweit sie auf Beobachtungen der Temperaturspanne beruht, ist nicht identisch mit der Länge – und vor allem Kürze – der Tage. In den gemäßigten Klimazonen der Erde wird die

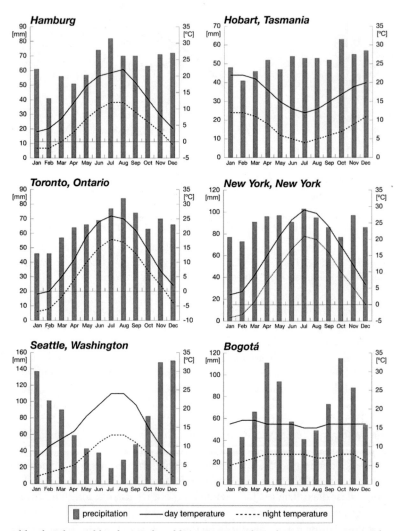

Abb. 2b: Jahreszyklen für Niederschläge, Tages- und Nachttemperaturen an mehreren Standorten.

größte Kälte nicht am kürzesten und die größte Hitze nicht am längsten Tag des Jahres verzeichnet. Daran ist die »saisonale Verzögerung« schuld, zu der es kommt, weil es eine Weile dauert, bis sich die Erdoberfläche erwärmt. Das heißt, dass die Oberflächentemperaturen steigen, obwohl die von der Sonne einstrahlende Energie abnimmt, und dass umgekehrt die Temperaturen fallen, auch wenn die Sonneneinstrahlung zunimmt.

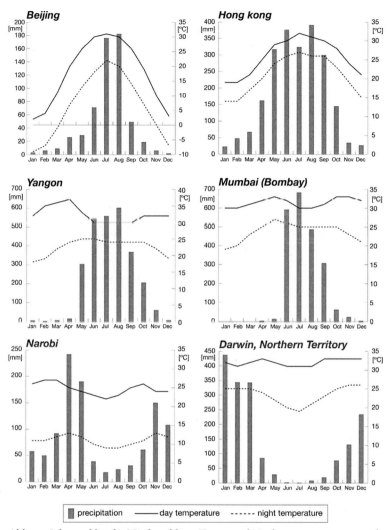

precipitation ——— day temperature - - - - - night temperature

Abb. 2c: Jahreszyklen für Niederschläge, Tages- und Nachttemperaturen an mehreren Standorten.

Abbildung 2b und 2c zeigen außerdem, dass es in den Tropenregionen beiderseits des Äquators keinen deutlichen Temperatur-Jahreszyklus gibt. In den gemäßigten Zonen der Nord- und der Südhalbkugel können wir vier Jahreszeiten mehr oder weniger klar voneinander trennen. Mumbai, Yangon und Darwin dagegen weisen eine halbjährliche Schwankung mit zwei Maxima und zwei Minima pro Jahr auf. Abbildung 2b und 2c zeigen außerdem den mittleren Jahresgang der

Niederschläge, der sich je nach Standort erheblich unterscheidet. An einigen Orten gibt es eine deutliche Trocken- und eine deutliche Nass- bzw. Regenzeit (etwa Mumbai oder Yangon); an anderen bleiben die Niederschläge fast gleich (etwa Hamburg, Hobart oder New York). Auch eine »bimodale« Verteilung mit zwei Maxima und zwei Minima findet sich, nämlich in Nairobi und Bogotá.

Neben Lufttemperatur und Niederschlag als den wichtigsten und am häufigsten benutzten Klimavariablen erfassen die Wetterdienste regelmäßig auch noch andere Variablen wie Luftfeuchtigkeit, Wind, Luftdruck und Sonnenscheindauer. Eine weitere Klimavariable, die nicht von den meteorologischen sondern von den hydrografischen Diensten geliefert wird, ist der Wasserstand an den Küsten und von Seen und Flüssen. Daten dieser Art mögen heute wenig spektakulär erscheinen. Aber man sollte sie nicht für selbstverständlich halten, nicht zuletzt, weil sie äußerst wichtige Faktoren für die Planung und Vorbereitung von politischen Entscheidungen sind, vor allem im Kontext von potentiellen klimabedingten Risiken, Gefahren und Vorteilen. Politiker und Planer pflegen die von den Klimatologen und Meteorologen generierten Informationen einzufordern und sich auf sie zu berufen, wenn sie wichtige Entscheidungen fällen, die das Leben und die Lebensgrundlagen von Menschen in verschiedenen Weltregionen betreffen.

Zum Beispiel werden klimatologische, meteorologische und hydrologische Statistiken mit Statistiken aus dem Wasserbau und mit geografischen Daten zu Topografie, Infrastruktur und Bevölkerung kombiniert, um die Überschwemmungsrisiken in bestimmten, durch Flutkatastrophen gefährdeten Regionen zu berechnen (Morss et al. 2005: 1594). Überschwemmungen können Menschleben kosten und enorme Sachschäden anrichten. In den Küstenregionen verschärft sich das Risiko von Flutkatastrophen nicht nur aufgrund von potentiell veränderten klimatischen Bedingungen, sondern auch durch wachsende Bevölkerungszahlen und verstärkte Bautätigkeit (Morss et al. 2005: 1593). Statistiken spielen eine Rolle, wenn es um Entscheidungen im Zusammenhang mit Hochwasserschutzstrategien geht.

Auch Statistiken zu Indikatoren wie Unwetterstärke und Häufigkeit von Wirbelstürmen sind von unschätzbarem Wert. Tropische Wirbelstürme (auch Hurrikane oder Taifune oder Zyklone genannt) gehören zu den heftigsten Wetterereignissen auf dem Planeten (Ramsay 2017). Klimatologen haben festgestellt, dass es eine bemerkenswert stabile Rate von 80 tropischen Wirbelstürmen pro Jahr gibt, die weltweit ungleich verteilt sind (70% aller tropischen Wirbelstürme ereignen sich auf der Nordhalbkugel). Seit den 1960er Jahren hat mit den ersten Wettersatelliten das wissenschaftliche Wissen über diese Phänomene enorm zugenommen. Abb. 2d zeigt die Häufigkeit der Wirbelsturmbildung in verschiedenen Weltregionen.

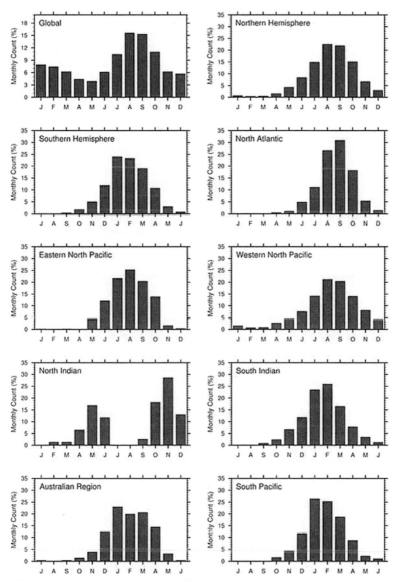

Abb. 2d: Monatliche Wirbelsturmbildung für die ganze Erde, für die Nord- und die Südhalbkugel und für sieben einzelne Becken, auf Basis der Daten von 1985 bis 2014. Man beachte, dass der Jahreszyklus auf der Südhalbkugel im Juli beginnt und im Juni endet (Quelle: Ramsay 2017).

Wissenschaftliche Daten zu Wirbelstürmen werden gewöhnlich in Form von Karten präsentiert (siehe Abbildung 2e). Solche Informationen können zusammen mit sozioökonomischen Daten und lokalem Wissen für die Politikgestaltung im Zusammenhang mit Defensivstrategien für gefährdete Populationen genutzt werden. Verbesserte Defensivmaßnahmen sind unter anderem Wirbelsturmschutzräume, Evakuierungspläne, Küstenschutzanlagen, Wiederaufforstungsprojekte, Aufklärungsprogramme und Bildungskampagnen (Haque et al. 2012).

Klimastatistiken sind außerdem von unschätzbarem Wert für die Agrarwirtschaft, die für Wetterextreme besonders anfällig ist (Shannon und Motha 2015). Unterschiedliche Typen von Landwirtschaft eignen sich für unterschiedliche Regionen mit unterschiedlichen Temperatur-, Feuchtigkeits- und Niederschlagsverhältnissen und unterschiedlich hohem Risiko von Wetterextremen. Für manche Nutzpflanzen sind nicht nur die durchschnittlichen Sommer- oder Wintertemperaturen wichtig, sondern auch Kälteextreme oder der Zeitpunkt, zu dem die Frostperiode einsetzt.

In Florida zum Beispiel wurden einmal sämtliche Zitrusfrüchte, die äußerst empfindlich auf Wettermuster reagieren, durch Frost vernichtet (Shannon und Motha 2015: 53); überhaupt ist das Klima der entscheidende Faktor für die Qualität von Zitrusfrüchten (Zekri 2011: 6). Qualitativ hochwertige Früchte brauchen relativ große Temperaturunterschiede im Jahres- und Tagesverlauf (Miller und Glantz 1988). Floridas subtropisches Klima ist (neben ökonomischen und sozialen Faktoren) ein entscheidender Grund für die Entwicklung und den Erfolg der riesigen Zitrusfruchtindustrie, aber nun sieht es so aus, als könnte es dank dem Klima – und, ganz wichtig, dank der Wahrnehmung von klimabedingten Risiken – zu ihrem relativen Niedergang und dem damit einhergehenden raschen Aufschwung der brasilianischen Orangensaftindustrie kommen (Miller und Glantz 1988). Durch landwirtschaftliche Praktiken wie dem Einsatz von Bewässerungssystemen und Düngemitteln sowie durch Strategien zum Risikomanagement lassen sich manche, wenn auch nicht alle Klimaeffekte abmildern (Zekri 2011: 8). In den letzten Jahren hat Floridas Orangenernte jedoch tatsächlich verstärkt unter extremen Wetterereignissen wie Hurrikanen gelitten, aber auch unter Krankheiten. Wissenschaftler benutzen Klimadaten für die Vorhersage von Ernteerträgen, ein wichtiger Faktor bei Entscheidungen, die die Orangenfarmer und -händler betreffen.[3] Shannon und Motha weisen darauf hin, dass der von den Farmern selbst kommende Input entscheidend für die Entwicklung effizienter Strategien ist (2015: 50).

3   Siehe CEC: http://water.columbia.edu/research-themes/risk-and-financial-instruments/oranges-and-climate-predicting-the-usda-citrus-forecast-error/ (abgerufen am 16.01.2019).

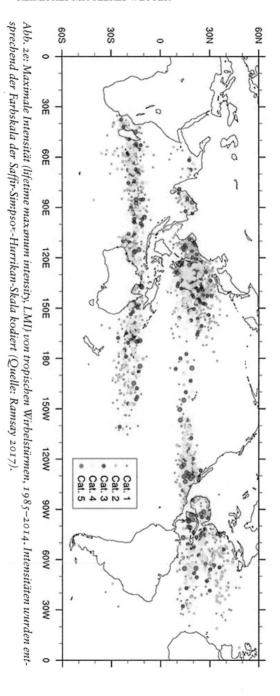

Abb. 2e: Maximale Intensität (lifetime maximum intensity, LMI) von tropischen Wirbelstürmen, 1985–2014. Intensitäten wurden entsprechend der Farbskala der Saffir-Simpso»-Hurrikan-Skala kodiert (Quelle: Ramsay 2017).

Die Nutzung von wissenschaftlichen Statistiken in politischen Entscheidungsprozessen ist jedoch alles andere als unkompliziert. Die Vorstellung, dass wissenschaftliches Wissen auf geradem Wege zu den Politikern gelangt, ist irreführend; vielmehr findet die Interaktion mit der Wissenschaft in einem von Ungewissheit, Uneinigkeit und konkurrierenden Prioritäten und Perspektiven gekennzeichneten Kontext statt. Wie Morss et al. in ihrer Studie zur Rolle von wissenschaftlichen Statistiken in der Hochwasserschutzpolitik feststellten, führt die Produktion und Kommunikation von genaueren statistischen Informationen nicht unbedingt dazu, dass Entscheidungen leichter oder rascher gefällt werden.»Praktiker im Bereich Hochwasserrisikoabschätzung und management treffen Entscheidungen in komplexen, durch deutlichen Wandel und Ungewissheit gekennzeichneten Kontexten. Außerdem unterliegen sie regulatorischen, institutionellen, politischen, ressourcenbedingten und sonstigen Zwängen, die ihre Kapazität zur Nutzung von neuen wissenschaftlichen Daten einschränken« (2005: 1594). Hinzu kommt, dass die Vorstellung, Klimastatistiken seien leicht zu berechnen und könnten ein vollständiges und neutrales Bild von der Wirklichkeit liefern, in mehrfacher Hinsicht falsch ist, wie wir im folgenden Abschnitt zeigen möchten.

2.2 Klimamessung

Ein wichtiges Problem für Wissenschaftler wie auch für diejenigen, die auf ihre Daten angewiesen sind, ist die Frage der Methode, mit der Klimastatistiken erstellt werden. Valide Statistiken basieren auf der Zusammenführung von Beobachtungsdaten, die mit zuverlässigen Methoden von verschiedenen Instrumenten innerhalb eines bestimmten Zeitraums erhoben werden. Im Laufe des 18. und 19. Jahrhunderts waren die meteorologischen Messungen standardisiert worden. Statt unbestimmter Klimabeobachtungen gab es nun genauere Zahlenangaben. Das bedeutete, dass Klima, wie oben gezeigt, nunmehr *numerisch* statt *deskriptiv* beschrieben werden konnte, etwa als durchschnittliche Niederschlagsmengen und Höchsttemperaturen; anhand von Daten also, die von diversen Instrumenten geliefert werden. Die wissenschaftliche Untersuchung des Klimas führte zu einer zuverlässigen Darstellung von beobachtbaren Klimavariablen, und damit zu einer Zahlensprache.

Die *Societas Meteorologica Palatina* wurde, wie schon im 1. Kapitel erwähnt, 1780 als ein dauerhaft finanziertes internationales Netzwerk von Wetterbeobachtern gegründet. Sie war die Vorläuferin einer Ära, in der »an die Stelle einer langen Tradition von unbelegten Bauernregeln und volkstümlichen Spruchweisheiten neue, auf Empirie beruhende Vorhersagen traten« (Cassidy 1985: 9).

Neben den unschätzbaren Vorzügen dieses wissenschaftlichen Ansatzes, bei dem Klima in Zahlen ausgedrückt wird, ergaben sich aber auch bedeutende Probleme. Ein ganz grundsätzliches Problem war die Methodologie: Welche der vielen vorhandenen Maße sollte man benutzen, und wie wären sie zu standardisieren? Es gab einen praktischen Bedarf an einer begrenzten Zahl von Messungen, die robust waren, unbeeinflusst von nicht-meteorologischen Prozessen, relevant für ihre beabsichtigte Anwendung und repräsentativ für das jeweils interessierende Gebiet und Zeitsegment.

Klimawissenschaftler suchten nach Methoden, mit denen sich die relevanten Klimavariablen so messen ließen, dass die Zahlenwerte für den betreffenden Standort reproduziert und außerdem mit den Werten an anderen Standorten verglichen werden konnten. Dies war alles andere als unkompliziert. Nehmen wir ein einfaches Beispiel, etwa die Größe »durchschnittliche Tagestemperatur«, die durch Mittelwertbildung von mehreren, über den Tag verteilten Beobachtungen abgeleitet wird. Das Ergebnis hängt von dem Zeitpunkt ab, zu dem das Thermometer abgelesen wird. Verlegt man die Ablesezeiten von 6:00, 12:00, 18:00 und 24:00 Uhr auf 7:00, 13:00, 19:00 und 1:00 Uhr, ändern sich auch die »durchschnittlichen Tagestemperaturen«.

Nicht nur ist nicht immer klar, welcher Typ von Daten wichtig, repräsentativ und praxisrelevant ist, sondern die Daten selbst können aufgrund von unstimmigen und uneindeutigen Messungen ungenau sein. Die Geschichte der Meteorologie und Ozeanografie kennt viele solche, durch veränderte Beobachtungspraktiken verursachte »Inhomogenitäten« in ihren Beobachtungsdaten.

Ein Beispiel wäre die Messung der Ozeanoberflächentemperatur, eine für Klimawissenschaftler entscheidende Datenquelle. Diese Temperaturen wurden zunächst, und zwar bereits 1853, gemessen, indem man die Temperatur des Meerwassers maß, das man in einem Eimer an Deck zog. Später ging man jedoch zu einer anderen Methode über, bei der man die Messungen an Meerwasser vornahm, das als Kühlwasser durch die Maschinen von Dampfschiffen gepumpt wurde. In den 1920er Jahren begannen die Schiffsingenieure dann, die Temperatur des für die Kühlung aufgenommenen Meerwassers zu beobachten, um sie kontrollieren zu können. Die Meteorologen erkannten den potentiellen Nutzen dieser Kontrollmessungen (Matthews 2013). Doch die Verfahren und Instrumente waren kaum standardisiert und sind bis heute schlecht dokumentiert (ebd.: 691); die Entnahmetiefen wechselten, und die Schiffe selbst veränderten sich. Zudem scheint es Diskrepanzen zwischen den beiden Erhebungsmethoden zu geben (ebd.: 691).

Ein anderes Beispiel wäre die scheinbar stark rückläufige Häufigkeit von Starkwinden in Hamburg. Abbildung 2f zeigt die Zahl der Tage mit Windstärke 7 Beaufort und darüber pro Jahrzehnt. In den Jahrzehnten

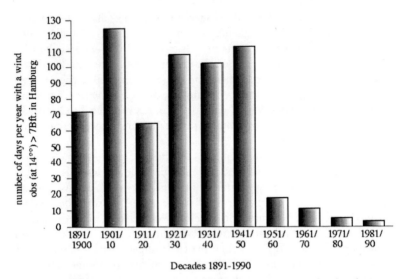

Abb. 2f: *Häufigkeit von Starkwindereignissen in Hamburg, nach Jahrzehnten.*

vor 1951–1960 weisen die Zahlen über 90 solcher Ereignisse aus; seither wurden nur zehn weitere Vorkommen registriert. Aber dieser Rückgang hat nichts mit irgendwelchen klimatischen Veränderungen zu tun, sondern mit dem Umzug der Seewetterbeobachtungsstelle vom Seewetterbüro im Hafen zum Flughafen. Also sind die Beobachtungen zwar korrekt, aber für Hamburgs Sturmklima offenkundig nicht repräsentativ.

Und noch ein Beispiel: Daten zu Tornados in den USA (siehe Abb. 2g). Vor 1870 wurden Tornados nur sporadisch und eher anekdotisch gemeldet. Erst in den 1870er Jahren begann der Signal Service of the US Army, Tornados systematisch zu erfassen. Doch galt dies als politisch unerwünscht, da man befürchtete, potentielle Einwanderer könnten sich von solchen Katastrophenereignissen abschrecken lassen (vgl. Gutmann und Field 2010). Deshalb wurden bis Ende der 1880er Jahre Tornados nur sehr lückenhaft erfasst; ein Problem, das erst einige Jahre später behoben wurde.

Es ist wichtig, sich klarzumachen, dass Klimamessungen falsch sein können. Nicht minder wichtig ist es, sich über einige Einschränkungen im Klaren zu sein, die mit den Konventionen der Klimaforschung selbst zu tun haben. Ein Beispiel: weil es keine »natürlichen« Definitionen für die Zeiträume gibt, die man bei Mittelwertberechnungen zugrunde legen sollte, einigten sich die Wetterdienste auf einen Standard-Beobachtungszeitraum von 30 Jahren. Dementsprechend basieren die Mittelwerte vieler Klimastatistiken auf solchen zeitlich aggregierten 30-Jahre-Perioden.

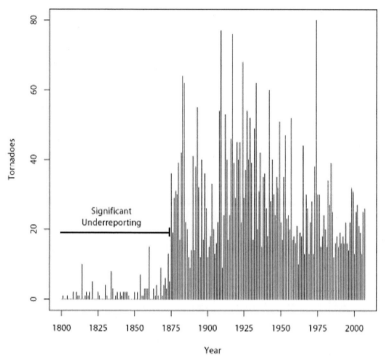

Abb. 2g: Häufigkeit von Tornadomeldungen in den USA. (Quelle: Harold Brooks)

Es hat sich jedoch nicht nur herausgestellt, dass das Klima auch beachtliche Schwankungen auf anderen Zeitskalen aufweist (siehe das 4. Kapitel), sondern dass solche zeitlichen Aggregationen auch dazu führen, dass dynamische Prozesse wie zum Beispiel die Ansiedlung und Ausbreitung von Arten übersehen werden (Serra-Diaz et al. 2016).

Wichtig für uns ist dabei nicht nur, dass Skepsis gegenüber Behauptungen von wissenschaftlicher Objektivität und Genauigkeit angebracht ist, sondern auch, dass Statistiken – und Interpretationen von Statistiken – eventuell von Annahmen ausgehen und Annahmen bestätigen, die aufgedeckt werden könnten. Problematische Behauptungen in Bezug auf die Richtigkeit von Zahlenangaben können von Kritikern auseinandergenommen werden, um wissenschaftlichen Thesen den Boden zu entziehen (Machin und Ruser 2018). Das soll natürlich nicht heißen, dass Klimastatistiken für die Gesellschaft nicht wertvoll, wenn nicht gar von unschätzbarem Wert wären. Aber wie wir im folgenden Abschnitt zeigen werden, wird die Vorstellung von Klima als »durchschnittliches Wetter« heute von einem neuen Paradigma überschattet.

2.3 Die Entstehung eines neuen Paradigmas

Im 19. Jahrhundert verstand man unter dem globalen wissenschaftlichen Objekt Klima das Sammeln von *regionalen* Beschreibungen (von Storch 1999). Damals waren die meisten Forscher, die sich für das Klima interessierten, Geografen, die das Klima als regionales Problem betrachteten und sich auf seine Wirkung – als einschränkender und konditionierender Faktor – auf die Fauna und Flora sowie die menschliche Gesellschaft der betreffenden Region konzentrierten. Erst später begannen die Klimaforscher, das System *als Ganzes* zu betrachten. Es kam, wie Phillip Lehmann beschreibt, zu einem »wachsenden Bedarf an neuen deduktiven Ansätzen und enger definierten Datensätzen, die auch immer häufiger nicht *auf* sondern *über* der Erde erhoben wurden und sich auf die Atmosphärendynamik statt auf historische und geografische Daten konzentrierten« (Lehmann (2015: 58). Bereits 1895 forderte Clevland Abbe, die Klimaforscher sollten mit ihrem eklektischen Mix aus historischen und geografischen Daten aufhören und sich lieber der Atmosphärendynamik als neuem Schwerpunkt zuwenden. Damit war ein bedeutsamer Paradigmenwechsel verbunden, denn nun »begannen die Klimaforscher, sich von den schwer fassbaren Verhältnissen auf der Erde und von der Geografie ab- und der Atmosphäre zuzuwenden« (Lehmann 2015: 69).

Der große Durst nach mehr Wissen über die schwindelerregenden Höhen über der Erdoberfläche profitierte nicht nur vom technologischen Fortschritt, sondern beschleunigte ihn auch. Im 19. Jahrhundert waren Beobachtungen der Atmosphäre immer noch ziemlich erdverhaftet. Die Forscher begaben sich mit sperriger Ausrüstung auf schwierige Expeditionen, um Messungen auf Berggipfeln und bei spektakulären bemannten Ballonflügen vorzunehmen. 1787 erstieg Horace Benedict de Saussure, angeregt von der Ausschreibung einer Belohnung für die Erstbesteigung, den Mont Blanc, wobei er ein Thermometer, ein Barometer, ein Teleskop, einen Kompass und noch weitere Instrumente mit sich führte (Freshfield 1920).[4] Saussure war nicht der erste Mensch, der den Gipfel erreichte, aber die von ihm vorgenommenen Messungen führten, erstens, zu der Annahme, dass die Temperatur der Erdatmosphäre um rund 0,7°C pro 100 Höhenmeter sinkt, und, zweitens, zu der weiteren Annahme, dass sie mit zunehmender Höhe immer weiter abnimmt, nämlich bis dicht an den absoluten Nullpunkt.

Anfang des 20. Jahrhunderts wurde es jedoch möglich, mit Hilfe unbemannter Wetterballons und Wetterdrachen Beobachtungsdaten aus viel größeren Höhen zu erhalten. Einer dieser »Pioniere der oberen Luftschichten« (Shaw 1913: 519) und Mitglied »der Schule, nach deren Meinung eine Meteorologie, die den Erdball als Ganzen betrachtet, eine

---

4   1784 vermaß Benedict de Saussure auch die Tiefen des Bodensees.

Voraussetzung für jeden effektiven Fortschritt ist« (Shaw 1913: 520), war der französische Meteorologe Léon Teisserenc de Bort. Mit Hilfe von Ballonsonden konnte Teisserenc de Bort Messungen in fast 30 Kilometern Höhe vornehmen. Diese Messungen bereiteten einiges Kopfzerbrechen, da sie zeigten, dass jenseits einer bestimmten Höhe die Temperatur gleich blieb. Man hatte eine Schicht der Atmosphäre entdeckt, in der sich die Temperatur nicht mehr änderte und die Teisserenc de Bort in einem Aufsatz aus dem Jahre 1908 die »Stratosphäre« nannte. Der deutsche Wissenschaftler Richard Aßmann soll etwa zur gleichen Zeit dieselbe Entdeckung gemacht haben (Nebeker 1995: 48). In der 35 Kilometer dicken Stratosphäre befindet sich auch die Ozonschicht; Ozon aber absorbiert die Sonneneinstrahlung, und deswegen sind die Temperaturen höher, als zu erwarten wäre (Charlson 2006: 137).

Die Stratosphäre war *ein* Faktor in einem komplexen und interaktiven Gesamtsystem, das auch das Klima umfasst. In dem neuen – und immer noch vorherrschenden – Klimaparadigma wird daher das Klima als *globales System* verstanden, das selber »ein integraler Bestandteil des biogeophysikalischen Systems Erde« ist (Nicholson 2017: 4). Die Anzahl und die relative Bedeutung der Klimavariablen änderten sich in diesem Paradigma. In der Vergangenheit wurden einzelne Klimabestandteile jeweils für sich analysiert. Heute hingegen versuchen die Wissenschaftler, unter Einbeziehung einer Vielzahl unterschiedlicher Variablen ein integriertes Klimasystem zu beschreiben. In der Theorie des Klimasystems ist, wie McGregor erklärt, »das Klima die Manifestation einer Interaktion zwischen den wichtigsten Klimasystemkomponenten Atmosphäre, Hydrosphäre, Kryosphäre, Biosphäre, Landfläche und externen Klimatreibern wie Sonnenvariabilität und langfristigen Verhältnissen der Erde-Sonne-Geometrie« (2006: 1). Im Folgenden möchten wir einige dieser Bestandteile kurz beschreiben, ehe wir uns dem Treibhauseffekt zuwenden.

Die Atmosphäre ist die gasförmige Hülle, die die Erde umgibt. Ihre wichtigsten Bestandteile sind Stickstoff, Sauerstoff, Argon und Kohlendioxid. Durch die kurzwellige Sonnenstrahlung heizt sich die Atmosphäre auf, vor allem in den Tropen. Die erdnahe Luft wird deutlich wärmer, und die vertikale Luftschichtung wird instabil: tiefer liegende Luftschichten werden leichter als die Luft über ihnen, wodurch vertikale Luftströmungen entstehen. Dieser Vorgang wird dadurch verstärkt, dass sich die Luft beim Aufsteigen ausdehnt, abkühlt und dadurch weniger Wasserdampf binden kann, sodass ein Teil des gasförmigen Wassers wieder flüssig wird. Während dieser Kondensierung wird die Energie, die ursprünglich gebraucht wurde, um das flüssige Wasser zu Wasserdampf verdunsten zu lassen, als Wärme freigesetzt. Diese zusätzliche Energie erwärmt die aufsteigende Luft, die dadurch wieder leichter wird als ihre Umgebung und wieder weiter aufsteigen kann. In den Tropen kann man diesen Prozess vom Flugzeug aus in Gestalt der mächtigen Wolkentürme beobachten, die oft 11.000 oder mehr Meter hoch sind, also sogar bis über Flughöhe. *Die Hydrosphäre* wird von den Teilen der Erde gebildet, die aus Wasser bestehen. Wasser gibt es außer in den Ozeanen, die 71% der Erdoberfläche bedecken, in Flüssen, im Grundwasser, in Gletschern und Eisschichten, im Boden, in der Biomasse und, wie oben beschrieben, in der Atmosphäre. Die Hydrosphäre, schon lange als lebensnotwendig erkannt, spielt im Klimasystem eine zentrale Rolle. Wasser ist der wichtigste Wärmeleiter auf seinem Weg durch den von der Sonnenstrahlung angetriebenen Wasserkreislauf. Der Ozean fungiert als der wichtigste Wärmespeicher und reguliert die Erdtemperatur. Außerdem absorbieren die Ozeane rund die Hälfte des in die Atmosphäre freigesetzten Kohlendioxids (Henshaw et al. 2006: 114).

Die Kryosphäre ist derjenige Teil der Hydrosphäre, der gefroren ist, und besteht aus Eiskappen, Gletschern und Meereis. Die Kryosphäre enthält die größten Frischwasservorkommen der Erde, auch wenn die genaue Menge schwer zu schätzen ist (Henshaw et al. 2006: 114). Sie ist eine einigermaßen stabile Komponente im dynamischen Klimasystem, hat aber zwei wichtige Funktionen: erstens isoliert sie Ozeane und Landflächen von der Atmosphäre und reduziert damit den Wärme- und Feuchtigkeitsaustausch; zweitens trägt sie zur Albedo bei, das heißt, zur Rückstrahlung der kurzwelligen Sonnenstrahlung von der Erdoberfläche.[5]

Die Biosphäre gibt es (glaubt man zumindest) nur auf der Erde. Sie besteht aus den Teilen der Erde, in denen es Leben – die »Biota« – gibt, reicht vom tiefsten Meeresgrund bis zum höchsten Berggipfel und schließt auch die Menschen ein. Die Biosphäre lässt sich also nicht geografisch verorten, sondern existiert *innerhalb* der anderen Sphären (Jacobsen et al. 2006: 4). Während man früher annahm, dass die Biosphäre auf das Klima nur reagiert, wird sie heute als integraler Bestandteil des Systems betrachtet (Jacobsen et al. 2006: 6).

Somit ist das Klimasystem das Ergebnis der Interaktionen zwischen diesen getrennten, aber miteinander zusammenhängenden Systemen, deren charakteristische Merkmale Energieflüsse, Rückkopplungsschleifen und Nicht-Linearität sind (McGregor 2006: 1). Dieses globale Klimasystem ist alles andere als statisch. Die Wechselwirkung zwischen den verschiedenen Komponenten des Klimasystems erzeugt Schwankungen in Größenordnungen, die zeitlich von der allerkleinsten bis zur allergrößten reichen und auch geografisch ganz unterschiedlich sein können. Kleine Ursachen können rasch große Wirkungen haben, etwa wie beim

---

5   Die Albedo bezeichnet das – in Prozenten gemessene – Vermögen einer Oberfläche, kurzwellige Strahlung zurückzustrahlen. Wüsten und Schnee haben eine hohe, Wälder und Meere eine niedrige Albedo.

»Schmetterlingseffekt«: der Flügelschlag eines Schmetterlings kann die Entwicklung des ganzen Systems radikal verändern. Aber im Klimasystem gibt es nicht nur einen, sondern Millionen Schmetterlinge, die unentwegt mit den Flügeln schlagen; was die Klimaforscher vor gewaltige Herausforderungen stellt.

2.4 Die Entdeckung des »Treibhauseffekts«

Ein wichtiges Puzzleteil in diesem Bild vom globalen System ist der »Treibhauseffekt«. Jean-Baptiste Joseph Fourier (1768–1830) wird üblicherweise, wenn auch fälschlich, als der erste angesehen, der diesen Mechanismus entdeckte; allerdings kommt der Ausdruck »Treibhaus« (oder französisch »serre«) bei ihm nirgends vor (Flemming 1999). Fourier mag das Verdienst zukommen, das Problem der Planetentemperaturen als wissenschaftliches Forschungsobjekt eingeführt zu haben (Pierrehumbert 2004), aber die Physik des Prozesses des »Treibhauseffekts« wurde erst ein Dreivierteljahrhundert später von dem schwedischen Chemiker Svante Arrhenius (1859–1927) begründet. Arrhenius – der später für andere Leistungen den Chemie-Nobelpreis bekam – ging davon aus, dass die einstrahlende kurzwellige (Sonnen-) Strahlung und die von der Erde ausgestrahlte langwellige (Wärme-) Strahlung einander im Gleichgewicht halten und dass bei Ungleichgewicht die Temperatur sinkt oder steigt, bis das Gleichgewicht wieder hergestellt ist. Gäbe es zwischen Sonne und Erde ein Vakuum, läge die Durchschnittstemperatur der Erde bei -10°C. Dies ist aber offenkundig nicht der Fall, und der Grund dafür ist die Erdatmosphäre.

Die Erdatmosphäre liegt zwischen der Sonne und der Erdoberfläche. Beim Durchgang durch die Atmosphäre trifft die Strahlung auf verschiedene Hindernisse, nämlich Gase wie Wasserdampf, Kohlendioxid oder Methan. Einige dieser Gase sind »Treibhausgase«, die die langwellige, von der Erdoberfläche und der Atmosphäre selbst ausgehende Strahlung binden und in alle Richtungen zurückreflektieren. Dadurch entweicht ein Teil der vom Boden emittierten Energie nicht direkt in den Weltraum, wie es ohne Atmosphäre der Fall wäre, sondern wird, nachdem sie von den Treibhausgasen absorbiert und emittiert wurde, teilweise auf die Erdoberfläche und in die unteren Schichten der Atmosphäre zurückreflektiert. Treibhausgase haben diese Wirkung schon bei sehr geringen Konzentrationen. Wasserdampf ist das am reichlichsten vorhandene und wirkungsvollste Treibhausgas, obwohl sein Anteil an der Atmosphäre bei nur 0,2% bis 4% liegt. Kohlendioxid macht nur 0,03% (Volumenprozent) der Luft aus.

Nur etwa 40% der Wärmestrahlung »schafft« es in den Weltraum, während 60% der Energie zurückgestrahlt wird. Nicht nur die kurzwellige Sonnenstrahlung, sondern auch die aus der Atmosphäre zurückreflektierte Wärmestrahlung kommt auf der Erdoberfläche an. Wenn wir davon ausgehen, dass in unserem System normalerweise die besagte Temperatur von -10°C herrschte, würde es sich tatsächlich mit der Energieaufnahme erwärmen. Durch diese Erwärmung nimmt die Intensität der langwelligen Strahlung zu; von der, wiederum wegen der Treibhausgase, nur 40% kontinuierlich den Weltraum erreichen. Weil die Strahlung mit der Temperatur zunimmt, wird durch den Temperaturanstieg mehr langwellige Energie emittiert. Die Erwärmung erschöpft sich, wenn die 40% der ausgestrahlten langwelligen Energie, die den Weltraum erreichen, und die auf der Erdoberfläche ankommende Sonnenstrahlung einander ausgleichen. Die sich daraus ergebende »Endtemperatur« ist beträchtlich höher als 10°C. Doch die Atmosphäre absorbiert und re-emittiert die langwellige Strahlung nicht nur, sie schirmt die Erdoberfläche auch in gewissem Maße gegen die einfallende Sonnenstrahlung ab, sodass nur ein Teil der ganz oben in der Atmosphäre ankommenden Sonnenstrahlung die Erdoberfläche erreicht. Diese Abschirmung hängt von der Albedo ab.

Der kombinierte Effekt wird abgemildert, sodass sich schließlich eine Durchschnittstemperatur von etwa 15 °C einstellt, die auch der tatsächlichen Beobachtung entspricht.[6] Dies also ist die »Treibhaustheorie«, eigentlich eine irreführende Bezeichnung, weil die Temperatur in einem Gewächshaus aus Glas aus anderen Gründen höher ist als die der Außenluft.

Das Erstaunlichste an Arrhenius' Theorie ist die Tatsache, dass sie heute, 100 Jahre nach ihrer Veröffentlichung, immer noch in fast unveränderter Form als korrekt angesehen wird (Arrhenius 1896: 237–276). Arrhenius berechnete den Anstieg der Lufttemperatur im Falle einer Verdoppelung der Kohlendioxidkonzentration in der Atmosphäre und kam auf einen vergleichbaren Wert wie die heutigen Schätzungen von rund 3 °C. Eine solche Verdoppelung war seiner Meinung nach zwar möglich, würde aber erst in 1.000 oder mehr Jahren eintreten, weil 85% des in die Atmosphäre emittierten Kohlendioxids vom Ozean absorbiert würden.[7]

6 Dies ist eine etwas vereinfachte Beschreibung. Eine Reihe weiterer Prozesse, etwa die Konvektion (Wärmeströmung), modifizieren das Bild.

7 Siehe das bemerkenswerte Lehrbuch: S. A. Arrhenius, *Das Werden der Welten* (Leipzig Akademische Verlagsanstalt m.b.H., 1908). In diesem Buch beschrieb Arrhenius viele Aspekte des Klimasystems richtig und in verständlicher Form, auch wenn er die Funktionsweise der Sonne nicht richtig darstellte, da er von den atomaren Prozessen, die die Sonne antreiben, noch nichts wissen konnte. Stattdessen spekulierte er über obskure chemische Prozesse. Heutige Wissenschaftlern sollten diesen Fall als Warnung nehmen, dass auch Teile ihrer Erklärungssysteme eines Tages widerlegt werden könnten.

Heute wissen wir, dass diese Absorption ein langfristiger Prozess ist und eine Verdoppelung der CO2-Konzentration in einigen Jahrzehnten daher durchaus möglich und sogar sehr wahrscheinlich ist.[8] Anfang des 20. Jahrhunderts leisteten andere Forscher wichtige Beiträge zur physikalisch ausgerichteten Klimaforschung, etwa der Norweger Vilhelm Bjerknes, zu dessen bahnbrechenden Beiträgen ein neues Modell des außertropischen Wirbelsturms gehört (Friedman 1989); der Schwede Carl Gustav Rossby, der eine mathematische Theorie der Turbulenz entwickelte (Nebeker 1995: 80); und der Amerikaner John von Neumann, der nach dem Zweiten Weltkrieg das Potential der elektronischen Datenverarbeitung für die Erstellung von Wettervorhersagen erkannte und erste Anwendungen auf den neu entwickelten Rechnern installierte (Halmos 1973).[9]

2.5 Klimamodellierung

Eine weitere wichtige Veränderung im Zusammenhang mit dem Übergang zu einem neuen klimawissenschaftlichen Paradigma ist eine veränderte Forschungsagenda. Hauptzweck von Klimastudien ist nun nicht mehr das *Sammeln* und *Analysieren* moglichst vieler Einzelbeobachtungen, um verschiedene Planungsziele leichter erreichen zu können. Vielmehr geht es jetzt darum, das Klimasystem zu *modellieren und vorherzusagen*; Beobachtungen werden jetzt nur noch herangezogen, um Modelle und Hypothesen zu bestätigen oder zu widerlegen. Klimaforschung wird nicht mehr in erster Linie *deskriptiv*, sondern *analytisch* betrieben.

Ein wichtiges Instrument für die Wissenschaftler sind Klimamodelle, die zur »zentralen wissenschaftlichen Währung des Felds« geworden sind (Wynne 2010: 293). Klimamodelle werden schon seit den 1960er

8 Andere bemerkenswerte Ansätze zur Erklärung der allgemeinen atmosphärischen Zirkulation kamen im 17. Jahrhundert von George Hadley (1685–1768). Obwohl es sehr wenige empirische Daten gab, und vor allem keine Daten jenseits der Grenzschicht der Atmosphäre, begriff er wesentliche Teile der allgemeinen Zirkulation korrekt (Abbildung 11), etwa das System der Passatwinde. Aber er konnte andere wichtige Teile damals nicht ableiten. Der deutsche Philosoph Immanuel Kant (1724–1804) arbeitete ebenfalls in diesem Forschungsfeld; er analysierte die von Schiffen in Südostasien angestellten Windbeobachtungen und zog aus ihnen den Schluss, dass es noch einen weiter südlich gelegenen Kontinent geben musste, das damals noch unbekannte Australien.

9 Von Neumann interessierte sich nicht nur für die Vorhersage, sondern auch für die Kontrolle des Wetters. Er schlug vor, Forschungen zum Einfärben der Polarkappen durchzuführen, um so die Menge der von ihnen zurückgestrahlten Energie zu verringern.

Jahren konstruiert, wobei versucht wird, möglichst viele relevante Komponenten des Klimasystems samt deren Interaktionen einzubeziehen. Mit Supercomputern werden virtuell manipulierbare »Quasi-Realitäten« geschaffen, die Experimente ermöglichen, die in der Realität nicht durchführbar wären. Klimamodelle sind nicht »wahr« oder »falsch« sondern »adäquat« oder »inadäquat« und »nützlich« oder »nicht-nützlich« (Müller und von Storch 2010: vii). Klimamodelle sind natürlich immer *Annäherungen* an das tatsächliche Klimasystem. Sie sind, wie Peter Müller und Hans von Storch erklären, »quasi-realistisch« (2010: 20). In der Wirklichkeit dagegen ist das Klimasystem natürlich ein »offenes« Umweltsystem, was bedeutet, dass es einer Reihe von nicht kontrollierbaren äußeren Einflüssen ausgesetzt ist, die in einem Modell nicht spezifiziert und berücksichtigt werden können. Zu den externen Faktoren gehören astronomische und gesellschaftliche Einflüsse, aber auch andere, die vielleicht noch gar nicht bekannt sind. Also können manche Aspekte des Klimasystems in Klimamodellen zufriedenstellend (wenn auch nicht perfekt) abgebildet werden, andere jedoch nicht. Insbesondere thermodynamische Klimaprozesse (wie die Wolkenbildung) bereiten nach wie vor Schwierigkeiten. Solche Prozesse sind im Allgemeinen gut nachvollziehbar, wenn man sich in kleinen oder allerkleinsten räumlichen Maßstäben bewegt. Aber in Klimamodellen sind die kleinsten räumlichen Auflösungen immer noch um viele Größenordnungen größer als die mikrophysikalischen Maßstäbe dieser thermodynamischen Prozesse. Ein Beispiel: der Prozess der Strahlungsabsorption und reflektion in der Atmosphäre ist entscheidend für die Klimabildung. Dabei spielen Wolken eine besonders wichtige Rolle: der Prozess der Strahlungsabsorption und reflektion hängt von der Größe der Wassertropfen in den Wolken ab, und der Effekt kann signifikant sein. Für das Klimamodell ist die Größe der Wassertropfen jedoch irrelevant. Solche Prozesse werden daher nur näherungsweise abgebildet oder »parametrisiert«. Das heißt, dass Klimamodelle nie die ganze *Realität beschreiben* können, sondern immer nur Teile von ihr. Dennoch gilt für heutige »quasi-realistische« Modelle im Allgemeinen, dass ihre Beschreibung des Klimasystems gut genug ist, um sie zum wichtigsten Instrument der Klimawissenschaft zu machen (Müller und von Storch 2010: 6). Im 4. Kapitel werden wir Klimamodelle im Zusammenhang mit ihrer Rolle für ein Verständnis des Klimawandels genauer betrachten.

Ein weiteres Problem jedoch ist, dass Klimamodelle je nach dem Grad ihrer Komplexität meist nur Strukturen zeigen, die Klimaeigenschaften für Bereiche von tausend oder mindestens mehreren hundert Kilometern Ausdehnung abbilden. Aus dem Blickwinkel dieser Modelle werden regionale und lokale Schwankungen unter der Analyse des Klimas auf *globaler* Ebene subsumiert. Für die Gestaltung des globalen Klimas sind aber nur die allergrößten Strukturen wichtig. Zum Beispiel würde das

Verschwinden von ganz Australien zwar das Klima dieses Kontinents verändern, aber das globale Klima nicht signifikant beeinflussen. Aus dieser Sicht ist regionales Klima ein durch regionale Details – Landnutzung, regionale Bergzüge, marginale Ozeane und große Seen – modifiziertes globales Klima. Lokales Klima wiederum wird vom regionalen Klima abgeleitet, indem man es an lokale Details wie große Städte, kleine Seen (z.B. den Bodensee) und kleine Bergzüge (z.B. die Appalachen) anpasst. Allgemein gilt, dass das regionale und lokale Klima in Klimamodellen nicht angemessen simuliert wird. Obwohl also diese Modelle das *globale Klima* erfolgreich simulieren können, dürften sie zur Analyse auf regionaler oder lokaler Ebene nicht viel beisteuern können (Urry 2011: 28). Und doch erleben die Menschen das Klima gerade regional und lokal.

2.6 Schluss: Klima als mögliches Wetter

Letztlich können Wissenschaftler das *Wetter* nur begrenzt vorhersagen. Das Wetter ist aber oft der Grund, warum wir uns für das Klima interessieren: das Klima vermittelt uns eine Vorstellung davon, was für Wetter wir erwarten können, was für Nutzpflanzen wir anbauen, was für Häuser wir errichten, was für Kleidung wir einpacken sollten; es liefert eine Rahmenbedingung für das Arrangement unseres Lebens: ein allgemeines Bild, auf das wir uns beziehen können, wenn wir Zukunftspläne machen.

Das wissenschaftliche Objekt Klima als »durchschnittliches Wetter« liefert Statistiken, Graphen und Karten, die letztlich eine Abstraktion sind, aber ein faszinierendes Bild der verschiedenen Komponenten und Manifestationen des Klimas in verschiedenen Teilen des Planeten vermitteln. Ein Paradigmenwandel hat jedoch dazu geführt, dass, wie beschrieben, ein wissenschaftliche Objekt Klima als »globales System« entstand, das sich aus verschiedenen, eng und komplex ineinandergreifenden Subsystemen zusammensetzt. Klima ist nicht mehr *durchschnittliches Wetter*, Klima ist jetzt etwas, das das *mögliche Wetter eingrenzt*. In diesem Paradigma ist das Klima, wie McGregor schreibt, nicht mehr »das in Statistiken aggregierte Wetter an einem bestimmten Ort oder in einer bestimmten Region«, sondern »eine Beschreibung der Bedingungen einer Möglichkeit« (McGregor 2006: 1).

Für die Klimaforscher und ihre Versuche, das globale System Klima zu verstehen, kompliziert sich das Ganze noch dadurch, dass verschiedene Komponenten dieses Systems jeweils Schwankungen unterliegen, die ihrerseits auf unterschiedliche Weise Verbindungen mit anderen sich ständig verändernden Komponenten eingehen. Wandel, noch dazu unvorhersehbar, ist das charakteristische Merkmal des Klimasystems. Im 3. Kapitel möchten wir nun zeigen, dass Klimawandel durchaus kein neues Thema der wissenschaftlichen Forschung ist und dass Klima schon lange als etwas Veränderliches verstanden wurde. Wir werden im Folgenden kurz die verschiedenen Typen dieser Veränderungen beschreiben und auf die Herausforderungen eingehen, vor die sie die Wissenschaft wie die Gesellschaft stellen.

Literatur

Arrhenius, Svante A. (1896): »On the influence of carbonic acid in the air upon the temperature of the ground«, *Philosophical Magazine and Journal of Science* 41: 237–276.

– (1908): *Das Werden der Welten.* Leipzig: Akademische Verlagsgesellschaft.

Bauer, Peter, Alan Thorpe und Gilbert Brunet (2015): »The quiet revolution of numerical weather prediction«, *Nature* 525: 47–55.

Cassidy, David (1985): »Meteorology in Mannheim: The Palatine Meteorological Society, 1780–1795«, *Sudhoffs Archive*: 8–25.

Charlson, Robert J. (2006): »The Atmosphere«, in: Michael C. Jacobsen, Robert J. Charlson, Henning Rodhe und Gordon H. Orians (Hrsg.): *Earth System Science: From Biogeochemical Cycles to Global Change.* Elsevier.

Flemming, James (1999): »Joseph Fourier, the ›greenhouse effect‹, and the quest for a universal theory of terrestrial temperatures«, *Endeavour* 23 (2): 72–75.

Freshfield, Douglas W. (1920): *The Life of Horace Benedict de Saussure.* London: Edward Arnold.

Friedman, Robert M. (1989): *Appropriating the Weather. Vilhelm Bjerknes and the construction of a modern meteorology.* New York: Cornell University Press.

Gutmann, Myron P. und Vincenzo Field (2010): »Katrina in historical context: environment and migration in the US«, *Population and Environment* 31: 3–19.

Halmos, P.R. (1973): »The Legend of John Von Neumann«, *The American Mathematical Monthly* 80 (4): 382–394

Hann, Julius von (2012 [1883]): *Handbuch der Klimatologie* Bde. 1–2. Paderborn: Salzwasser Verlag.

Haque, Ubydul et al. (2012): »Reduced death rates from cyclones in Bangladesh: what more needs to be done?«, *Bulletin of the World Health Organization* 90 (2): 150–156.

Henshaw, Patricia C., Robert J. Charlson und Stephen J. Burges (2006): »Water and the Hydrophere«, in: Michael C. Jacobsen, Robert J. Charlson, Henning Rodhe und Gordon H. Orians (Hrsg.): *Earth System Science: From Biogeochemical Cycles to Global Change.* Elsevier.

Hulme, Mike (2014): *Streitfall Klimawandel: Warum es für die größte Herausforderung keine einfachen Lösungen gibt.* München: Oekom–Verlag

Jacobsen, Michael C., Robert J. Charlson und Henning Rodhe (2006): »Introduction: Biogeochemical Cycles as Fundamental Constructs for

Studying Earth System Science and Global Change« in: Michael C. Jacobsen, Robert J. Charlson, Henning Rodhe und Gordon H. Orians (Hrsg.): *Earth System Science: From Biogeochemical Cycles to Global Change*. Elsevier.

Lehmann, Phillip N. (2015): »Whither Climatology? Brückner's Climate Oscillations, Data Debates, and Dynamic Climatology«, *History of Meteorology* 7: 49–70

Machin, Amanda und Alexander Ruser (2018): »What Counts in the Politics of Climate Change? Science, Scepticism and Emblematic Numbers«, in: Markus Prutsch (Hrsg.): *Science, Numbers and Politics*. Basingstoke: Palgrave MacMillan.

Matthews, J.B.R. (2013): »Comparing historical and modern methods of sea surface temperature measurement«, *Ocean Science* (9): 683–694.

McGregor, Glenn R. (2006): »Climatology: Its Scientific Nature and Scope«, *International Journal of Climatology* 26: 1 5.

Miller, Kathleen A. und Michael H. Glantz (1988): »Climate and economic competitiveness: Florida freezes and the global citrus processing industry«, *Climatic Change* 12 (1988): 135–164.

Morss, Rebecca E., Olga V. Wilheli, Mary W. Downton und Eve Gruntfest (2005): »Flood Risk, Uncertainty, and Scientific Information for Decision Making: Lessons from an Interdisciplinary Project«, *American Meteorological Society*, November 2005: 1593–1601.

Müller, Peter und Hans von Storch (2010): *Computer Modelling in Atmospheric and Oceanic Sciences: Building Knowledge*. Berlin, Heidelberg and New York: Springer

Nebeker, Frederik (1995): *Calculating the Weather: Meteorology in the 20th Century*. San Diego: Academic Press.

Nicholson, Sharon (2017): »Evolving Paradigms of Climatic Processes and Atmospheric Circulation Affecting Africa«, in: *Oxford Research Encyclopedia of Climate Science*. Oxford: Oxford University Press.

Pierrehumbert, Raymond (2004): »Warming the world Greenhouse effect: Fourier's concept of planetary energy balance is still relevant today«, *Nature* 432(7018): 677.

Ramsay, Hamis (2017): »The Global Climatology of Tropical Cyclones«, in: *The Oxford Research Encyclopedia of Natural Hazard Science*. DOI: 10.1093/acrefore/9780199389407.013.79.

Serra-Diaz, Joseph M., Janet Franklin, Lynn C. Sweet et al. (2016): »Averaged 30 year climate change projections mask opportunities for species establishment«, *Ecography* 39 (9): 844–845.

Shannon, Harlan D. und Raymond P. Motha (2015): »Managing weather and climate risks to agriculture in North America, South America, Central America and the Caribbean«, *Weather and Climate Extremes* (10): 50–56.

Shaw, W.N. (1913): »Leon Philippe Teisserenc De Bort«, *Nature* 90 (2254): 519–520.

Urry, John (2011): *Climate Change and Society*. Cambridge and Malde: Policy Press.

von Storch, Hans (1999): »The global and regional climate systems«, in: Hans von Storch und Götz Flöser (Hrsg.): *Anthropogenic Climate Change* (3–36). Berlin, Heidelberg: Springer.

Wynne, Brian (2010): »Strange Weather, Again: Climate Science as Political Art«, *Theory Culture & Society* 7 (2–3): 289–305.

Zekri, Mongi (2011): »Factors affecting citrus production and quality«, *Citrus Industry*, December 2011: 6–9.

3. Klima als Zyklus und Wandel

Von Menschen, die schon länger in Pennsylvania und
den Nachbarkolonien leben, hört man immer wieder,
dass sich das Klima in den letzten vierzig oder fünf-
zig Jahren deutlich verändert hat, dass unsere Winter
nicht mehr so schneidend kalt und unsere Sommer
nicht mehr so drückend heiß sind, wie sie einmal waren [...] Wir haben die Straßen sauber gemacht und ge-
pflastert, und jeder, der in Philadelphia wohnt, spürt
die wohltuende Wirkung am eigenen Leibe.

Hugh Williamson, 1770: 272, 280

Wir betreten ein Minenfeld, und wir wissen nicht genau, wo die Minen liegen, aber je weiter wir in dieses
Minenfeld vordringen – je wärmer wir den Planeten
machen -, desto wahrscheinlicher wird es, dass wir
diese Minen lostreten, dass wir es mit verheerenden,
unumkehrbaren Veränderungen des Klimas zu tun bekommen.

Michael Mann, zitiert in Wernick 2017

Das Bewusstsein der Gefahren, die von einem unbeständigen Klimasystem voller Kippelemente ausgehen, war vielleicht noch nie so weit verbreitet wie heute, wo die Möglichkeiten eines menschengemachten Klimawandels das Thema zahlreicher wissenschaftlicher Forschungsprojekte,
politischer Kampagnen und Alltagsdiskussionen ist. Analysiert man jedoch weit zurückreichende Beobachtungen, so zeigt sich, dass es signifikante Klimaschwankungen immer schon gegeben hat. Zum Beispiel ist
die Wahl des Namens »Grönland« – »Grünland« – durch die Wikinger
in der Mittelalterlichen Warmzeit ein klares Indiz für einen Klimawandel, der Hunderte von Jahren zurückliegt. Vom 11. bis 13. Jahrhundert
war Grönland noch grün und sein Klima war mild. Heute erscheint es
abwegig, dass irgendjemand einen solchen Namen für ein derart frostiges
Land wählen würde, von dem zumindest heutzutage große Teile unter einer permanenten Eisdecke liegen. Die Daten zeigen, dass mit Beginn der
Kleinen Eiszeit im 13. Jahrhundert die durchschnittlichen Wintertemperaturen um mehr als ein Grad sanken (Klintisch 2016). Nach Ansicht mancher Forscher war dies einer der Gründe (neben anderen, nicht damit zusammenhängenden ökonomischen Problemen und sonstigen Konflikten)
für das Verschwinden der altnordischen Siedlungen in dieser Region, da
das veränderte Klima Landwirtschaft, Jagd und Handel, wie sie von den
Siedlern betrieben wurden, zum Erliegen brachte (Dugmore et al. 2007).

Aber damit ist die Geschichte noch nicht zu Ende. Denn gerade zu dem Zeitpunkt, zu dem die Wissenschaftler die Geschichte vom Klimawandel und seinen Auswirkungen in Grönland zutage fördern, sind die altnordischen Siedlungen ironischerweise schon wieder vom Klimawandel bedroht. In dem Maße, wie die Permafrostböden dank steigender Temperaturen zu tauen beginnen, zerfallen mit einem Mal die organischen Artefakte – Kleidung und Knochen –, die in dem gefrorenen Boden jahrhundertelang erhalten geblieben waren. »Es ist schrecklich«, meint ein Historiker. »Gerade jetzt, wo wir mit all diesen Daten etwas anfangen können, zerfallen sie uns unter den Füßen« (Poul Holm, zitiert in Klintisch 2016). Hinzu kommt, dass das mit dem Tauen der Permafrostböden zerfallende organische Material die Treibhausgase Kohlendioxid und Methan in die Atmosphäre freisetzt, was wiederum die Erderwärmung antreibt (Adamson et al. 2017).

Mit diesem Beispiel, auf das wir weiter unten noch zurückkommen werden, sind bereits einige der Probleme angesprochen, mit denen wir uns in diesem Kapitel befassen möchten. Wenn es in der Vergangenheit Klimawandel gab, was ist dann an der heutigen Situation so einmalig? Worin bestehen die verschiedenen Prozesse, die zu Klimaänderungen führen, und wie kann man sie unterscheiden? Welche Folgen hat das für die Gesellschaft? Wie haben Wissenschaftler den Klimawandel in der Vergangenheit verstanden, und inwiefern könnte ihre Arbeit zum Verständnis der Herausforderungen beitragen, vor denen die Wissenschaftler und die Gesellschaft heute stehen? Und ist es möglich, Klimawandel zu messen und vorherzusagen?

Unser Ausgangspunkt ist der historische Umgang mit dem Thema Klimawandel. Überlegungen zu Klimaschwankungen lassen sich, wie anscheinend oft vergessen wird, bis (mindestens) ins 19. Jahrhundert zurückverfolgen. Wir denken dabei an das grundlegende, wenn auch weitgehend unbeachtete, Werk von Eduard Brückner. Wobei man zu Brückners Zeiten allerdings im Allgemeinen der Ansicht war, dass Klimaschwankungen zyklisch auftreten, während nach heutigem Verständnis der Klimawandel »progressiv«, irreversibel und exponentiell ist. Im zweiten Abschnitt wenden wir uns dann den heutigen wissenschaftlichen Erklärungen des Klimawandels zu, wobei wir sowohl die »natürlichen« Klimaschwankungen als auch die Mechanismen des anthropogenen (menschengemachten) Klimawandels betrachten. Schließlich stellen wir die Frage nach den ungleichen Folgen, die der Klimawandel selbst wie auch seine Diagnose innerhalb einer Gesellschaft und zwischen Gesellschaften hat. Die Vorstellung von Klima als schwankender, unvorhersehbarer und unterschiedlich wirkender Rahmenbedingung der sozialen Existenz des Menschen verträgt sich schlecht mit der Vorstellung von Klima als verlässlichem, stabilem Objekt, von der im 2. Kapitel die Rede war. Um den menschengemachten Klimawandel und seine einzigartigen

Merkmale, Herausforderungen und Folgen wirklich zu begreifen, muss man ihn, wie Brückner empfiehlt und wie auch wir meinen, in seinem sozialen und historischen Kontext sehen.

3.1 Die Geschichte der Wissenschaft vom Klimawandel

Die intensive und oft kontroverse Diskussion über den heutigen globalen menschengemachten Klimawandel ist nicht auf Forschungslabore und esoterische Journale beschränkt, sondern wird auch in der Politik, den Medien und der Öffentlichkeit geführt. So dürfte der »Treibhauseffekt« heute schon fast zur Allgemeinbildung gehören. Aber während es so aussehen könnte, als wäre das Thema des Einflusses der Menschen auf das Klima gerade erst aufgekommen, ist dies in Wirklichkeit nicht so. Das Interesse an Klimaschwankungen und ihren Ursachen und Folgen in geologischer oder historischer Zeit ist weder in der Wissenschaft noch in der Politik etwas völlig Neues.

Das Problem eines sich verändernden Klimas wurde zum Beispiel im Zusammenhang mit den Wasserständen des Kaspischen Meeres diskutiert, des größten Binnensees der Welt, die in den letzten Jahrhunderten erhebliche Schwankungen aufwiesen (Chen et al. 2017). Systematische Datenerhebungen gibt es erst seit 1830, aber über stark schwankende Wasserstände wurde auch in den Jahrhunderten davor schon berichtet. Die Frage, ob diese Schwankungen das Ergebnis menschlicher Aktivitäten, tektonischer Prozesse oder natürlicher Klimaschwankungen sind, hat die Forscher schon lange beschäftigt (Mekhtiev und Gul 1996: 80).

Auch dass die großflächige Entwaldung und Urbarmachung ganzer Landstriche eine menschliche Aktivität ist, die Folgen für das Klima hat, ahnte man bereits. Der amerikanische Arzt, Historiker, Statistiker und »Vater der amerikanischen Forstwirtschaft« Franklin Benjamin Hough zum Beispiel schrieb 1875 einen Bericht mit dem Titel »The Influence of Forests upon Climate« (»Der Einfluss der Wälder auf das Klima«).[1] Hough machte sich Sorgen über den Status und den Zustand der Wälder und über die Auswirkungen ihrer Zerstörung auf das Klima. 1873 legte er auf der Jahrestagung der American Association for the Advancement of Science (AAAS) einen Beitrag mit dem Titel *On the Duty of Governments in the Preservation of Forests* vor, in dem er die These vertrat, dass die Umwelt im Mittelmeerraum durch exzessive Rodungen schwer geschädigt worden sei und dass in Nordamerika ähnliche Probleme drohten. Houghs Beitrag führte dazu, dass die AAAS ein Komitee bildete, das

---

[1] Eine Bibliografie der Schriften von Franklin B. Hough ist über die Website der New York State Library erhältlich unter http://www.nysl.nysed.gov/msscfa/sc7009.htm

den Kongress und die Parlamente der Bundestaaten über die Gefahren der Entwaldung aufklären und eine entsprechende Gesetzgebung empfehlen sollte (Steen 1991).

Doch der menschliche Einfluss auf das Klima wurde nicht immer als schädlich angesehen. Bei einer der ältesten dokumentierten wissenschaftlichen Diskussionen zum Thema Klimawandel ging es um die positiven Folgen, die die Urbarmachung der nordamerikanischen Territorien im 18. Jahrhundert für das Klima hatte; man sah darin einen positiven Effekt der Kolonialisierung. Hugh Williamson, ein in Philadelphia geborener Arzt und Forscher, berichtete 1770 über Klimaschwankungen in Pennsylvania und seinen Nachbarregionen in New England und stellte fest, dass »sich die allgemeinen Fortschritte der Kolonien bereits auf eine Weise auswirken, die man nur begrüßen kann« (1770: 280). Er war überzeugt, dass sich das Klima tatsächlich aufgrund der Besiedlung der Region im Zuge der Kolonialisierung verbessert hätte, und kam zu dem Schluss:

»[...] wird das Erscheinungsbild eines Landes geordnet und geglättet, dürfte sich auch die Atmosphäre erwärmen, und dadurch könnten in vielen Fällen auch jene Winterstürme, die ja der allgemeine Grund für die Kälte sind, verhindert oder abgeschwächt werden; also sollten wir mildere Winter bekommen, und da wir uns bei unseren Überlegungen zu diesem Thema auf Tatsachen stützen können, die dies zu bestätigen scheinen, ist vernünftigerweise zu erwarten, dass wir in einer Reihe von Jahren, wenn dank der redlichen Bemühungen derer, die nach uns kommen, dieses Land auch im Landesinneren weiter bebaut und bestellt sein wird, selten von Frosteinbrüchen oder Schneefällen heimgesucht werden, sondern uns mitten im Winter einer Temperatur erfreuen, die auch den zartesten Pflanzen kaum schaden dürfte« (1770: 277).

Nach Williamsons Ansicht hatte also die »Urbarmachung« des Landes zu einem Nachlassen der furchtbaren winterlichen Nordweststürme und -fröste geführt und sich auf die Landwirtschaft und die Gesundheit der Menschen positiv ausgewirkt. Dies ist durchaus kein vereinzeltes Beispiel dafür, wie Kolonisten »Wissen über Wetter und Klima sammelten und bei der Verwaltung und Besiedlung von kolonialen Räumen nutzten« (Mahony und Endfield 2018: 2).

Die Idee, dass Klima eine physikalische Größe ist, die sich im Laufe der Zeit *verändern* kann, bedeutete einen Paradigmenwechsel (Mauelshagen 2018). Und als die Idee des Klimawandels erst einmal da war, konnte sie auch auf die Vergangenheit projiziert werden – zum Beispiel, um jene Veränderungen in Grönland zu verstehen, die es unter Eis verschwinden ließen und unbewohnbar machten. Doch obwohl die Idee schon im 18. Jahrhundert aufgekommen war, kam sie in der Praxis erst dann voll zur Geltung, als Datensätze bereitgestellt werden konnten, was erst Mitte des 19. Jahrhunderts der Fall war. Für die Wissenschaftler des 19. Jahrhunderts zeigte sich immer deutlicher, dass das Klima nicht konstant war, sondern sich im Laufe von Jahrhunderten oder Jahrzehnten signifikant verändern konnte.

Einer der bekanntesten Protagonisten dieser über ein Jahrhundert zurückliegenden Klimawandeldiskussion war der deutsche Wissenschaftler Eduard Brückner, Professor für Geografie an der Universität Wien (siehe Abb. 3a).[2] »[D]as Klima schwankt«, schrieb er 1889, »und mit ihm schwanken Flüsse, Seen und Gletscher« (2008 [1889]: 71). Brückners wichtigster Beitrag zur Diskussion war seine 1890 veröffentlichte Monografie »Klimaschwankungen seit 1700«. Die anspruchsvollen Thesen, die er in diesem Band entwickelt, waren so entscheidend wie bezeichnend für den Beginn einer kritischen Phase in der Klimaforschung, die diese bis heute prägt (Berger et al. 2002; Lehmann 2015; Stehr und von Storch 2008) und insofern auch zur Klärung der heutigen Diskussion beitragen könnte. Vielleicht können wir von Brückner etwas lernen, der beim Thema Klimawandel einen ganzheitlichen Ansatz verfolgte und sich für sein Verständnis des Klimas auf verschiedene Disziplinen bezog. Er war nicht nur ein früher Verfechter von Klimaforschung und Klimapolitik, ihm war auch sehr bewusst, welche Auswirkungen der Klimawandel haben könnte, der für ihn als Wissenschaftler »nicht nur ein physikalisches, von Wissenschaftlern zu beschreibendes Phänomen war, sondern eine starke Macht mit tiefgreifenden sozioökonomischen und kulturellen Rückwirkungen« (Lehmann 2015: 58). Er fühlte sich ethisch verpflichtet, seine Forschungsergebnisse zu verbreiten, und forderte politisches Handeln auf wissenschaftlicher Grundlage (Edwards 2013: 67). In Vorlesungen und Zeitungsartikeln wandte er sich an die Öffentlichkeit wie auch an bestimmte Berufsgruppen, etwa Landwirte, die von Klimaschwankungen besonders betroffen wären. Auch in der zeitgenössischen Presse wurde über seine Ideen diskutiert. Es gibt also viele Gemeinsamkeiten zwischen der damaligen und der heutigen Diskussion über den Klimawandel. Der wichtige Unterschied ist, dass es bei der Forschung im 19. Jahrhundert hauptsächlich um *Periodizität* ging.

Brückners Werk basiert auf der Vorstellung, dass Klimawandel ein *zyklisch* auftretendes Phänomen ist. Er legte eine sorgfältige Analyse der

2   Siehe Stehr, Nico und Hans von Storch (Hrsg.) (2008) *Eduard Brückner – Die Geschichte unseres Klimas: Klimaschwankungen und Klimafolgen.* Österreichische Beiträge zu Meteorologie und Geophysik, Heft 40. Viele Aufsätze von Eduard Brückner wurden auch ins Englische übersetzt und liegen in einer von Nico Stehr und Hans von Storch herausgegebenen Anthologie aus dem Jahr 2000 vor: *Eduard Brückner – the Sources and Consequences of Climate Change and Climate Variability in Historical Times.* Kluwer Academic Publisher.

Abb. 3a: Eduard Brückner war zusammen mit seinem Lehrer und Kollegen Albrecht Penck entscheidend an der Entdeckung von Spuren früherer Eiszeiten in den europäischen Alpen beteiligt.

Schwankungen des Wasserstands des Kaspischen Meeres vor, die, wie er meinte, einem 35-Jahre-Zyklus folgten, mit einem Wechsel von nassen Kalt- und trockenen Warmzeiten (Stehr und von Storch 2008: 18). Später erweiterte er seine These und behauptete, dieser 35-Jahre-Zyklus komme überall auf der Welt vor: »Die Klimaschwankungen bestehen in Schwankungen der Temperatur, des Luftdrucks und des Regenfalls, die sich auf der ganzen Erde gleichzeitig vollziehen. Die Dauer dieser Schwankungen, d. h. die Zeit, die von einem Extrem bis zum nächsten gleichartigen verstreicht, beträgt im Mittel 35 Jahre, bald etwas mehr, bald etwas weniger« (Brückner 2008 [1895]: 181).

Brückners Kollege, der Professor für Meteorologie Julius von Hann, war eine weitere prominente Figur in der Klimaforschung jener Zeit. Von Hann war der Autor des ersten Lehrbuchs der Klimatologie und galt (wie Brückner in seinem Nachruf schreibt) als Begründer der modernen Meteorologie (Stehr und von Storch 2008: 14). Entsprechend dem damaligen Interesse an Klimaschwankungen unterschied er zwischen »zyklischen« und »progressiven« Veränderungen des Klimas (ebd.: 15). »Progressiv«

heißt, dass Veränderungen unumkehrbar sind. »Zyklisch« deutet nicht nur auf den vorübergehenden Charakter der Veränderungen hin, sondern auch auf eine Periodizität. Diese »zyklischen oder nicht-progressiven« Schwankungen bestanden, so meinte man, aus einer endlichen Zahl von »Wellen« mit charakteristischen Perioden. Von Hann stand Behauptungen eines progressiven Klimawandels skeptisch gegenüber, schloss sich aber unter Vorbehalt Brückners Vorstellung von einem 35-Jahre-Zyklus an (Edwards 2013: 65–67).

Brückner betonte, die Ursache dieser Periodizität sei unklar: »Worin aber haben diese eigentümlichen Schwankungen, welche die wichtigsten klimatischen Elemente erleiden, ihren Grund? Die Endursache ist noch vollkommen in Dunkelheit gehüllt« (2008 [1889]: 69). Ihm war jedoch sehr bewusst, dass »die Klimaschwankungen tief das menschliche Leben [berühren]« (2008 [1889]: 69). Wie viele Klimaforscher heute interessierte er sich sehr für die ökonomischen, sozialen und politischen Folgen von Klimaschwankungen. Er befasste sich mit der Frage des Einflusses von Klimaschwankungen auf Migration, Ernteerträge, Handel und Gesundheit sowie mit ihrer Rolle bei Verschiebungen im internationalen Machtgefüge (Stehr und von Storch 2008: 17).

So war Brückner zum Beispiel überzeugt, dass sich Schwankungen der Regenmenge direkt auf die landwirtschaftliche Produktion auswirkten. Abbildung 3b zeigt die – im Fünfjahresabstand gemessenen – durchschnittlichen Jahresregenmengen im 18. Jahrhundert, die, wie man sieht, von einem Fünfjahressegment zum nächsten signifikant schwankten (Schwankungen in der Größenordnung von ±5%). Abbildung 3b zeigt außerdem den Weizenpreis, der, so Brückners These, eng mit der Regenmenge zusammenhing. Er glaubte, dass im Klima Englands zunehmende Regenfälle zu geringeren Ernteerträgen und damit zu höheren Preisen führen würden. Er wies jedoch auch darauf hin, dass dies zwar in früheren Zeiten der Fall gewesen sein mochte, als der internationale Handel weniger umfangreich war, dass sich dieser Zusammenhang jedoch letztlich auflösen würde, und zwar aufgrund anderer, insbesondere politischer Faktoren.

Brückner stellte weiter fest, dass es in West- und Mitteleuropa (mit »Meeresklima«) in Zeiten mit warmem und trockenem Wetter überdurchschnittlich gute Ernten gab, während umgekehrt die Produktivität in Zeiten mit nassem und kaltem Wetter entsprechend zurückging. Für Kontinentalrussland und für die mittleren US-Staaten (»Kontinentalklima«) fand er den umgekehrten Effekt: hier wäre Sommerregen gut für die Landwirtschaft. Seine These war, dass sich dieses geografische Muster der Klimaschwankungen auf die Migration von Europa in die Vereinigten Staaten auswirkte und dass Emigrantenzahlen und Niederschlagsstatistiken dies auch bestätigten: »Der Zustrom von Einwanderern in die Vereinigten Staaten nimmt mit den Schwankungen des Klimas zu und

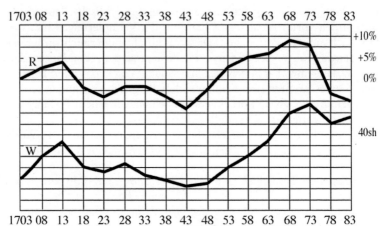

Abb. 3b: Durchschnittliche Regenmenge (R) und Weizenpreise (W) in England im 18. Jahrhundert, gemessen in Fünfjahresabständen, nach Brückners Analyse. Die senkrechte Achse ist unterteilt in Teilmengen von 2,5% für die Regenmenge und 2 Shilling pro Imperial Quarter (ca. 21,7 kg). Nach dem Original neu gezeichnet.

ab, wodurch er einen rhythmischen Impuls bekommt« (Brückner 2008 [1912]: 253) (siehe Abbildung 3c).

Brückner räumte zwar ein, dass es auch »andere Ursachen« für die Migrationsmuster gegeben haben könnte, aber auch sonst weist seine Analyse viele Lücken und Probleme auf. Tatsächlich wurde die Idee der Klimazyklen später verworfen. Erst in jüngster Zeit begann man sich wieder für Klimazyklen zu interessieren (Berger et al. 2002). Das ändert jedoch nichts daran, dass sich die Klimaforschung überwiegend nicht mit »zyklischen«, sondern mit »progressiven« Prozessen befasst (um bei von Hanns Terminologie zu bleiben). Aber wir sollten nicht vergessen, dass der Klimawandel selbst nicht neu ist, so wenig wie die Erforschung seiner Ursachen und Folgen. Vor hundert Jahren beteiligten sich genau wie heute Wissenschaftler und Politiker aller Lager und Richtungen an diesen Diskussionen.

Die Diskussion über Klimaschwankungen, die um die Wende zum 20. Jahrhundert so intensiv geführt wurde, verschwand rasch wieder von der wissenschaftlichen und öffentlichen Tagesordnung. Ein neuer Konsens, der bis zu den 1970er Jahren vorherrschte, brachte den Klimawandel als wissenschaftlich zu behandelndes Thema fast ganz zum Verschwinden; die übliche Annahme war nun, dass Klimaschwankungen rein episodischer Natur und dank des klimaeigenen Gleichgewichts in ihren Auswirkungen gering und unbedeutend seien. So schnell kann ein wissenschaftliches Thema von einer Haupt- zu einer Nebensache werden (Stehr und

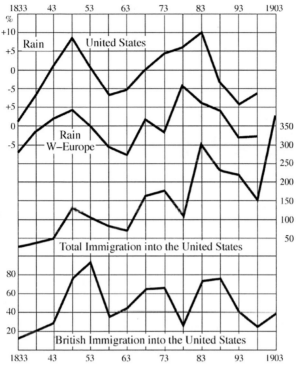

Abb. 3c: Brückners Analyse des Zusammenhangs von Schwankungen der Regenmenge und Einwanderung in den Vereinigten Staaten im 19. Jahrhundert.

von Storch 2008: 22). In den letzten 50 Jahren jedoch steht das Thema Klimawandel in der wissenschaftlichen Forschung wie in der gesellschaftlichen Debatte wieder ganz obenan. Daher möchten wir uns nun der heutigen Debatte über den Klimawandel und seine natürlichen und gesellschaftlichen Ursachen und Folgen zuwenden.

3.2 Natürliche Klimaschwankungen

Sehen wir uns die im Zeitraum von 1880 bis 2017 gemessenen Veränderungen der Erdtemperatur an: Abbildung 3d zeigt die Temperaturanomalien in Bezug auf eine Durchschnittstemperatur für das 20. Jahrhundert. Es ist offensichtlich, dass in den letzten 140 Jahren die globale Durchschnittstemperatur signifikant gestiegen ist. Nach Angaben der National Oceanic and Atmospheric Administration (NOAA, Nationale Ozean- und Atmosphärenbehörde der USA), von der diese Daten stammen, waren die globalen Durchschnittstemperaturen (für Land- und

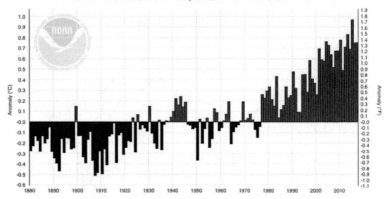

Abb. 3d: NOOA National Centers for Environmental Information, Climate at a Glance: Global Time Series, veröffentlicht Dezember 2017, zuletzt abgerufen 19.12.2017 unter http://www.ncdc.noaa.gov/cag/

Meeresflächen zusammengenommen) von November 2017 und November 2016 zusammen die fünfthöchsten seit Beginn der Aufzeichnungen 1880 (NOAA 2017).

Diese Veränderungen sind durchweg vereinbar mit der Erklärung des menschengemachten Klimawandels, wie wir im nächsten Abschnitt zeigen werden. Aber wie können die Wissenschaftler sicher sein, dass Veränderungen nicht »zyklisch«, sondern »fortschreitend« und nicht »natürlich«, sondern »menschengemacht« sind? Eine der größten Fragen in der Forschung zum Klimawandel ist, wie sich Veränderungen, die auf menschliches Handeln zurückgehen, von Veränderungen unterscheiden lassen, die rein natürliche Prozesse sind (Pielke Sr. et al. 2009). Um dieser Frage nachzugehen, benötigen die Forscher Daten für einen möglichst langen Zeitraum (Rodriguez et al. 1993: 5). Wegen fehlender oder inhomogener Beobachtungsdaten sind Klimaschwankungen generell unzureichend dokumentiert und erforscht.

Dennoch kommen Klimaschwankungen erwiesenermaßen mit und ohne menschengemachte Klimatreiber und in unterschiedlichen geografischen und zeitlichen Maßstäben vor. Wenn wir von »Schwankungen« sprechen, meinen wir Abweichungen von einem »Normalzustand«. Diese Abweichungen sind von kürzerer oder längerer Dauer und wechseln sich mit Abweichungen in entgegengesetzter Richtung ab. Aber positive und negative Abweichungen gleichen sich auf lange Sicht nicht aus. Insofern ist der »Normalzustand« tatsächlich nichts weiter als ein imaginärer Wert, denn in der geologischen Geschichte der Erde gibt es so etwas wie einen »Normalzustand« nicht. »Normalzustand« und »Abweichungen«, oder »Anomalien«, wie sie mitunter auch genannt werden, sind mathematische Konstrukte. Die World Meteorological Organization (WMO, Weltorganisation für Meteorologie) hat den Mittelungszeitraum auf 30 Jahre festgelegt. Ein solcher Zeitraum von 30 Jahren ist keine natürliche Konstante, sondern eine gesellschaftliche Übereinkunft, die sich mit dem Zeithorizont menschlicher Erfahrungen deckt. Gerüchten zufolge sollen Brückners Zyklen mit ihrem Quasi-Zeitraum von 30 bis 35 Jahren bei dieser Festlegung auf gerade 30 Jahre Pate gestanden haben.

Eine der am besten untersuchten und großräumigsten Schwankungen im Klimageschehen ist die *El Niño Southern Oscillation* (ENSO, El Niño und Südliche Oszillation). Dabei handelt es sich um ein unregelmäßiges Phänomen, das, grob gerechnet, alle zwei bis sieben Jahre auftritt und erstmals Ende des 19. Jahrhunderts von H.H. Hildebrandson (1897) beobachtet wurde. Wie man heute weiß, spielen bei diesem Phänomen Telekonnektionen eine Rolle – Zusammenhänge zwischen Klimaphänomenen in scheinbar weit entfernten Teilen der Erde. ENSO tritt ein als Ergebnis der Interaktionen zwischen atmosphärischen und ozeanischen Prozessen im Pazifik und führt zu deutlichen Niederschlagsanomalien: die warmen Phasen der Oszillation (El Niño) dämpfen die atlantische Hurrikanaktivität, die kalten Phasen (La Niña) verstärken sie. Außerdem beeinflusst ENSO das Muster des Auftretens von tropischen Wirbelstürmen und Dürren in Australien.

Ein weiteres Beispiel für großräumige Klimaanomalien ist die *North Atlantic Oscillation* (NAO, Nordatlantische Oszillation), mit der eine umgekehrte Korrelation von Luftdruck und Temperatur im Bereich des Nordatlantiks bezeichnet wird. Wenn die Temperaturen über Grönland höher als normal sind, dann sind sie in der Regel über Nordeuropa niedriger als normal, und umgekehrt. Mit dieser »Schaukel« geht hoher Luftdruck über Island und niedriger Luftdruck über den Azoren einher, und umgekehrt.[3]

Natürliche Klimaschwankungen gibt es auch in viel größeren Zeitmaßstäben, etwa das Auftreten von Eiszeiten, das man anhand der Analyse von Eisbohrkernen untersuchen kann (siehe unten). Die »Kleine Eiszeit« in Nordeuropa von etwa 1500 bis etwa 1750 ist ein Beispiel für eine Klimaanomalie, die Jahrhunderte anhielt. Eine weitere ist die »Jüngere Dryaszeit«, die vor etwa 12.800 Jahren einsetzte und während der es in Nordeuropa zu einem plötzlichen Rückfall in nahezu eiszeitliche Verhältnisse kam, die rund 1.200 Jahre anhielten.[4] Auch die Jüngere Dryaszeit endete äußerst plötzlich; man schätzt, dass die

---

3 Dieser Mechanismus dürfte zum ersten Mal im 18. Jahrhundert von dem dänischen Missionar Hans Egede Saabye beschrieben worden sein.

4 Der Name Dryaszeit bezieht sich auf den botanischen Namen für den Weißen Silberwurz (*Dryas Octopetala*), eine typische Kaltklimapflanze, die in

Jahresdurchschnittstemperatur innerhalb von 10 Jahren um 10 °C anstieg. Die Gründe für diese abrupten Veränderungen sind allerdings immer noch unbekannt (Lamont-Doherty Earth Observatory 2003). Klimaschwankungen können durch eine ganze Reihe von Prozessen ausgelöst werden. Ein wichtiger Prozess hängt mit der Erdumlaufbahn zusammen. 1930 beschrieb der serbische Astronom Milutin Milankovic die sogenannten »Milankovic-Zyklen«, mit denen sich die Eiszeiten durch periodische Schwankungen der Parameter der Erdumlaufbahn (der Form der Umlaufbahn der Erde um die Sonne und der Neigung der Erde in dieser Umlaufbahn) erklären ließen. Diese »Milankovic«-Theorie – die nach Meinung mancher Wissenschaftler mittlerweile »Lehrbuchstatus« hat (Berger 2002: 104) – kann zur Erklärung vieler, wenn auch nicht aller, Aspekte des Wechsels von Eiszeiten und Zwischeneiszeiten im Laufe der Jahrzehntausende beitragen und hat das geophysikalische Verständnis des Klimasystems einen großen Schritt vorangebracht (Berger 2002).

Schwankungen werden nicht nur durch Veränderungen der Erdumlaufbahn verursacht, sondern auch durch topografische Veränderungen. So blockieren zum Beispiel Gebirge die Luftströmung, was in manchen Regionen zu mehr und in anderen, die im »Regenschatten« liegen, zu weniger Niederschlägen führt. Die Niederschläge wiederum haben einen »geomorphischen« Effekt auf die Gebirgslandschaft, indem sie Erosion verursachen und damit potentiell »Höhe, Gefälle, Gipfelhöhen sowie die Höhlungen von Erosionsrinnen« verändern (Anders 2016). Auch Vulkanausbrüche wirken sich auf das Klima aus, obwohl diese Auswirkungen in beide Richtungen gehen. Einerseits kann ein Vulkan einen Abkühlungseffekt haben, etwa indem er Aschewolken ausstößt, die die Sonneneinstrahlung blockieren. Der Ausbruch des Vulkans Tambora in Indonesien im Jahr 1815 zum Beispiel führte in Europa und Nordamerika zu einem »Jahr ohne Sommer«. Der Ausbruch hatte einen weltweiten Temperatursturz zur Folge, wurde als Ursache aber erst 100 Jahre später erkannt. Nach Meinung von Klimawissenschaftlern und Klimahistorikern, die mit einer kleinen Anzahl direkter Daten sowie mit indirekten Klimaindikatoren arbeiten, könnte 1816 das kälteste Jahr der letzten 240 Jahre gewesen sein (Brönnimann und Krämer 2016: 7). Die Daten deuten darauf hin, dass die Schlechtwetterlagen, die zu den Ernteausfällen führten, zwar nicht schlimmer waren als sonst, aber dafür häufiger. Stefan Brönnimann und Daniel Krämer formulieren das so: »1816 war nicht das Wetter extrem, sondern das Klima « (ebd.: 20).

Auf der anderen Seite jedoch können die Kohlendioxid- und Methanemissionen von Vulkanen (sowohl im Ruhezustand als auch beim

Skandinavien zuletzt in dieser Zeit vorkam; siehe Lamont-Doherty Earth Observatory 2003.

Ausbruch) auch zur Erwärmung des Planeten beitragen. Vulkane setzen jedes Jahr schätzungsweise insgesamt 100–300 Millionen Tonnen CO_2 frei. Das ist eine ganze Menge, macht aber im Vergleich zu der Menge, die von den Menschen durch Verbrennung von fossilen Brennstoffen freigesetzt wird, nur rund 1% aus. Dennoch könnten Vulkanausbrüche in der Vergangenheit eine signifikante, wenn auch vorübergehende Erwärmung bewirkt haben (Hards 2005).

Auch die Sonnenaktivität kann das Klima beeinflussen. Die Möglichkeit, dass Sonnenfleckenzyklen einen periodisch wiederkehrenden Einfluss auf das Klima der Erde haben, hat in den Überlegungen zu Klimaschwankungen historisch eine große Rolle gespielt. Sonnenflecken sind Stürme, die als dunkle Flecken auf der Sonne zu sehen sind. Nun könnte man annehmen, dass dunkle Flecken zu einer *Reduktion* der ausgehenden Sonnenstrahlung führen, aber tatsächlich ist das Gegenteil der Fall: die Sonnenstrahlung kommt von den Polen und von den »Sonnenfackeln« (Faculae), den hellen Ringen rund um die Sonnenflecken, sodass die Menge der auf der Erde ankommenden Sonnenstrahlung tatsächlich gerade dann auf einem Höchststand ist, wenn es besonders viele Sonnenflecken gibt (Ruddiman 2008: 304). Bei Klimaschwankungen scheinen die Sonnenflecken jedoch keine große Rolle zu spielen (Ruddiman 2008: 305); die Forschung zu diesem Thema ist aber noch nicht abgeschlossen (IPCC 2013).

Da diese »natürlichen« Prozesse Komponenten eines hochkomplexen und hochvernetzten Klimasystems sind, sind Aussagen über das genaue Ausmaß ihres jeweiligen Einflusses auf das Klima nicht möglich. Dies also ist das Bild eines variablen Klimas, in das der Mensch mit seinem Handeln eingreift. Industrialisierung, Urbanisierung und Entwaldung haben zusammen mit weiteren gesellschaftlichen Prozessen einen unbestreitbaren Einfluss auf das Klima gehabt und dazu geführt, dass Klimarisiken und -gefahren weniger denn je vorhersehbar sind. Diesem vom Klimatreiber Mensch bewirkten Klimawandel wollen wir uns nun zuwenden.

3.3 Menschengemachter Klimawandel

Ende des 18. Jahrhunderts beschrieb Johann Gottfried Herder den Einfluss der menschlichen Tätigkeit auf das Klima in seiner bildmächtigen Sprache folgendermaßen:

»Nun ist es keine Frage, daß [...] das Klima ein Inbegriff von Kräften und Einflüssen ist, zu dem die Pflanze wie das Tier beiträgt [...] Seitdem er das Feuer vom Himmel stahl und seine Faust das Eisen lenkte, seitdem er Tiere und seine Mitbrüder selbst zusammenzwang und sie sowohl als die Pflanze zu seinem Dienst erzog, hat er auf mancherlei Weise zur Veränderung desselben mitgewirket. Europa war vormals ein feuchter Wald, und andere jetzt kultivierte Gegenden waren's nicht minder: [...] Wir können also das Menschengeschlecht als eine Schar kühner, obwohl kleiner Riesen betrachten, die allmählich von den Bergen herabstiegen, die Erde zu unterjochen und das Klima mit ihrer schwachen Faust zu verändern. Wie weit sie es darin gebracht haben mögen, wird uns die Zukunft lehren« (Herder 2017 [1784–1785]: 159).

Diese »kühnen, obwohl kleinen Riesen« haben das Klima mit Hilfe ihrer diversen Technologien und deren Auswirkungen auf Land, Wasser und Luft also schon lange durcheinandergebracht. Auch Herder stellt fest, dass sich ihre zukünftigen Folgen erst recht nicht vorhersagen lassen. Und dabei konnte Herder von der Natur der chemischen Prozesse, die einen Teil des gesellschaftlichen Beitrags zum Klimawandel ausmachen, natürlich noch gar nichts wissen.

Wie wir im 2. Kapitel gesehen haben, wird die Temperatur der Erdoberfläche von der Fähigkeit der Erdatmosphäre beeinflusst, langwellige Strahlung zu absorbieren, und dies wiederum hängt von der chemischen Zusammensetzung der Atmosphäre ab. Höhere Konzentrationen von absorbierenden Substanzen in der Atmosphäre führen deshalb zu höheren Atmosphärentemperaturen. Diese als »Treibhausgase« bekannten Substanzen sind Wasserdampf, Kohlendioxid, Fluorkohlenwasserstoff und Methan. Ein gewisser Anteil von »strahlungsaktiven« Gasen in der Erdatmosphäre ist nötig, um eine lebensfreundliche Temperatur überhaupt zu ermöglichen. Kohlendioxid als »Gift« zu bezeichnen ist ebenso absurd wie der Spruch: »Wir nennen es Leben«.[5]

Dass sich die Zusammensetzung der Atmosphäre im Laufe der Zeit verändert hat, ist unbestreitbar. Heute jedoch hat sich die Konzentration von strahlungsaktiven Gasen dramatisch erhöht, vor allem durch die menschlichen Gesellschaften und die von ihnen verbrannten fossilen Energieträger. Industrie, Transport und Verkehr und eine exponentielle Zunahme der Weltbevölkerung haben allesamt zu einem vermehrten Verbrauch von Kohle, Öl und Gas geführt, bei deren Verbrennung Kohlenstoff freigesetzt wird. Die Entwaldung, die vor 8.000 Jahren in der Steinzeit begann, war ein früher Einfluss der menschlichen Gesellschaft auf das Klima. In dem, was heute Europa, China und Indien ist, begannen die Menschen, mit ihren Steinbeilen Wälder zu roden, um Nutzpflanzen anzubauen, und verbrannten die Bäume entweder oder ließen

---

5   *Das Competitive Enterprise Institute* (CEI) – das von Exxon Mobile und dem *American Petroleum Institute* finanziert wird – lancierte eine kostspielige Reihe von TV-Werbespots mit dem Titel »We call it life«. Das war als Gegenschlag gegen die Klimaschutzkampagne gedacht, die zum Handeln gegen den menschengemachten Klimawandel aufrief.

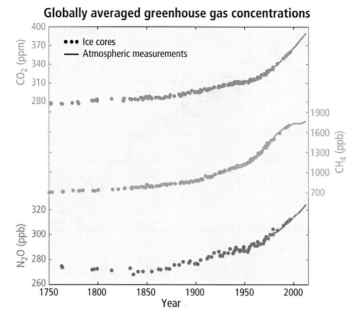

Abb. 3e: Beobachtete Veränderungen der Konzentration von Treibhausgasen in der Atmosphäre: Kohlendioxid (CO2, oben), Methan (CH4, mittig) und Lachgas (N2O, unten). Daten aus Eisbohrkernen (Symbole) und direkte atmosphärische Messungen (Linien) wurden übereinandergelegt (Quelle: IPCC 2014).

sie verrotten, wobei Kohlendioxid in die Atmosphäre freigesetzt wurde (Ruddiman 2008: 285). Seitdem ist die atmosphärische Kohlendioxidkonzentration auf ein seit mindestens 800.000 Jahren unerreichtes Niveau gestiegen (IPCC 2014: 4). Auch die Freisetzung von Methan in die Atmosphäre hat stark zugenommen. Methanemissionen kommen von Reisfeldern und von Haustieren wie Kühen, entstehen aber auch bei der Produktion und dem Transport von Erdgas. Abbildung 3e zeigt die Veränderungen in der atmosphärischen Konzentration von Kohlendioxid, Methan und Lachgas, einem weiteren Treibhausgas. Die Wärmewirkung, die das Ergebnis dieser anthropogenen Emissionen ist, hat zu einem »verstärkten Treibhauseffekt« geführt (Zillman und Sherwood 2017).

Verschärft wird der Anstieg der Treibhausgasemissionen durch die mit der veränderten Landnutzung, etwa Entwaldung, einhergehenden Veränderungen der Albedo. Da die Oberflächenmerkmale der Erde die Wärmeabstrahlung wie auch den vertikalen Aufstieg von Wärme und Feuchtigkeit in die Atmosphäre beeinflussen, bewirken Veränderungen der Oberflächenmerkmale auch eine Veränderung der von dieser Oberfläche abgegebenen Energie.

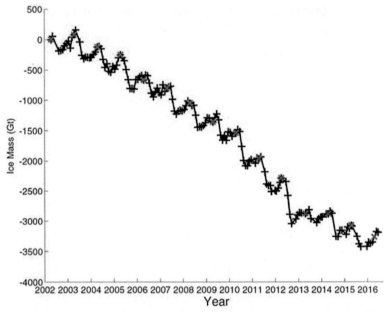

Abb. 3f: Monatliche Abnahme der Gesamtmasse (in Gigatonnen) des Grönländischen Eisschildes von April 2002 bis April 2016, geschätzt auf Basis von GRACE-Messungen. Die Kreuze bezeichnen die Werte für den Monat April des jeweiligen Jahres (Quelle: Tedesco et al. 2016).

Hier nun können wir noch einmal das Beispiel Grönland heranziehen. In Grönland hat es, wie oben geschildert, in der Vergangenheit signifikante Klimaschwankungen gegeben. In jüngster Zeit haben jedoch neue Klimaanomalien die Aufmerksamkeit der Wissenschaft auf sich gezogen. Zwischen 2002 und 2017 ist der Eisschild, der 80% der Insel bedeckt, um durchschnittlich 264 bis 279 Gigatonnen (Gt) pro Jahr geschmolzen (Tedesco et al. 2017; siehe Abbildung 3f). Der Eisschild schmilzt im Sommer immer, aber in den letzten Jahren setzte die Schmelze früher ein, und die durchschnittlichen Oberflächentemperaturen wie auch die Zahl der »Schmelztage« stiegen. Das Ausmaß der Schmelze und ihr Beitrag zum Anstieg des Meeresspiegels bezogen auf den Stand von vor 2002 ist umstritten, da entsprechende Daten fehlen (Jevrejeva 2016). Doch wird die Frage von einigen Wissenschaftlern als dringlich angesehen, weil das im Grönländischen Eisschild gebundene Wasser einem Anstieg des Meeresspiegels um 7 Meter entspricht (Klintisch 2017). Dieser Eisschild ist ein wichtiges Rad im Getriebe des globalen Klimasystems (Tedesco et al. 2017). Indem er Sonnenenergie in den Weltraum zurückreflektiert, trägt er zum »Albedo-Effekt« bei. Aber durch immer mehr Mikroben und Algen, die auf der nassen Oberfläche des schmelzenden Eisschilds wachsen, wird der Albedo-Effekt immer schwächer, sodass immer mehr Sonnenenergie absorbiert wird, was eine weitere Rückkopplungsschleife in Gang setzt, die ihrerseits zu weiterem Abschmelzen führt (Klintisch 2017). Hinzu kommt, dass die Gletscherschmelze nicht nur ein Indikator für die zunehmende Erderwärmung ist, sondern auch selbst zu ihr beiträgt: mit dem Rückgang der Albedo kommt es zum Zerfall der im auftauenden Permafrost enthaltenen organischen Substanzen, die dann Kohlenstoff und Methan in die Atmosphäre freisetzen. Wenn das Auftauen so weitergeht, dürften schätzungsweise 850–1.400 Milliarden Tonnen Kohlendioxidäquivalent (CO_2-Äq) vom Permafrost freigesetzt werden und die Erderwärmung weiter antreiben.

3.4. Klimawandel messen und modellieren

Klimaschwankungen lassen sich mit verschiedenen Verfahren untersuchen. Ein solches Verfahren ist die Analyse von Beobachtungsdaten. Die Daten in Abbildung 3f (oben) stammen von einem Satellitenpaar, dem sogenannten Gravity Recovery and Climate Experiment (GRACE). Diese Satelliten wurden 2002 in eine Erdumlaufbahn gebracht, um monatlich Daten zu Unregelmäßigkeiten des Schwerefelds der Erde zu sammeln und auf diese Weise die Masseverluste aus den Eisschilden in Grönland und der Antarktis sowie aus Gletschern einschätzen und Mengenänderungen des Grundwassers verfolgen zu können (Jevrejeva et al. 2017). Aber sie liefern Daten nur für die letzten 15 Jahre, eine zu kurze Zeit, um Klimaschwankungen zu verstehen. Tatsächlich zeigen solche Beobachtungsdaten nur die Verhältnisse innerhalb eines relativ kurzen Zeitraums an, sodass verlässliche Einschätzungen von großräumigen und langfristigen Verhältnissen schwierig sind.

Weltweite Beobachtungen gibt es erst seit etwa 150 Jahren, und dieser angeblich weltweite Datensatz weist zudem große räumliche Lücken auf. Große Gebiete des Pazifik und der Südsee wurden viele Jahre lang kaum von Schiffen befahren, sodass es kaum Daten für diese Regionen gibt. Gute Datensätze mit größerer räumlicher Auflösung und qualitätsgesicherten Beobachtungen gibt es seit vielleicht 30 Jahren, also seit routinemäßig Satelliten eingesetzt werden. Diese Daten sind natürlich ungeeignet, um Klimaschwankungen zu beschreiben, die sich über Jahrzehnte erstrecken, von noch längeren Zeiträumen ganz zu schweigen.

Neben den Instrumentendaten, die seit rund 150 Jahren von den meteorologischen und ozeanografischen Diensten routinemäßig erhoben werden, gibt es auch noch »indirekte« Daten. Eisbohrkerne zum Beispiel sind eine wichtige Quelle für Informationen über das Klima in der Vergangenheit. Eisbohrkerne werden aus Eisschilden oder Gletschern gewonnen und können Tiefen bis zu 3 km erreichen. Im Eis gibt es kleine

Blasen, die Stichproben der Atmosphäre enthalten, und mit diesen Stichproben kann man Temperaturen und Gaskonzentrationen messen, die
Hunderttausende von Jahren zurückliegen. Der älteste Eisbohrkern, der
vom European Project for Ice Coring in Antarctica (EPICA) zutage gefördert wurde, reicht 800.000 Jahre zurück und zeigt eine Abfolge von
langen, kalten »eiszeitlichen« Perioden, die etwa alle 100.000 Jahre von
warmen, »zwischeneiszeitlichen« Perioden unterbrochen werden (mit
den letzten 11.000 Jahren als jüngster Unterbrechung) (British Antarctic Survey 2015). Abzulesen ist auch eine offensichtliche Parallelentwick-
lung von Temperatur und CO_2-Konzentration – warme Temperaturen
gehen mit hohen CO_2-Konzentrationen einher, und umgekehrt (siehe
Abbildung 3g). Wie es in einem der Berichte heißt: »Die Eisbohrkerndaten lassen keine Beispiele für einen größeren CO_2-Anstieg erkennen,
der nicht von einem Temperaturanstieg begleitet wäre« (British Antarctic
Survey 2015).

Auch die Breite der Jahresringe von Bäumen oder die Merkmale von
Ablagerungen im Sedimentgestein der Tiefsee oder die Zusammensetzung von Isotopen in den Kalkschalen von Muscheln in Meeressedimen-
ten enthalten Informationen über vergangene Klimaschwankungen. Von
Experten interpretiert, liefert dieses Material eine Fülle von Informationen über Klimaschwankungen im Laufe von Hunderten, Tausenden, ja
Millionen von Jahren (Crowley und North 1991).

Neben der Interpretation von Daten arbeiten Wissenschaftler, die
sich mit dem Klimawandel befassen, auch mit detaillierten »quasi-rea-
listischen« Modellen des Klimasystems (wie im 2. Kapitel beschrieben).
Mit Hilfe dieser Modelle versuchen sie, mögliche zukünftige Klimaverhältnisse vorherzusagen. Diese Modelle werden zwar immer raffinierter,
führen aber nicht zu wasserdichten Vorhersagen, und können es auch
gar nicht. Stattdessen liefern sie gewöhnlich eine Reihe von plausiblen
Entwicklungspfaden oder künftigen »Szenarien«. Ein »Szenario« enthält Daten zu verschiedenen Komponenten des Klimasystems und ihren
Beziehungen untereinander: Treibhausgasemissionen, atmosphärische
Konzentrationen und Temperaturen gehen neben anderen »natürlichen«
Klimaschwankungen ebenso in sie ein wie Energiepolitik und technologischer Wandel (Hayhoe et al. 2017).

Gesellschaftliche Trends spielen natürlich eine zentrale Rolle, wenn
es darum geht, die Menge der Emissionen zu bestimmen. Jedes Szenario basiert auf einer bestimmten »Storyline«, die »ein konsistentes Bild
von der Demografie, den internationalen Handelsbeziehungen, den In-
formationsflüssen, den Technologien und noch weiteren gesellschaftlichen, technologischen und ökonomischen Merkmalen zukünftiger Welten« entwirft (Hayhoe 2017: 135). Diese »Storylines« werden benutzt,
um daraus ein bestimmtes Niveau der Treibhausgasemissionen abzulei-
ten, die dann in das Klimamodell eingegeben werden. Es gibt 30 bis 40

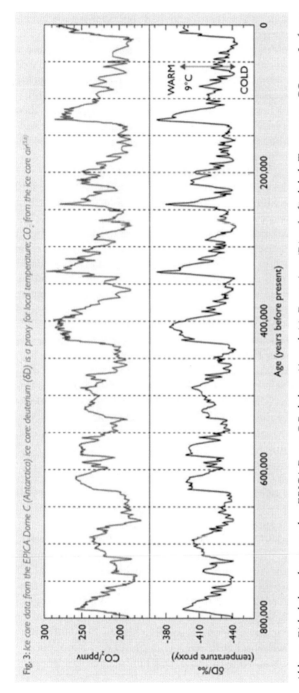

Fig. 3: Ice core data from the EPICA Dome C (Antarctica) ice core: deuterium (δD) is a proxy for local temperature; CO₂ (from the ice core air[38])

Abb. 3g: Eisbohrkerndaten aus dem EPICA Dome C Bohrkern (Antarktis): Deuterium (D) steht für lokale Temperatur; CO2 aus Luft aus dem Eisbohrkern (Quelle: British Antarctic Survey Science Briefing 2015).

bekannte Klimamodelle, die unterschiedliche Prognosen für die bei einem bestimmten Anstieg der Treibhausgaskonzentrationen zu erwartende Erderwärmung liefern (Brown und Caldeira 2017). Unterschiedliche Modelle führen vor allem deshalb zu unterschiedlichen Prognosen, weil es keine Übereinstimmung darüber gibt, wie die verschiedenen Aspekte des Klimasystems am besten zu modellieren wären. Eine neuere vergleichende Analyse von Klimawandelmodellen legt den Schluss nahe, dass die Modelle mit empirischen Beobachtungen kombiniert werden sollten, um den Unsicherheitsgrad zu reduzieren (Brown und Caldera 2017; Müller und von Storch 2004).

Aber obwohl diese Modelle immer ausgefeilter und detaillierter werden, ist es offensichtlich unmöglich, alle potentiellen Effekte und nicht-linearen Entwicklungen innerhalb eines komplexen, chaotischen und interaktiven Systems zu berücksichtigen, das nicht nur »natürliche« Prozesse, sondern auch gesellschaftliche Aktivitäten umfasst (Trenberth 1997: 131). Die gesellschaftliche Komponente erhöht nicht nur die Komplexität des Systems, sondern bringt auch Elemente wie menschliche Reflexion, Intentionalität und (nicht-rationales) Verhalten hinein. Eine korrekte Prognose des künftigen Weltklimas würde eine genaue Vorhersage der komplexen Aktionen und Interaktionen der Menschen im nächsten Jahrhundert voraussetzen. Und da die Menschen natürlich auf solche Vorhersagen auf wiederum nicht vorhersagbare Weise reagieren, verschärft sich das Problem weiter (so 2014: 173–174). Ein Szenario ist also nicht so unsolide oder einfältig wie Kaffeesatzlesen, aber auch nicht so genau wie eine Wettervorhersage. Letztlich bleibt die Ungewissheit, sodass uns Modelle zwar helfen können, Klimaschwankungen zu verstehen und uns einen Begriff von möglichen künftigen Verhältnissen zu machen, uns aber keine definitive Vorhersagen erlauben, so gerne das die Politiker auch hätten (Machin und Ruser 2018). Aber wenn der Klimawandel schwer zu messen und unmöglich vorherzusagen ist, wo bleiben dann die Politiker, die sich von der Wissenschaft Entscheidungshilfen wünschen, und die Wissenschaftler, die diese Hilfen geben möchten?

Damit kommen wir zur Rolle des Intergovernmental Panel on Climate Change (IPCC, Zwischenstaatlicher Ausschuss für Klimaänderungen, »Weltklimarat«). Das IPCC ist das größte, renommierteste und meistzitierte wissenschaftliche Gremium der Welt in Sachen Klimawandel. Es wurde 1988 vom United Nations Environment Programme (UNEP, Umweltprogramm der Vereinten Nationen) und der World Meteorological Organization (WMO, Weltorganisation für Meteorologie) eingesetzt. Es führt keine eigenen Forschungen durch, sondern begutachtet und bewertet die einschlägigen wissenschaftlichen, technischen und sozioökonomischen Informationen zum Klimawandel. Der Fünfte Sachstandsbericht liegt seit 2014 vor.

Der erste Teil des Fünften Sachstandsberichts befasst sich mit den »Naturwissenschaftlichen Grundlagen« und basiert auf den von Experten begutachteten Beiträgen von 259 Autoren aus 39 Ländern. Der Bericht stellt fest, dass »eindeutig« ein Klimawandel im Gange ist, dass zweifelsfrei eine Erwärmung des Klimasystems stattfindet und dass in den letzten sechzig Jahren menschliche Aktivitäten »höchstwahrscheinlich« einen Einfluss auf die »beispiellosen« Veränderungen im System hatten (IPCC 2013). Er erklärt, dass sich die Temperatur der Atmosphäre und der Ozeane bereits erhöht hat, die Eisschilde bereits geschrumpft sind und der Meeresspiegel bereits gestiegen ist. Dies sei auf die erhöhte Konzentration von Treibhausgasen zurückzuführen, und selbst wenn die Emissionen heute verringert würden, würde der Klimawandel immer noch jahrhundertelang anhalten. Der Grönländische Eisschild werde mit »hoher Gewissheit« ganz verloren gehen (und dabei, wie oben erwähnt, den Meeresspiegel im Durchschnitt um bis zu 7 Meter steigen lassen). »Anhaltende Treibhausgasemissionen«, so der Bericht in aller Klarheit, »werden eine weitere Erwärmung und weitere Veränderungen in allen Komponenten des Klimasystems verursachen. Um den Klimawandel einzudämmen, müssen die Treibhausgasemissionen erheblich und nachhaltig reduziert werden.«

Um weitere Prognosen machen zu können, benutzt das IPCC Klimamodelle. Im Gegensatz zu früheren Szenarien (die auf Emissionen basierten) arbeiten die hier benutzten Szenarien – die Representative Concentration Pathways (RCP, Repräsentative Konzentrationspfade) – mit dem Strahlungsantrieb (»radiative forcing«, RF). Der Strahlungsantrieb ist das Maß für die von einem Gas verursachte Veränderung des Energiehaushalts der Atmosphäre; er liefert »eine einfache, aber grundlegende Kennziffer, mit der wir untersuchen können, wie der Klimawandel durch die unausgewogene Energiebilanz des Erdsystems angetrieben wird« (National Research Council 2005: vii). Die vier RCP sind nach der Veränderung des Strahlungsantriebs im Jahr 2100 im Vergleich zum vorindustriellen Stand nummeriert (+2.6, +4.5, +6.0 und +8.5 Watt pro Quadratmeter). Die Treibhausgasemissionen wurden in einem RCP reduziert, in einem zweiten stabilisiert und in einem dritten (RCP8.5) weiterhin hoch angesetzt. Nur beim Szenario mit den niedrigsten Emissionen (RCP2.6) besteht eine Chance, dass die Erderwärmung unter 2 °C bleibt. Beim Szenario mit den höchsten Emissionen (RCP8.5) kommt es zu einer Erwärmung von 5 °C bis 8 °C über den vorindustriellen Werten; bei diesem Szenario könnten die Grönländischen und Antarktischen Eisschilde ganz schmelzen.

Diese Szenarien sind eine zweckmäßige Art und Weise, Politikern die möglichen künftigen Entwicklungen zu präsentieren. Der IPCC-Syntheseberict – die Zusammenfassung für politische Entscheidungsträger – erklärt, dass das etwa um die Mitte des Jahrhunderts zu erwartende

Ausmaß des Klimawandels wesentlich von der Entscheidung für ein bestimmtes Szenario abhängt (2014: 10). Doch diese Modelle können feinmaßstäbliche Prozesse auf kleineren Skalen nur begrenzt simulieren (Hayhoe et al. 2017: 1341), und je ferner die Zukunft ist, in die die Prognosen reichen, desto größer ist der Grad der Unsicherheit (Hayhoe et al. 2017: 139).

Als Vermittler zwischen Wissenschaftlern und politischen Entscheidungsträgern hat das IPCC eine alles andere als einfache Rolle und wurde auch schon heftig kritisiert und zum Beispiel beschuldigt, eine bestimmte politische Agenda durchsetzen zu wollen. Doch das IPCC sagt ganz klar, dass keine seiner Vorhersagen Anspruch auf Gewissheit erhebt und dass es nirgends behauptet, es gebe einen »richtigen« Weg zur Bekämpfung des Klimawandels. Und doch könnte die bloße Tatsache, dass die Frage als ein einziges Problem behandelt wird, das man am besten global zu fassen bekommt, einer differenzierteren Darstellung im Wege stehen. Zwar weisen die Karten in den IPCC-Berichten regionale Variationen aus und erwähnen die unterschiedlichen Beschränkungen und Möglichkeiten verschiedener Weltgegenden, aber dann werden doch alle Daten zu globalen Durchschnittswerten zusammengefasst. Zu befürchten ist, dass lokal differenzierte Effekte und Reaktionen dabei untergehen; womit wir zum nächsten Punkt kommen.

3.5 Wirkung und Ungleichheit des Klimawandels

Das Wissen um die Ursachen und Folgen des Klimawandels kann nur unvollkommen sein; das Klimasystem ist hochkomplex und erfordert die Analyse von Daten aus unzähligen Quellen; unterschiedliche Prozesse greifen auf unterschiedliche Weise ineinander und enthalten unterschiedliche Kippelemente. Genaue Vorhersagen des zukünftigen Klimawandels sind, wie wir gesehen haben, unmöglich. Aber die möglichen Auswirkungen des Klimawandels auf das Leben der Menschen sind ein noch viel komplizierteres Problem. Denn nicht nur wird der Klimawandel wahrscheinlich gemischte ökonomische, politische und soziale Folgen haben, die die Landwirtschaft, den Lebensstandard und die Gesundheit der Menschen betreffen, sondern diese Folgen könnten auch noch gemildert oder verschärft werden, je nachdem, wie die Gesellschaften auf Extremwetter und ein sich veränderndes Klima reagieren. So kann es eine Reaktion sowohl auf ein sich änderndes Klima als auch auf die Vorhersagen eines sich ändernden Klimas geben; es können neue Lernprozesse in Gang kommen; die Entwicklung und Anwendung neuer Technologien kann angestoßen werden; politische Maßnahmen und soziale Bewegungen können zur Basis für veränderte Lebensgewohnheiten werden. Solche Reaktionen werden sich mit den direkten Folgen deutlich, aber eben nicht gleichmäßig überlagern. Möglich ist zudem, dass diese Reaktionen auf die Risiken so gut wie die Realitäten eines sich ändernden Klimas – wiederum das Klima beeinflussen und eine weitere komplexe Rückkopplungsschleife in einem ohnehin schon komplexen System in Gang setzen. In diesem Abschnitt soll es daher um die antizipierten direkten Folgen des Klimawandels und seine Risiken für die menschlichen Gesellschaften gehen.

Einige der wichtigsten Fragen bei der Untersuchung der Folgen des Klimawandels betreffen Zeitpunkt und Ort der erwarteten Veränderungen. Ein typisches, häufig benutztes Maß für den menschengemachten Klimawandel ist die durchschnittliche *globale* Lufttemperatur. Diese Größe ist als globaler Indikator für die Intensität von Klimaschwankungen durchaus sinnvoll, aber für den Versuch, *regionale* Auswirkungen und die tatsächlich bedeutsamen Konsequenzen für die Gesellschaft und die Ökologie zu verstehen und zu bewerten, praktisch irrelevant. Denn in manchen Regionen wird die Temperatur rascher steigen als anderswo; in einigen wenigen Gebieten wird sie vielleicht sogar sinken. Global ist mit einer Intensivierung des Wasserkreislaufs von Verdunstung und Niederschlag zu rechnen, sodass global mehr Regen möglich scheint. Aber für Gesellschaften ist auch dieser Indikator weitgehend sinnlos, da sich auch die Verteilung der Niederschläge verändern könnte, sodass es in einigen Regionen zu mehr und in anderen zu weniger Regen kommt.

Ein ähnliches Problem stellt sich im Zusammenhang mit dem wichtigen und viel diskutierten Aspekt der Auswirkungen des Klimawandels auf den Meeresspiegel. Die durch die Erwärmung bedingte Ausdehnung des Meerwassers könnte in Kombination mit der Destabilisierung der Grönländischen und Antarktischen Eisschilde und einer Landabsenkung dazu führen, dass der Meeresspiegel bis zum Jahr 2100 um 30 cm bis 2 m steigt (Treuer et al. 2018: 108). Derzeit liegt die globale Anstiegsrate bei 3–4 mm pro Jahr, aber diese Rate scheint rasch und womöglich sogar exponentiell zu steigen (ebd.: 109; Vitousek et al. 2017). Zwar ist der Anstieg des Meeresspiegels geringer als die normalen, durch die Gezeiten verursachten Schwankungen, erhöht aber dennoch das Risiko, dass die Hochwasser an den Küsten häufiger und höher und noch dazu schwerer vorhersagbar werden (Vitousek et al. 2017). Außerdem wird dieses Risiko nicht für alle Regionen gleich sein (Jayanthi et al 2018: 1).

Küstennahe Gemeinschaften und Tieflandregionen sind besonders gefährdet, aber auch diese Gefährdung variiert je nach geologischen Gegebenheiten und sozioökonomischen Ressourcen. Süd-Florida zum Beispiel ist eine Region, die durch einen Anstieg des Meeresspiegels besonders gefährdet ist. Ein Großteil dieser Region ist nicht nur Tiefland, sondern hat noch dazu einen Untergrund aus porösem Kalkstein, sodass Deich- und Pumpensysteme weniger effizient sind. Ohne Anpassung dürfte es zu riesigen Umsiedlungsaktionen und enormen ökonomischen

Verlusten kommen. Der Grad der Gefährdung kann jedoch durch Anpassungsmaßnahmen verringert werden. Die Stadt Miami Beach investiert derzeit 500 Millionen Dollar in den Hochwasserschutz. Doch wie Treuer et al. zu Recht betonen: »Miami Beach ist eine relativ kleine und reiche Gemeinde [...] und insofern eine Ausnahme, was ihre aktive Reaktion auf den Anstieg des Meeresspiegels und die entsprechenden finanziellen Möglichkeiten angeht« (2018: 109). Ärmere Regionen haben keine solchen Kapazitäten.

So ist zum Beispiel der Nagapattinam-Distrikt in Tamil Nadu an der Südostküste Indiens ebenfalls eine Tieflandregion und damit besonders gefährdet. Ein Anstieg des Meeresspiegels dürfte Folgen für die Mangrovenwälder und die landwirtschaftlich genutzten Feuchtgebiete und damit auch für die biologische Vielfalt der Region und die Lebensgrundlagen der dort ansässigen Bevölkerung haben (Jayanthi et al. 2018: 11). Anpassung ist nötig: Hochwasserbarrieren und Pufferzonen entlang der Küste; salztolerante Nutzpflanzen; veränderte Anbaukalender; Versicherungssysteme; und so weiter. Aber die Realisierung solcher Anpassungsmaßnahmen wird durch »begrenzte Ressourcen, fehlende Transparenz bei Umsetzung und Kontrolle, fehlende Beteiligung der Bevölkerung, fehlendes übergreifendes Küstenzonen-Management sowie unterschiedliche Risikoeinschätzungen« behindert (ebd.: 12). Nicht nur haben manche Gemeinschaften mehr Ressourcen als andere, um dem Anstieg des Meeresspiegel zu trotzen, sie sind auch eher bereit, sie zu nutzen (Treuer et al. 2018: 108)

Auch die Inselstaaten und -territorien im zentralen und südlichen Pazifik sind extrem anfällig für den Meeresspiegelanstieg, der die Ansiedlungen, den Lebensunterhalt, die Gesundheit und die Ernährungssicherheit ihrer Bewohner bedroht (Germanwatch 2004; Barnett 2005). Einer dieser Inselstaaten, Tuvalu, dessen höchst Erhebung keine drei Meter über dem Meeresspiegel liegt, hat den Beinamen »Titanic-Staat« bekommen und ist zu einem besonders prominenten Symbol für den Klimawandel geworden. Hier ist »[e]ine Änderung des Meeresspiegels [...] somit kein abstraktes Risiko, sondern eine Herausforderung für das tägliche Leben« (Germanwatch 2004: 6). Den Tuvaluanern wurde auch schon das Etikett »erste Klimaflüchtlinge der Welt« angehängt. Das ist nicht einfach ein Schlagwort für die Medien, sondern hatte bereits soziopolitische Auswirkungen: in Neuseeland gibt es seit 2002 ein Programm namens Pacific Access Category (PAC), mit dem jedes Jahr 75 Bürger von Tuvalu, 75 Bürger von Kiribati, 250 Bürger von Tonga und 205 Bürger der Fidschi-Inseln eine Aufenthaltsgenehmigung bekommen können. Doch nicht alle Menschen erfüllen die damit verbundenen Voraussetzungen: die Bewerber müssen »von gutem Charakter und guter Gesundheit sein, Grundkenntnisse der englischen Sprache besitzen, ein Arbeitsangebot in Neuseeland vorweisen können«, für den eigenen Unterhalt und den ihrer Familie aufkommen können und zwischen 18 und 45 Jahren alt sein (ebd.). Der Passus in dem neuseeländischen Informationsblatt, der klarstellt, dass ein Klimaflüchtling abgelehnt werden wird, »wenn Sie unsere charakterlichen Anforderungen nicht erfüllen«, bringt die Machtverhältnisse, die in der Klimawandelpolitik wirksam sind, vielleicht am knappsten auf den Punkt.[6] Die Migrationsbewegungen von Klimaflüchtlingen, »deren Not ein Ergebnis der westlichen Lebensweise ist«, werden letztlich von den reichen Nationen kontrolliert (Jerolmack 2015). Kritische Analysen des Etiketts »Klimaflüchtling« weisen außerdem darauf hin, dass man mit einer Konstruktion der Bewohner der Pazifikinseln als passive Opfer in gewisser Weise die Komplexität des Problems und die Möglichkeiten zur Risikominderung ignoriert (Barnett 2005: 216; Farbotko und Lazrus 2012).

Inwieweit zukünftige technische Innovationen und Praktiken neue Adaptationsstrategien ermöglichen werden, ist selbst in reichen Nationen letztlich nicht vorhersagbar. In der Landwirtschaft wäre eine Anpassung in einem Zeitrahmen von wenigen Jahren durchaus möglich – etwa durch veränderte Managementkonzepte oder den Wechsel zu anderen Kulturpflanzen, die man auch so züchten könnte, dass sie bestimmte klimatologische und andere Bedingungen erfüllen –, was im Vergleich zum Tempo des Klimawandels ein kurzer Zeitmaßstab ist. In manchen Teilen der Welt könnte die Landwirtschaft von Veränderungen des Klimas sogar profitieren.

Die antizipierten Veränderungen des Klimas könnten eine Vielzahl von direkten und indirekten gesundheitlichen Folgen haben. Ein vom Worldwatch Institute und der United Nations Foundation veröffentlichter Bericht stellt fest: »Wir sind außerdem dabei, das Klima unseres Planeten von Grund auf zu verändern. Es wird immer deutlicher, dass die von uns angerichteten Veränderungen so weitreichend und tiefgreifend sind, dass sie eine Gefahr nicht nur für viele andere Gattungen, sondern auch die Gesundheit und das Wohlergehen unserer eigenen Gattung darstellen« (Myers 2009: 2). Zu den diversen gesundheitlichen Gefahren, die im Bericht genannt werden, gehören unter anderem: Infektionskrankheiten, Nahrungsmittelknappheit, Wassermangel, Luftverschmutzung, Naturkatastrophen und Migrationsbewegungen (ebd.). Der Bericht legt den Schluss nahe, dass diese Gefahren zusammengenommen die größte gesundheitspolitische Herausforderung des 21. Jahrhunderts darstellen (ebd.).

Auch die World Health Organization (WHO, Weltgesundheitsorganisation) warnt, dass der globale Klimawandel zu Problemen bei der

---

6 Siehe die Visumsbestimmungen unter: www.immigration.govt.nz/new-zealand-visas/apply-for-a-visa/visa-factsheet/pacific-access-category-resident-visa#conditions

Landwirtschaft und im Gesundheitswesen wie auch zu einer signifikanten Zunahme von Krankheiten und Infektionskrankheiten führen dürfte. Sie stellt fest, dass aufgrund von Mangelernährung, Malaria, Durchfallerkrankungen und Hitzestress, die alle mit klimatischen Veränderungen zusammenhängen, 250.000 zusätzliche Todesfälle pro Jahr zu erwarten sind (WHO 2017). In einem WHO-Bericht zu den gesundheitlichen Folgen des Klimawandels in kleinen Inselstaaten werden bestimmte klimaabhängige Krankheiten identifiziert: Malaria, Denguefieber, Durchfallerkrankungen, Hitzestress, Hautkrankheiten, akute Atemwegsinfektionen und Asthma (Ebi et al. 2005: 24). Der Bericht erklärt, dass die Zahl der Malariafälle gestiegen ist und mit zunehmender Luftfeuchtigkeit und steigenden Temperaturen zumindest indirekt korreliert (Ebi et al. 2005: 24).

Diese Berichte machen nicht nur deutlich, dass bestimmte Populationen in bestimmten Teilen der Welt stärker gefährdet sind als andere. Sie weisen auch darauf hin, wie wichtig eine robuste, auf Sicherung der »Resilienz« dieser Populationen ausgerichtete politische Reaktion ist. Damit ist ein aus unserer Sicht entscheidender Punkt angesprochen. Paul Reiter (2001), Professor für Entomologie und früherer Leiter der Unterabteilung Denguefieber der US Centers for Disease Control and Prevention (CDC, Zentren für Krankheitskontrolle und Prävention) in Puerto Rico stellt klar, dass Malaria zwar als »Tropenkrankheit« angesehen wird, aber noch bis vor gar nicht so langer Zeit auch in Europa und Nordamerika weit verbreitet war:

»In den 1880er Jahren war Malaria praktisch in den ganzen USA und selbst in Teilen Kanadas verbreitet. Als [...] 1946 das Center for Disease Control and Prevention (CDC) gegründet wurde, bestand seine Hauptaufgabe darin, in den USA die Malaria auszurotten. In Europa war die Krankheit bis in den hohen Norden – Norwegen, Schweden und Finnland – endemisch. In der Sowjetunion starben 1920 Hunderttausende im Laufe von Epidemien, die das Land bis zum Polarkreis erfassten. Eines der letzten europäischen Länder, das malariafrei wurde, war Holland. Das war 1970. Und in Nordamerika war der wichtigste Überträger des Denguefiebers fast 300 Jahre lang quicklebendig [...]«

Reiters Argument ist also, dass das natürliche Klima für den Rückgang bzw. die Ausbreitung der Malaria nur eine Nebenrolle spielt. Viel wichtiger sind demnach die Organisation der Gesellschaft und geeignete Schutzvorkehrungen.

Dies nun ist ein ganz entscheidender Punkt. Die Debatte über die Auswirkungen des Klimawandels ist immer auch eine Debatte darüber, was mehr Gewicht hat: Umweltbedingungen oder gesellschaftliche Organisation. Für die Verbreitung von Krankheiten sind sozioökonomische

Faktoren vermutlich viel bestimmender als das Klima. Zum Beispiel ist die Zahl der Fälle von Denguefieber im Norden von Mexico *tausendmal höher* als im Süden von Texas. Dabei herrscht in diesem 100 km breiten Streifen praktisch überall das gleiche Klima, selbst die Lebensräume der Überträger sind in vielen Fällen gleich, aber die Muster der sozialen Interaktion und der Zugang zum Gesundheitssystem sind äußerst unterschiedlich. In Mexico geht man bei Anbruch der Dunkelheit aus dem Haus, um sich mit den Nachbarn zu treffen – also gerade dann, wenn die Moskitos auf Nahrungssuche sind. Nördlich der Grenze halten sich die Menschen häufiger in Innenräumen mit Klimaanlagen auf. Klimaanlagen sind eine Anpassungsmaßnahme, die die Menschen sowohl vor den durch Insekten übertragenen Krankheiten als auch vor Hitzewellen schützen kann.

Allerdings verbrauchen Klimaanlagen natürlich sehr viel Energie. In den USA werden 6% der gesamten Stromerzeugung von Klimaanlagen verbraucht, was zur Freisetzung von 117 Millionen metrischen Tonnen Kohlendioxid in die Atmosphäre führt.[7] Damit sind sie ein schlagendes Beispiel für ein Muster, auf das Forscher, die sich mit Klimagerechtigkeit befassen, immer wieder hinweisen: diejenigen, die in den Genuss der Lebensweise kommen, die den Klimawandel vorantreibt, sind auch am besten dafür gerüstet, sich vor seinen schlimmsten Auswirkungen zu schützen.

Studien in politischer Ökologie lassen keinen Zweifel daran, dass Umweltfaktoren und ökonomische und soziale Merkmale unauflöslich miteinander verflochten sind. So dürften die weniger begüterten Weltgegenden und Gesellschaftsschichten auch eher zu Leidtragenden der Umweltrisiken werden. Ulrich Beck meint zwar, die Ungleichverteilung früherer sozialer Bedrohungen werde durch die aufkommenden Umweltprobleme aufgehoben – »Hunger ist hierarchisch ..., aber atomare Verseuchung ist egalitär und insofern ›demokratisch‹. Nitrate im Trinkwasser machen auch nicht halt vor dem Wasserhahn des Generaldirektors« (1989: 8) – und die Gefahren des Klimawandels seien für alle gleich. Doch auch er räumt etwas später im selben Artikel verblüffenderweise ein, dass der Treibhauseffekt diejenigen überproportional hart betreffen wird, die ihn sich am wenigsten leisten können: »Die Ärmsten der Welt wird es am schlimmsten treffen« (1989: 9).

Es herrscht weithin Einigkeit darüber, dass gerade die Regionen der Welt, die am wenigsten zum Klimawandel beigetragen haben, seine Folgen wohl am stärksten zu spüren bekommen. Angesichts historisch unterschiedlicher Emissionen stellt sich damit die Frage, ob nicht auch die Verantwortung für den Klimawandel unterschiedlich verteilt ist. Theoretiker verweisen auf die vom Kolonialismus eingeführte ungleiche

---

7   Siehe https://energy.gov/energysaver/air-conditioning.

Weltordnung und meinen, dass sich diese gesellschaftlich produzierte Ungleichheit durch den Klimawandel weiter verschärfen wird (Caney 2012; sich Neumayer 2000). Aber auch *innergesellschaftliche* Ungleichheiten dürften sich durch die ungleich verteilten Effekte des Klimawandels verschärfen. Studien zum »Hitzetod« zum Beispiel belegen eine entsprechende innergesellschaftliche Ungleichverteilung: während der Hitzewelle von 1995 (siehe Klinenberg 2002; Browning et al. 2006) war in Chicago der Zusammenhang zwischen der Zahl der Sterbefälle durch Hitze für wohlhabende Viertel negativ und für ökonomisch heruntergekommene Viertel positiv. Zuwanderergemeinschaften, indigene Gemeinschaften, schwarze, arme und Arbeitergemeinschaften werden die Auswirkungen einer geschädigten Umwelt am ehesten zu spüren bekommen. Wie Juliet Schor (2015) erklärt, sind zumindest in den Vereinigten Staaten sowohl die Umweltrisiken als auch die positiven Umweltbedingungen nach Rasse und Einkommen ungleich verteilt.

Eine Analyse des Hurrikans Katrina, der im August 2005 die Golfküste der Vereinigten Staaten heimsuchte, belegt die Wechselbeziehung zwischen Umweltrisiken, strukturellem Rassismus und Mustern der ökonomischen und politischen Ungleichheit, die dafür sorgte, dass die Effekte des Hurrikans ungleich verteilt waren (vgl. Hartman und Squires 2006; Sharkey 2007). Als in New Orleans die schützenden Deiche brachen, wurden 80% der Stadt überflutet; in der Golfregion starben über tausend Menschen, und über eine Million wurden vertrieben. In der Geschichte der USA war dieser Hurrikan die größte Naturkatastrophe in einem bewohnten Gebiet (Plyer 2016). Aber am stärksten betroffen waren die Wohnviertel der Schwarzen in den tiefliegenden Zonen mit ihrer maroden Bausubstanz (Young 2006). Gleiches gilt auch für die erst im August 2017 vom Hurrikan Harvey in Texas angerichteten Verwüstungen. Ilan Kelman (2017) schreibt:

>»Nicht Wetter und Klima verursachen Katastrophen – Verletzlichkeit verursacht sie [...] Zu einer Katastrophe in Zusammenhang mit einem Hurrikan kann es nur kommen, wenn Menschen, Infrastrukturen und Gemeinschaften verletzlich sind. Und verletzlich werden Menschen, wenn sie in Verhältnissen leben, in denen es ihnen an dem Wissen, der Lebenserfahrung, den Fähigkeiten, den sozialen Beziehungen, der Unterstützung oder den Finanzen mangelt, um mit einem Standardereignis wie einem Hurrikan fertig zu werden.«

Auch Gender-Ungleichheiten werden durch Umweltrisiken wie den Klimawandel verschärft (Terry 2009). Laut Sherilyn MacGregor ist der Klimawandel keineswegs »gender-neutral«: »Frauen sind aufgrund ihrer sozialen Rollen als die Sorgenden und Pflegenden und aufgrund ihrer sozialen Stellung als die Ärmsten und Verletzlichsten, die in der sozialen

Hierarchie ganz unten stehen, viel dramatischer von allen Formen der Umweltzerstörung betroffen als Männer« (2010: 226). MacGregor macht jedoch auch auf die problematische Tendenz aufmerksam, Frauen nur als verletzliche *Opfer* zu konstruieren: »Menschlichen Stimmen wird wenig Raum gegeben – und schon gar nicht den Stimmen solcher Frauen, die in der Klima-Story auf komplexere oder überhaupt andere Weise vorkommen möchten« (2010: 227). Die Klimakrise reproduziert und verschärft bereits bestehende politische, soziale und ökonomische Ungleichheiten, und durch die Art ihrer Darstellung können bestimmte soziale Normen reproduziert werden.

3.6 Schluss: Klimawandel verstehen

Wie wir in diesem Kapitel hoffentlich zeigen konnten, sind Klimaschwankungen und Klimawandel kein neues Forschungsgebiet, sondern wurden bereits Ende des 18. Jahrhunderts erforscht. Die Klimawandelforschung hatte also Vorläufer, aber mit dem Ausmaß, den gravierenden Folgen und der Unvorhersehbarkeit der Veränderungen ist auch ihre politische Bedeutung dramatisch gestiegen. Immer mehr und immer genauere Daten und Erkenntnisse über die Klimadynamik haben den Klimawandel ins öffentliche Bewusstsein katapultiert. So paradox es ist: eben jene Wissenschaft, die einst die Entwicklung der vom Abbau fossiler Energieressourcen abhängigen Industriegesellschaft vorangetrieben hat, ist nun die Instanz, die die möglichen Folgen der Verbrennung dieser Ressourcen aufdeckt und vor ihnen warnt.

Diese Folgen werden jedoch nicht gleichmäßig verteilt sein. Wir haben in diesem Kapitel auch deutlich gemacht, dass der menschengemachte Klimawandel in der Größenordnung, die heute als wahrscheinlich gilt, zu einer Verschärfung bestehender Ungleichheiten führen dürfte; und dass diese Ungleichheiten den sozialen Zusammenhalt untergraben und damit die »sozioökologische Resilienz von Gemeinschaften« (Laurent 2013) und ihre kollektive Handlungsfähigkeit beim Kampf gegen den Klimawandel schwächen könnten.

Deswegen müssen, wie wir meinen, auch die Sozialwissenschaften ihren Beitrag zu dem wissenschaftlichen Bemühen leisten, die Bedeutung des Klimawandels für die Gesellschaft zu verstehen. Jede Bestimmung der Auswirkungen von Veränderungen der natürlichen Umwelt und der klimatischen Grundlagen des menschlichen Lebens ist schwierig und ungewiss. Noch heikler sind Behauptungen in Bezug auf die gesellschaftlichen, kulturellen und politischen Folgen nicht nur der Beschreibung künftiger Gefahren, sondern auch der gesellschaftlichen Reaktionen auf diese Beschreibung. Wir wissen natürlich, dass es Folgen geben wird, aber die Schwierigkeit besteht darin, zu bestimmen, wie sie aussehen und wie wir sie abmildern könnten. Nur allzu leicht lässt sich eine »Naturkatastrophe« für Leiden, Ungleichheiten und Risiken verantwortlich machen, die in Wirklichkeit *gesellschaftlich* und *politisch* bedingt sind. Das sollten wir nicht vergessen, vor allem nicht angesichts der Neigung anzunehmen, dass Klima und Klimawandel *determinierend* auf die Gesellschaft wirken und dass sich die Wirkungen von Klimaphänomenen messen und vorhersagen lassen, ohne soziale Faktoren und die menschliche Handlungsfähigkeit in Betracht zu ziehen. Daher soll es im nächsten Kapitel um die problematische Literatur zum »Klimadeterminismus« gehen.

Literatur

Adamson, P., Aliaga, L., Ambrose, D., Anfimov, N., Antoshkin, A., Arrieta-Diaz, E., [...] und Bambah, B. A. (2017): »Constraints on oscillation parameters from ν e appearance and ν μ disappearance in NOvA«, *Physical review letters* 118 (23), 231801.

Anders, Alison (2016): »Precipitation Patterns and topography«, *Vignettes: Key Concepts in Geomorphology*. Online unter: https://serc.carleton.edu/vignettes/collection/25201.html (abgerufen am 15.12.2017).

Barnett, Jon (2005): »Titanic States? Impacts and Responses to Climate Change in the Pacific Islands«, *Journal of International Affairs* 59 (1): 203–219

Beck, Ulrich (1989): »Risikogesellschaft. Überlebensfragen, Sozialstruktur und ökologische Aufklärung«, *Aus Politik und Zeitgeschichte* 36/89, 3–13.

Berger, Wolfgang H. (2002): »A Case for Climate Cycles: Orbit, Sun and Moon«, in: Gerold Wefer, Wolfgang H. Berger, Karl-Ernst Behre und Eystein Jansen (Hrsg.): *Climate Development and History of the North Atlantic Realm*. Berlin and Heidelberg: Springer.

British Antarctic Survey Science Briefing (2015): »Ice cores and climate change«. Online unter: www.bas.ac.uk/wp-content/uploads/2015/04/ice_cores_and_climate_change_briefing-sep10.pdf (abgerufen am 22.03.2018).

Brönnimann, Stefan und Daniel Krämer (2016): »Tambora and the ›Year Without a Summer‹ of 1816: A Perspective on Earth and Human Systems Science«, *Geographica Bernensia* G90. DOI: 10.4480/GB2016.G90.01

Brown, Patrick T. und Ken Caldeira (2017): »Greater future global warming inferred from Earth's recent energy budget«, *Nature* 552(7683): 45.

Browning, Christopher R., Danielle Wallace, Seth L. Feinberg und Kathleen A. Cagney (2006): »Neighborhood social processes, physical conditions, and disaster-related-mortality: The case of the 1995 Chicago heat wave«, *American Sociological Review* 71 (4): 661–678.

Brückner, Eduard (2008 [1889]) »In wie weit ist das heutige Klima konstant?«, in: Nico Stehr und Hans von Storch (Hrsg.): *Eduard Brückner – Die Geschichte unseres Klimas: Klimaschwankungen und Klimafolgen*. Österreichische Beiträge zu Meteorologie und Geophysik, Heft 40: 61–71.

– (2008 [1890]) »Klimaschwankungen seit 1700?«, in: Nico Stehr und Hans von Storch (Hrsg.): *Eduard Brückner – Die Geschichte unseres Klimas: Klimaschwankungen und Klimafolgen.* Österreichische Beiträge zu Meteorologie und Geophysik, Heft 40: 72–156.

– (2008 [1895]) »Der Einfluss der Klimaschwankungen auf die Ernteerträge und Getreidepreise in Europa?«, in: Nico Stehr und Hans von Storch (Hrsg.): *Eduard Brückner – Die Geschichte unseres Klimas: Klimaschwankungen und Klimafolgen.* Österreichische Beiträge zu Meteorologie und Geophysik, Heft 40: 177–196.

– (2008 [1912]): »The Settlement of the United States as Controlled by Climate and Climate Oscillations?«, in: Nico Stehr und Hans von Storch (Hrsg.): *Eduard Brückner – Die Geschichte unseres Klimas: Klimaschwankungen und Klimafolgen.* Österreichische Beiträge zu Meteorologie und Geophysik, Heft 40:243–253.

Caney, Simon (2012): »Just Emissions«, *Philosophy & Public Affairs* 40 (4): 255–300

Chen, J. L., T. Pekker, C. R. Wilson, B. D. Tapley, A. G. Kostianoy, J.-F. Cretaux und E. S. Safarov (2017): »Long-term Caspian Sea level change« *Geophysical. Research Letters* 44 (13): 6993–7001.

Crowley, T. J. und G R. North (1991): *Paleoclimatology.* New York: Oxford University Press.

Dugmore, Andrew J., Christian Keller und Thomas H. McGovern (2007): »Norse Greenland Settlement: Reflections on Climate Change, Trade, and The Contrasting Fates of Human Settlements in the North Atlantic Islands«, *Arctic Anthropology* 44 (1): 12–36.

Ebi, Kristie L., Nancy D. Lewis und Carlos F. Corvalán (2005): »Climate variability and change and their health effects in small island states : information for adaptation planning in the health sector«. Online unter: www.who.int/globalchange/publications/climvariab.pdf?ua=1 (abgerufen am 15.03.2018).

Edwards, Paul (2013): *A Vast Machine: Computer Models, Climate Data, and the Politics of Global Warming.* Cambridge MA: MIT Press.

Farbotko, Carol und Heather Lazrus (2012): »The first climate refugees Contesting global narratives of climate change in Tuvalu«, *Global Environmental Change* 22 (2): 382–390.

Germanwatch (2004): »Klimawandel. Eine Herausforderung für Tuvalu«. Informationsbroschüre zum Herunterladen unter: https://germanwatch. org/de/download/2618.pdf (abgerufen am 01.05.2018).

Hards, Vicky (2005): »Volcanic contributions to the global carbon cycle«, *British Geological Survey* Occasional Publication No. 10: 1.

Hartman, Chester W. und Gregory O. Squires (2006): *There is No Such Thing as a Natural Disaster: Race, Class, and Hurricane Katrina.* London: Routledge.

Hayhoe, K., J. Edmonds, R.E. Kopp, A.N. LeGrande, B.M. Sanderson, M.F. Wehner und D.J. Wuebbles (2017): »Climate models, scenarios, and projections«, in: D.J. Wuebbles, D.W. Fahey, K.A. Hibbard, D.J. Dokken,

B.C. Stewart und T.K. Maycock (Hrsg.): *Climate Science Special Report: Fourth National Climate Assessment,* Volume I. U.S. Global Change Research Program, Washington, DC, USA: 133–160.

Herder, Johann Gottfried von (2017 [1784–1785]): *Ideen zur Philosophie der Geschichte der Menschheit.* CreateSpace Independent Publishing Platform.

IPCC (2013): *Climate Change 2013: The Physical Science Basis. Contribution of Working Group I to the Fifth Assessment Report of the Intergovernmental Panel on Climate Change* [Stocker, T.F., D. Qin, G.-K. Plattner, M. Tignor, S.K. Allen, J. Boschung, A. Nauels, Y. Xia, V. Bex and P.M. Midgley (Hg.)]. Cambridge, New York: Cambridge University Press.

IPCC (2014): *Climate Change 2014 Synthesis Report: Summary for Policymakers. Contribution of Working Groups I, II and III to the Fifth Assessment Report of the Intergovernmental Panel on Climate Change* [Core Writing Team, R.K. Pachauri and L.A. Meyer (Hg.)]. Geneva, Switzerland: IPCC.

Jayanthi, Marappan, Selvasekar Thirumurthy, Muthusamy Samynathan, Muthusamy Duraisamy, Moturi Muralidhar, Jangam Ashokkumar und Koyadan Kizhakkedath Vijayan (2018): »Shoreline change and potential sea level rise impacts in a climate hazardous location in southeast coast of India«, *Environmental Monitoring and Assessment* 190 (1): 51.

Jerolmack, Colin (2015): »Choking on Poverty: Inequality and Environmental Suffering«, *Public Books.* Online unter: http://www.publicbooks.org/nonfiction/choking-on-poverty-inequality-and-environmental-suffering (abgerufen am 22.03.2018).

Jevrejeva, S., A. Matthews und A. Slangen (2017): »The Twentieth-Century Sea Level Budget: Recent Progress and Challenges«, *Surveys in Geophysics* 38 (1): 295–307.

Kelman, Ilan (2017): »Don't blame climate change for the Hurricane Harvey disaster – blame society«, *The Conversation,* August 29.

Klinenberg, Eric (2002): *Heat Wave: A Social Autopsy of Disaster in Chicago.* Chicago, IL: University of Chicago Press.

Klintisch, Eli (2016): »Why did Greenland's Vikings disappear?«, *Science* 10.11.2016. Doi: 10.1126/science.aal0363.

– (2017): »The great Greenland meltdown«, *Science* 23.02.2017. Doi: 10.1126/science.aal0810.

Lamont-Doherty Earth Observatory (2003): »Abrupt Climate Change«. Online unter: http://ocp.ldeo.columbia.edu/res/div/ocp/arch/examples.shtml (abgerufen am 12.03.2018).

Laurent, Eloi (2013): »Inequality as pollution, pollution as inequality: The social-ecological nexus«, Working Paper of the Stanford Center on Poverty and Inequality. Online unter: http://web.stanford.edu/group/scspi/_media/working_papers/laurent_inequality-pollution.pdf (abgerufen am 08.12.2015).

Lehmann, Philipp N. (2015): »Whither Climatology? Brückner's Climate Oscillations, Data Debates, and Dynamic Climatology«, *History of Meteorology* 7: 49–70.

MacGregor, Sherilyn (2010) »›Gender and climate change‹: from impacts to discourses«, *Journal of the Indian Ocean Region* 6 (2): 223–238.

Machin, Amanda und Alexander Ruser (2018): »What Counts in the Politics of Climate Change? Science, Scepticism and Emblematic Numbers«, in: Markus Prutsch (Hrsg.): *Science, Numbers and Politics*. Basingstoke: Palgrave MacMillan [im Erscheinen].

Mahony, Martin und Georgina Endfield (2018): »Climate and colonialism«, *WIREs Climate Change* 9 (2).

Mauelshagen, Franz (2018): »Climate as a Scientific Paradigm—Early History of Climatology to 1800«, in: Sam White, Christian Pfister und Franz Mauelshagen (Hrsg.): *The Palgrave Handbook of Climate History*. Basingstoke: Palgrave Macmillan [im Erscheinen].

Mekhtiev, Arif Sh. und A.K. Gul (1996): »Ecological Problems of the Caspian Sea and Perspectives on Possible Solutions«, in: M.H. Glantz und Igor S. Zonn (Hrsg.): *Scientific, Environmental, and Political Issues in the Circum-Caspian Region*. Dordrecht: Springer.

Müller, Peter K. und Hans von Storch (2004): *Computer modelling in atmospheric and oceanic sciences: Building knowledge*. Berlin, Heidelberg: Springer.

Myers, Samuel S. (2009): »Worldwatch Report #181: Global Environmental Change: The Threat to Human Health«. Online unter: www.worldwatch.org/bookstore/publication/worldwatch-report-181-global-environmental-change-threat-human-health (abgerufen am 12.12.2017).

National Research Council (2005): »Radiative Forcing of Climate Change: Expanding the Concept and Addressing Uncertainties«. Washington D.C.: National Academies Press.

Neumayer, Eric (2000): »In defense of historical accountability for greenhouse gas emissions«, *Ecological economics* 33 (2): 185–192.

NOAA (2017): »State of the Climate: Global Climate Report for November 2017«. Online unter: https://www.ncdc.noaa.gov/sotc/global/201711 (abgerufen am 19.12.2017).

Pielke Sr., Roger, Keith Beven, Guy Brasseur, Jack Calvert, Moustafa Chahine, Russell R. Dickerson, Dara Entekhabi et al. (2009): »Climate Change: The Need to Consider Human Forcings beside greenhouse gases«, *Eos* 90 (45): 413–414.

Plyer, Allison (2016): »Facts for Features: Katrina Impact«, *The Data Centre*. Online unter: www.datacenterresearch.org/data-resources/katrina/facts-for-impact/ (abgerufen am 22.03.2018).

Reiter, Paul (2001): »Climate change and mosquito-borne disease«, *Environmental Health Perspectives* 109 (2001): 141–161.

Rodriguez, Roberto, M. Carmen Llasat und Emilio Rojas (1993): »Evaluation of Climatic Change through Harmonic Analysis«, in: M.I. El-Sabh, T.S. Murty, S. Venkatesh, F. Siccardi und K. Andah (Hrsg.): *Recent Studies in Geophysical Hazards. Advances in Natural and Technological Hazards Research*. Dordrecht: Springer.

Ruddiman, William F. (2008): *Earth's Climate: Past and Future*. New York, Basingstoke: W.H. Freeman and Company.

Ruser, Alexander (2014): »Sociological Quasi-Labs: The Case for Deductive Scenario Development«, *Current Sociology* 63 (2): 170–181

Schor, Juliet (2015): »Climate, Inequality, and the Need for Reframing Climate Policy«, *Review of Radical Political Economics* 47 (4): 525–536.

Sharkey, Patrick (2007): »Survival and Death in New Orleans: An Empirical Look at the Human Impact of Katrina«, *Journal of Black Studies* 37 (4): 482–501.

Steen, Harold K. (1991): *The Beginning of the National Forest System.* Washington, DC: U.S. Department of Agriculture Forest Service.

Stehr, Nico und Hans von Storch (2008): »Der Klimaforscher Eduard Brückner«, in: Nico Stehr und Hans von Storch (Hrsg.): *Eduard Brückner – Die Geschichte unseres Klimas: Klimaschwankungen und Klimafolgen.* Österreichische Beiträge zu Meteorologie und Geophysik, Heft 40: 4–9.

Tedesco, M. et al. (2016): »Greenland Ice Sheet«, in: *Arctic Report Card* 2016. http://www.artic.noaa.gov/Report-Card (abgerufen am 08.02.2019).

Tedesco, M. et al. (2017): »Greenland Ice Sheet«, in: *Arctic Report Card* 2017. http://www.artic.noaa.gov/Report-Card (abgerufen am 05.01.2018).

Terry, Geraldine (2009): »No climate justice without gender justice«, *Gender and Development* 17 (1): 5–18.

Trenberth, Kevin E. (1997): »The Use and Abuse of Climate Models«, *Nature* 386: 131–133

Treuer, Galen, Kenneth Broad und Robert Meyer (2018): »Using simulations to forecast homeowner response to sea level rise in South Florida: Will they stay or will they go?«, *Global Environmental Change* 48 (January 31): 108–118.

Vitousek, Sean, Patrick L. Barnard, Charles H. Fletcher, Neil Frazer, Li Erikson und Curt D. Storlazzi (2017): »Doubling of coastal flooding frequency within decades due to sea-level rise«, *Scientific Reports* 7 (1): 1399.

Wernick, Adam (2017): »Humanity has entered a global warming minefield, climate scientists say«, *Public Radio International*, 04.11.2017. Online unter: www.pri.org/stories/2017-11-04/humanity-has-entered-global-warming-minefield-climate-scientists-say (abgerufen am 04.03.2018).

WHO (2017): »Climate Change and Health«. Online unter: http://www.who.int/mediacentre/factsheets/fs266/en/ (abgerufen am 22.03.2018).

Williamson, Hugh (1770): »An attempt to account for the change of climate, which has been observed in the Middle Colonies in North America«, *Transactions of the American Philosophical Society* 1 (1769): 272–280.

Young, Iris (2006): »Katrina: Too Much Blame, Not Enough Responsibility«, *Dissent* 53 (1): 41–46.

Zillman, John und Steven Sherwood (2017): »The enhanced greenhouse effect«. Australian Academy of Science. Online unter: www.science.org.au/curious/earth-environment/enhanced-greenhouse-effect (abgerufen am 22.10.2017).

4. Klima als Determinante

Und da der Mensch keine unabhängige Substanz ist,
sondern mit allen Elementen der Natur in Verbindung stehet: er lebt vom Hauch der Luft wie von den
verschiedensten Kindern der Erde, den Speisen und
Getränken; er verarbeitet Feuer, wie er das Licht ein-
saugt und die Luft verpestet; wachend und schlafend,
in Ruhe und in Bewegung trägt er zur Veränderung
des Universums bei, und sollte er von demselben nicht
verändert werden?

Johann Gottfried Herder [1784–1785]: 149

In seiner Abhandlung *Ideen zur Philosophie der Geschichte der Menschheit* (1784–1785) entwickelt der deutsche Philosoph Johann Gottfried
Herder (1744–1803) ein Bild von der Interaktion zwischen den Menschen und der Natur, in dem Umweltprozesse und kulturelle Prozesse als
unterschiedlich und doch zusammenhängend begriffen werden. Heute,
in einer Zeit, in der sich die Wissenschaftler damit befassen, wie die Gesellschaft in die Natur eingebunden ist, klingt das sehr aktuell. Es lässt
sich kaum mehr leugnen, wie wir im letzten Kapitel gesehen haben, dass
die Technologien, Lebensweisen und Institutionen der Menschen zu der
»Veränderung des Universums« beitragen, auf die Herder anspielt (Steffen et al. 2018). Zugleich unterliegen die Menschen selber unweigerlich
dem Einfluss der gesellschaftlichen Verhältnisse und der Umweltbedingungen, zu denen sie beitragen. Architektur und Landwirtschaft, Kleidung und Essgewohnheiten sind gewöhnlich auch eine Widerspiegelung
der jeweiligen Klimabedingungen. Aber zu behaupten, die Gesellschaft
werde vom Klima beeinflusst, ist nicht dasselbe wie davon auszugehen,
dass sie ganz und gar von ihm determiniert wird. In der Vergangenheit
war das Verhältnis von Mensch und Natur ein häufig wiederkehren-
des Thema, doch anders als in Herders ausgewogener Sichtweise lag
die Betonung gewöhnlich auf der Abhängigkeit der Einzelnen wie der
Gesellschaft von den natürlichen Bedingungen, nicht zuletzt dem Klima. Diese als Klimadeterminismus bekannte Sichtweise behauptet, dass
das menschliche Handeln grundsätzlich und letztendlich vom Klima *beherrscht* wird (Livingstone 2011).

In den Jahrzehnten nach dem Zweiten Weltkrieg wurde der Klimadeterminismus im Allgemeinen als naive Weltsicht abgetan, und man verwendete wenig intellektuelle Energie auf ihn. Aber in den letzten Jahren erlebt die Idee so etwas wie eine Renaissance (Hulme 2011; Stehr
und von Storch 1997). In seinen frühen wie in seinen späteren Erschei-
nungsformen betont der Klimadeterminismus den Einfluss des Klimas

auf das Leben der Einzelnen wie der sozialen Gemeinschaften und lässt dabei wenig Raum für die Handlungsfähigkeit der Menschen und die Wirkung von gesellschaftlichen Institutionen, ökonomischer Ungleichheit, kulturellen Werten und individuellen Entscheidungen. Nach diesem Verständnis ist das Klima der entscheidende Faktor für, unter anderem, Mordraten (Ranson 2014) und Migrationsmuster (Missirian und Schlenker 2017).

Es gibt aber auch ein paar Unterschiede zwischen den früheren und den heutigen Versionen des Klimadeterminismus: Anfang des zwanzigsten Jahrhunderts konnte das schicksalhafte Wirken eines beherrschenden Klimas sowohl zu Ruin als auch zu Wohlstand führen. Der Einfluss des Klimas war niemals überall auf der Welt gleich. Heute dagegen ist der Ton häufiger zutiefst pessimistisch und von der Sorge über die verheerenden globalen Folgen eines künftigen Klimawandels geprägt. Außerdem wird gewöhnlich davon ausgegangen, dass seine voraussichtlichen Auswirkungen die Gattung Mensch als Ganze treffen werden. Jeffrey Sachs (2012: 258–259) zum Beispiel warnt, dass das Problem von Klimawandel, Wasserknappheit, Ressourcenverknappung und Artenvielfalt »schon innerhalb einer Generation und wahrscheinlich noch viel früher zur größten Herausforderung für den ganzen Planeten werden wird. Die Welt steuert auf den Abgrund zu, während sie an zahllosen ökologischen Fronten die globalen Belastbarkeitsgrenzen überschreitet oder demnächst überschreiten wird.«

Sehr viel ungewöhnlicher sind Stimmen wie die von Ulrich Beck (2017: 55), der darüber spekuliert, ob der Klimawandel nicht auch signifikante positive Folgen für die menschliche Zivilisation haben könnte. Er nennt seine Sicht einen »*emanzipatorischen Katastrophismus*« (Hervorhebung von uns; siehe auch Beck 2015). »Das Momentum der Metamorphose besteht verblüffenderweise gerade darin, dass der feste Glaube an die Gefährdung der gesamten Natur und der Menschheit durch den Klimawandel eine kosmopolitische Wende unserer gegenwärtigen Lebensweise herbeiführen und die Welt zum Besseren ändern kann.« Stimmen wie diese stellen den Klimawandel als eine künftige Weltkatastrophe für eine homogene Menschheit dar (mehr zu dieser problematischen Katastrophenkonstruktion im 5. Kapitel).

Die möglicherweise dramatischen sozialen, ökonomischen und politischen Folgen der im Klimawandel wirksamen Kräfte, die heute bereits sichtbar sind oder es in absehbarer Zukunft sein werden, sind für manche Wissenschaftler ein Anlass, der Frage nachzugehen, ob der radikale Klimadeterminismus nicht doch eine glaubwürdige Auffassung von der »Natur« des Verhältnisses von Klima und Gesellschaft bietet und als solche zu rehabilitieren wäre. Mike Hulme (2011: 247) warnt vor einem »Klima-Reduktionismus«, wie er in einigen der gewagteren Behauptungen von Wissenschaftlern und Politikern in Bezug auf die künftigen

Auswirkungen des menschengemachten Klimawandels zum Ausdruck kommt. Wieder einmal wird der Verlust der menschlichen Handlungsfähigkeit als das entscheidende Ergebnis der Auswirkungen des Klimas auf die Gesellschaft gesehen. Hulme schreibt (2011: 248): »In dieser neuen Stimmungslage, in der das Schicksal vom Klima bestimmt wird, ist die menschliche Hand als Ursache des Klimawandels an die Stelle der Hand Gottes getreten, jetzt ist sie diejenige, die man für den Zusammenbruch von Zivilisationen oder die Heimsuchungen durch Extremwetterlagen verantwortlich macht und die über den neuen Wohlstand der Nationen des 21. Jahrhunderts entscheidet.«

In diesem Kontext eines möglichen Wiederauflebens der Vorstellung von einem schicksalsbestimmenden Klima ist die Beschäftigung mit der nicht unerheblichen Tradition des Klimadeterminismus entscheidend für ein Verständnis wichtiger Schwerpunktsetzungen in unseren Überzeu gungen und Strategien in puncto Erderwärmung. Die enorme Anziehungskraft und Prominenz dieser Tradition ist allein schon interessant genug, aber in einer Zeit, in der der Zusammenhang zwischen Gesellschaft und »Natur« ganz zu Recht neu auf den Prüfstand kommt, ist auch ein sehr genauer Blick auf ihre Schwachstellen und Fehler angesagt. Denn diese Neuüberprüfung lenkt zwar die Aufmerksamkeit wieder auf das Klima, doch gesellschaftliche Werte und Praktiken lassen sich mit einem vereinfachenden reduktionistischen Denken nicht erfassen. In diesem Kapitel können wir nur einen kurzen Überblick geben. Als Erstes vergegenwärtigen wir uns noch einmal den Inhalt der Vorstellungen, Konzeptionen und zentralen Gedanken des Klimadeterminismus zu Beginn des zwanzigsten Jahrhunderts. Dabei konzentrieren wir uns insbesondere auf einen seiner prominentesten Vertreter, den Geografen Ellsworth Huntington (1876–1947). Wir zeigen, dass es beim Klimadeterminismus des frühen zwanzigsten Jahrhunderts, wie ihn Huntington beispielhaft vertritt, eine Reihe von Problemen gibt, und greifen vier davon heraus: Rassismus, zweifelhafte Zusammenhänge, Nicht-Falsifizierbarkeit und Handlungsfähigkeit. Außerdem werden wir einige heutige Behauptungen über die Folgen des Klimawandels für die Zivilisation überprüfen und sie mit den Vorstellungen des klassischen Klimadeterminismus vergleichen. Wir fragen, was die *Wissenschaft* heute dazu bringt, sich wieder auf eine alte Sichtweise einzulassen, sehen den modernen Klimadeterminismus aber nicht notwendig als Fortsetzung seines klassischen Vorgängers.

Zwar weisen wir die Thesen der Klimadeterministen entschieden zurück, bestehen zugleich aber darauf, dass der Einfluss, den das Klima auf die Gesellschaft hat, nicht einfach ignoriert werden sollte. So ist es unserer Meinung nach wichtig, sich das Klima nicht als etwas vorzustellen, das *wirkt* (das heißt, *unmittelbar beherrschend oder entscheidend ist*), sondern als etwas, das *zählt*, und zwar auf mehr als eine Weise. Die

Perspektive »Klima zählt« versucht, zwei Fehlschlüsse zu vermeiden, zu denen es in der Geschichte des Nachdenkens über den Einfluss des Klimas auf die Gesellschaft immer wieder gekommen ist (Hulme 2011): einerseits den Fehlschluss »des ›Klimaindeterminismus‹, bei dem das Klima zu einer bloßen Fußnote des menschlichen Treibens herabgestuft und jeglicher Erklärungsmacht beraubt wird« (Hulme 2011: 246); andererseits den Fehlschluss des Klimadeterminismus, bei dem das Klima schließlich alles ist.

4.1 Klima wirkt?

Jahrhundertelang haben Wissenschaftler, Intellektuelle, Humanisten, Philosophen und Mediziner überall auf der Welt der Annahme, dass Klima wirkt, zusätzliches Gewicht verliehen. Die »Klima *wirkt*«-Vorstellung steht für ein Verständnis, demzufolge im Laufe der Menschheitsgeschichte die Klimaverhältnisse im Besonderen und die Umwelt im allgemeinen einen starken, kausal determinierenden Einfluss auf die menschliche Existenz und den Aufstieg und Fall von Zivilisationen hatten. Außerdem hat der Klimadeterminismus die »Einstellungen zu Arbeitsbedingungen, Rassenbeziehungen, Wohnbaupolitik und der Verwaltung von Kolonialregimen [geprägt], mal im Sinne einer imperialen Denkweise, mal einem kulturellen Pluralismus verpflichtet. Er hat – auf oft widersprüchliche Weise – zu Fragen der menschlichen Anatomie und der Krankheiten des Menschen beigetragen, zu Fragen der psychischen Gesundheit und der Moralphilosophie, der Medizin und der Hygiene, der Akklimatisierung von Pflanzen und Menschen« (Livingstone 2011: 378).

Im Anhang zu diesem Kapitel haben wir eine Liste von angeblichen Klimavariablen und ihren vermeintlichen Effekten zusammengestellt. Es ist eine ziemlich bizarre Liste, deren einzig erkennbare Beschränkung in der Fantasie der entsprechenden Denker zu liegen scheint. Sie reicht von konventionellen Messdaten wie Temperatur, Feuchtigkeit und Windstärke bis zu exotischen Größen wie Magnetstürmen, Ozonkonzentrationen in der Atmosphäre, Zahl der Sonnenflecken oder Mondphasen. Zu den aufgeführten Effekten gehören zum Beispiel Lebenserwartung, Kriminalitätsraten, der Untergang des Römischen Reichs, Tuberkulose, schwankende Aktienkurse, Intelligenz, Zahl der Eheschließungen, politische Revolutionen, Religionskriege, polizeiliche Verhaftungen.

Der Einfluss des Klimas auf Menschen und Gesellschaften hat, wie manche glauben, schon die klassischen griechischen Philosophen Aristoteles und Hippocrates beschäftigt. Tatsächlich taucht das griechische Wort für »Klima«, wie die Forschung des Historikers Franz Mauelshagen (2018) ergab, in ihren Texten jedoch nicht auf und war mit

Sicherheit auch in der antiken Geographie keine meteorologische Kategorie. Somit dürften die ersten und jedenfalls berühmtesten Thesen zum Klimadeterminismus wohl doch erst Jahrhunderte später aufgetaucht sein, nämlich im Werk des französischen Philosophen Baron de Montesquieu (1689–1755) und mit dem berühmten Satz: »l'empire du climat est premier de tous les empires« (siehe Shackleton 1955). In seiner Theorie der Gewaltenteilung (erstmals veröffentlicht 1748) argumentierte Montesquieu, zwar gebe es keine beste Regierungsform, doch müssten die Institutionen und die Justiz eines Staates in Einklang mit den jeweiligen natürlichen Bedingungen und der »Natur« der Menschen stehen. Seine These ist, dass beobachtbare Unterschiede zwischen den Menschen, zum Beispiel religiöse Überzeugungen oder ethnische Unterschiede, ein Ergebnis der unterschiedlichen klimatischen Verhältnisse und nicht der Biologie des Menschen seien. So sei zum Beispiel der Buddhismus ein Produkt des Klimas in Indien: Buddha habe seine Anhänger in einen Zustand äußerster Passivität versetzt, in dem die klimabedingte Trägheit auf die Spitze getrieben wird.

Für Montesquieu wurde der Einfluss des Klimas auf den menschlichen Charakter zum entscheidenden Faktor, mit dem sich verschiedene gesellschaftliche und kulturelle Phänomene wie politische Institutionen, Familienstrukturen oder philosophische Systeme erklären ließen. Seiner Theorie zufolge sind Menschen in kalten Klimazonen geistig und körperlich aktiver als Menschen in warmen Klimazonen. So beschreibt Montesquieu (1799 [1748]: 73) zum Beispiel seine eigenen Beobachtungen von Klimaanfälligkeit:

> »Ich habe die englischen und die italienischen Opern gesehen: es sind dieselben Stücke und dieselben Akteure: aber eine und dieselbe Musik bringt so verschiedene Wirkungen auf die beiden Nationen hervor; die eine ist so ruhig, und die andere so hinreißend, dass es unbegreiflich scheint.«

Zur Zeit der Aufklärung war die Diskussion über die Wirkung des Klimas auf Menschen und Zivilisationen weit verbreitet und vielfältig. Einer der schärfsten Kritiker Montequieus war Voltaire (1694–1778). Seine wichtigste Kritik am Klimadeterminismus lautete, dass man mit ihm nicht den kulturellen Wandel erklären könne, dessen Ursache, so Voltaire, eher im Bereich der Moral zu suchen sei. Der deutsche Philosoph Georg Wilhelm Friedrich Hegel (1770–1831) erklärte, Zonen mit extrem heißem oder kaltem Klima seien der geistigen Freiheit nicht förderlich: »Der wahre Schauplatz für die Weltgeschichte ist daher die gemäßigte Zone [...]« (1986 [1830]: 107). Die großen Enzyklopädien der damaligen Zeit hielten es für erwiesen, dass ethnische Unterschiede ein Ausdruck von Klimaunterschieden waren.

Mit Beginn des neunzehnten Jahrhunderts war die Vorstellung, dass das Klima einen wichtigen oder sogar determinierenden Einfluss auf Menschen und Zivilisationen hat, zur herrschenden Lehrmeinung geworden, so etwa bei dem österreichischen Schriftsteller und Geografen Friedrich Umlauft (1844–1923). In seinem 1891 erschienenen Werk *Das Luftmeer: die Grundzüge der Meteorologie und Klimatologie nach den neuesten Forschungen gemeinfasslich dargestellt*, schreibt Umlauft (1891: 3; 8):

»Und nun erst der Mensch! Da [...] die Erde nicht bloß die Wohnstätte, sondern auch das Erziehungshaus des Menschengeschlechts ist, so müssen wir die Rassen , Nations- und Culturunterschiede zunächst mit den Klimaverhältnissen in Zusammenhang bringen. Wie verschieden fasst zumeist durch das Klima die Natur den Menschen an, den einen, indem sie in überschwenglicher Fülle ihm spendet, was sie zu bieten vermag, zu bequemer Sorglosigkeit verführend, den anderen, indem sie ihn durch die harte Schule der Mühe und Entbehrung zwingt, zur vollen Entfaltung seiner körperlichen und geistigen Kräfte geleitend [...] So steht selbst die Literatur eines Volkes in geheimnisvollem Zusammenhange mit den meteorologischen Elementen des von ihm bewohnten Theiles des Erdballes. Ein Gleiches könnte man hinsichtlich der philosophischen Lehrsysteme nachweisen. So hängt die ganze menschliche Cultur mit den Verhältnissen und Vorgängen des Luftkreises zusammen. Mit Recht sagt daher Peschel, Nordeuropa habe es seinen Regen zu allen Jahreszeiten zu verdanken, dass es der Sitz der höchsten Gesittung wurde, so wie China seinen Sommerregen die hohe Civilisation in früher Zeit.«[1]

Den Höhepunkt seiner Karriere erreichte der Klimadeterminismus als vorherrschende wissenschaftliche Richtung jedoch in den ersten zwei Jahrzehnten des 20. Jahrhunderts, als Naturforscher, Anthropologen, Soziologen, Mediziner und Geografen begannen, einen stärker quantitativ ausgerichteten und daher vermeintlich »wissenschaftlicheren« Ansatz zur Untersuchung der Frage des schicksalhaften Einflusses der natürlichen Umwelt auf die Zivilisationen und die Geschichte der Menschen zu entwickeln (vgl. Glacken 1967).[2]

Die amerikanische Geografin Ellen Churchill Semple zum Beispiel leitete 1911 ihre vielzitierte Studie zum bestimmenden Einfluss der

---

1 Umlauft, Friedrich (1891): *Das Luftmeer. Die Grundzüge der Meteorologie und Klimatologie nach den neuesten Forschungen gemeinfasslich dargestellt*. Leipzig: Hartleben's Verlag, S. 3; 8.

2 Clarence J. Glacken (1909-1989) war Professor of Geography and der University of California, Berkeley. Er ist bekannt für seine *Traces on the Rhodian Shore* (1967), worin er zeigt, wie die menschliche Wahrnehmung der Umwelt jahrtausendelang den Lauf der Geschichte beeinflusste.

natürlichen Umwelt mit der folgenden allgemeinen Erklärung ein (1911: 1–2):

»Der Mensch ist ein Produkt der Erdoberfläche [...] die Erde hat ihn bemuttert, genährt, ihm Aufgaben gestellt, seine Gedanken gesteuert, ihn vor Schwierigkeiten gestellt, die seinen Körper gestärkt und seinen Verstand geschärft haben, ihm seine Navigations- und Bewässerungsprobleme aufgegeben und ihm zugleich Hinweise zu ihrer Lösung zugeflüstert [...] Der Mensch kann so wenig losgelöst von dem Boden, den er bestellt, oder den Ländern, die er bereist, oder den Meeren, auf denen er Handel treibt, wissenschaftlich untersucht werden, wie ein Eisbär oder ein Wüstenkaktus losgelöst von seiner natürlichen Umgebung zu verstehen ist.«[3]

Die Lehre vom Umweltdeterminismus schien eine solide, breite und wissenschaftlich verbürgte Grundlage zu bieten, um als primäres Erklärungsprinzip in Bezug auf die Natur der Interaktion zwischen Umwelt und Menschen zu dienen. Die Behauptung, dass Nordeuropäer, wie Semple schreibt (1911: 620), »tatkräftig, vorausschauend, ernsthaft sind, eher bedächtig als emotional, eher vorsichtig als impulsiv«, erlangte als Lehrmeinung eine Verbindlichkeit, an die wenige Rivalen, falls überhaupt, in den Sozialwissenschaften oder der Öffentlichkeit heranreichten. Dass die günstigen Bedingungen eines »gemäßigten« (das heißt, weder »tropischen« noch »polaren«) Klimas eine Grundvoraussetzung für die Entstehung von Kultur waren, galt schlicht als selbstverständlich.

Das heißt jedoch nicht, dass alle Formen des Klimadeterminismus gleich waren. Semples Lehrer Friedrich Ratzel[4] unterschied in seiner *Völkerkunde* zwischen »Kulturvölkern«, die die »gemäßigten Zonen« bewohnen, und »Wilden« oder »Naturvölkern«, die in Zonen mit extremen klimatischen Verhältnissen leben: «Wir nennen sie kulturarme Völker, weil innere und äußere Verhältnisse sie gehindert haben, so dauerhafte Entwickelungen auf dem Gebiete der Kultur zu vollenden, wie sie Kennzeichen der wahren Kulturvölker und Bürgen des Kulturfortschritts sind« (1885: 13). Er vertrat die Auffassung, dass die

3 Semple (1911: vii) spricht von geographischen Faktoren und Einflüssen, sie »vermeidet den Ausdruck geografische Determinante und spricht auch nur äußerst vorsichtig vom bestimmenden Einfluss der Geografie.«

4 Friedrich Ratzel (1844–1904) war ein deutscher Geograf und Ethnograf, der als erster den Begriff *Lebensraum* in dem Sinne benutzte, in dem er später von den Nationalsozialisten benutzt wurde. Ellen Semple widmete ihr Buch Ratzel und schrieb, dass sie mit Ratzels Erlaubnis seine Ideen zum Umweltdeterminismus für die englischsprachige Welt übernommen habe. Ratzel »kommt das große Verdienst zu, die Anthropogeografie auf eine gesicherte wissenschaftliche Basis gestellt zu haben« (Semple 1911: v).

»Naturvölker« *stärker* durch die physische Umwelt determiniert seien als die »Kulturvölker«, denn: »Die Kultur eines Volkes löst sich, indem es wächst, vom Boden los, auf dem sie sich entfaltet hat, [...]« (1885: 18). Daher seien die Kulturvölker von »einzelnen Zufällen« der Natur weniger abhängig, während die »Naturvölker« »unter dem Naturzwange« lebten (1885: 6).

Die Diskussionen jener Zeit standen unter dem Einfluss »neolamarckistischer« Vorstellungen. Man nahm an, dass bei Menschen, die in ein anderes Klima versetzt wurden, tatsächlich physiologische Veränderungen eintraten und dass die organischen Folgen der Akklimatisierung an die nachfolgenden Generationen vererbt wurden. Der Arzt und Anthropologe Rudolf Virchow (1922 [1885]: 231) zum Beispiel vertrat ein neolamarckistisches Klimaverständnis. Zum Thema Akklimatisierung äußerte er sich in einer Rede vor einer »Naturforscherversammlung« folgendermaßen:

»Es ist bekannt, daß ein Mensch, der aus seinem Vaterland in ein anderes Land kommt, welches wesentlich [...] verschieden ist, wenn er auch vielleicht im ersten Augenblick eine gewisse belebende Auffrischung erfährt, nach kurzer Zeit, meist schon nach wenigen Tagen anfängt, sich etwas unbehaglich zu fühlen, und daß der einiger Tage, Wochen, ja Monate bedarf, um wieder das Gleichgewicht zu finden. Das ist etwas so allgemein Bekanntes, daß jedermann das weiß und erwartet; man setzt voraus, daß jeder, der in ein solches Land kommt und nicht ganz unvorsichtig ist, Vorsichtsmaßregeln gebraucht, um diese Periode zu erleichtern.«[5]

Virchow behauptet, dass sich in dieser Akklimatisierungsphase die menschlichen Organe buchstäblich verändern. Dieser Prozess ist seiner Meinung nach so etwas wie eine dauerhafte Neuausrichtung und kann sogar zu Klimakrankheit führen. Die neu gebildeten, dem Klima angepassten Organe können, so mutmaßt er, zum Dauerzustand und als solche auch durch Vererbung an die Nachkommen weitergegeben werden. Virchow schreibt zu einer Zeit, als die koloniale Expansion auf der politischen Tagesordnung steht. So findet er es bedenklich, dass bei Individuen, die in Weltregionen migrieren, in denen ein ganz anderes als das »heimische« Klima herrscht, die Fruchtbarkeit drastisch und stetig zurückgehen dürfte. Zumindest kurzfristig dürfte die Population der Kolonisatoren unweigerlich abnehmen und sich nur durch einen ständigen Zustrom neuer Individuen aufrechterhalten lassen. Auf lange Sicht kann das Klima jedoch nach Meinung der Neolamarckisten

5 Virchow, Rudolf (1922 [1885]): »Über Akklimatisation«, in: Karl Sudhoff: *Rudolf Virchow und die deutschen Naturforscherversammlungen.* Leipzig: Akademische Verlagsanstalt, S. 222–3.

durch Anpassung und entsprechende Vererbung fast vollständig überwunden werden.

Diejenigen Klimadeterministen dagegen, die von darwinistischen Vorstellungen beeinflusst waren, meinten, dass sich ererbte Klimadispositionen nicht einfach von einer Generation zur nächsten verändern ließen, sondern dass Veränderungen bestenfalls im Laufe eines langfristigen Prozesses der natürlichen Auslese eintreten konnten. Diese Sichtweise betont den »Push-and-Pull-Faktor«, das heißt, dass bestimmte Klimaverhältnisse manche Individuen abstoßen und andere anziehen können. Außerdem würden sich die klimatischen Verhältnisse als überlegen erweisen und kulturelle Praktiken, die nicht mit ihnen in Einklang stehen, verdrängen (vgl. Huntington 1945: 610). Auf lange Sicht, so Ellsworth Huntington (1927: 165), »sind Krankheiten, Scheitern und schrittweise Auslöschung das Los derer, die sich dem Klima nicht anpassen können oder wollen, aber ehe dies geschieht, wandern viele in andere Klimazonen weiter, die ihrer Konstitution, ihrem Temperament, ihrer beruflichen Tätigkeit, ihren Gewohnheiten, ihren Institutionen und ihrem Entwicklungsstand eher entsprechen.«

Mitte des zwanzigsten Jahrhunderts gab es dann kaum noch Forschung zum Klimadeterminismus und seiner Verbreitung. Für die Sozialwissenschaftler spielte die Frage des Einflusses des Klimas auf Menschen und Gesellschaften in der Zeit nach dem Zweiten Weltkrieg kaum noch eine Rolle. Aufgrund seiner geistigen und politischen Nähe zu Rassentheorien und zur Nazi-Ideologie wurde der Klimadeterminismus in der Nachkriegszeit zum Schweigen gebracht und im wissenschaftlichen Diskurs in den Natur- wie in den Sozialwissenschaften weitgehend ignoriert. Klima war nun eher eine Randbedingung als eine Ursache des menschlichen Verhaltens.

Doch heute sieht es ganz so aus, als wäre der Klimadeterminismus wieder stark im Kommen. Daher lohnt es sich, wie wir meinen, den Klimadeterminismus vom Anfang des 20. Jahrhunderts genauer unter die Lupe zu nehmen, um seine fehlerhaften Prämissen zu verstehen. Deshalb möchten wir uns nun dem Werk von Ellsworth Huntington zuwenden, dem vielleicht prominentesten Verfechter des klassischen Klimadeterminismus.

4.2 Ellsworth Huntington

Huntington war Professor für Geographie und forschte und lehrte an der Yale University. 1917 wurde er Präsident der Ecological Society of America, 1923 Präsident der Association of American Geographers, und von 1934 bis 1938 war er Präsident des Board of Directors of the American Eugenics Society. Huntingtons Vorstellungen in Bezug auf das Klima hängen zweifellos auch mit seiner Rolle als Unterstützer und führender Kopf der Eugenik-Bewegung in den Vereinigten Staaten zusammen.[6] So meinte er, dass »die rasche Vermehrung der weniger tauglichen Mitglieder der Rasse eine Gefährdung für die Demokratie selbst« darstellte, und drang auf eine »restriktive Einwanderung in die Vereinigten Staaten« (Martin 1973: xiv). Der Begriff »Eugenik« wurde von dem englischen Anthropologen Francis Galton geprägt, einem Vetter von Charles Darwin, und als »die Wissenschaft [definiert], die sich mit allen Einflüssen befasst, welche die angeborenen Eigenschaften einer Rasse verbessern« (1904: 1). Ihr explizites Ziel war, »die durchschnittliche Qualität unserer Nation zu steigern «, um so »die allgemeine Vitalität des häuslichen, sozialen und politischen Lebens anzuheben« (1904: 3). Die Vertreter dieser »Wissenschaft« sahen sie als einen Weg zur Bekämpfung der angeblich drohenden »Degeneration« der Menschheit durch Emigration und die Ausbreitung des »Schwachsinns« an und befürworteten diverse Formen der Intervention: Zucht, Selektion, Sterilisierung, Ausrottung, Völkermord. Die Eugenik, erklärte Galton, sollte »im Zusammenwirken mit der Natur dafür sorgen, dass die Menschheit von den tauglichsten Rassen repräsentiert wird« (1904: 5). Dementsprechend forderte Henry Fairfield Osborn 1921 in seiner Eröffnungsrede beim Second International Congress of Eugenics seine Zuhörer auf, »sich frisch in die Natur zu vertiefen, um die zerrüttete und in Unordnung geratene Gesellschaft zu heilen [...] um das Schlimmste und das Beste in der Vererbung kennenzulernen; um das Beste zu erhalten und auszulesen« (Osborn 1921: 313). Eugeniker schlugen in aller Form »Rassenhygiene« vor und bestanden auf dem Recht des Staates, »den Charakter und die Integrität der Rasse oder der Rassen zu wahren, von denen seine Zukunft abhängt« (Osborn 1921: 312). Aber unterschiedliche Rassen wurden kaum als gleich betrachtet. In Osborns grotesken Worten:

> »In den Vereinigten Staaten erwachen wir allmählich zu dem Bewusstsein, dass rassische Werte durch Bildung und Umwelt nicht grundlegend verändert werden. Wir ringen hart um den Erhalt unserer historischen republikanischen Institutionen, indem wir denjenigen den Zugang verweigern, die untauglich sind, die Pflichten und Verantwortlichkeiten unserer wohlbegründeten Staatsführung mitzutragen. Der wahre Geist der amerikanischen Demokratie, *dass alle Menschen mit gleichen Rechten und Pflichten geboren werden*, wurde mit dem politischen Trugschluss verwechselt, dass *alle Menschen mit dem gleichen Charakter und mit*

6 Ellsworth Huntington war nicht der einzige bekannte amerikanische Sozialwissenschaftler, der damals die Eugenik als Idee und politische Bewegung unterstützte. Der gefeierte Ökonom Irving Fisher, bekannt als derjenige Wissenschaftler, der als erster ein funktionierendes Modell der Ökonomie entwarf, gründete 1922 die American Eugenics Society, deren erster Präsident er auch war. Verbesserungen der Rasse waren Teil von Fishers ökonomischem Modell (siehe Aldrich 1975; Mitchell 2011: 132–133).

*der gleichen Fähigkeit geboren werden, sich selbst und andere zu regie-
ren,* wie auch mit dem erzieherischen Trugschluss, dass der Nachteil der
Vererbung durch Bildung und Umwelt auszugleichen wäre.

Südamerika
ist gerade dabei, den relativen Wert des reinblütig Spanischen und Por-
tugiesischen und verschiedener Grade der Rassenmischung mit indiani-
schem und negroidem Blut im Hinblick auf den Erhalt ihrer republikanischen Institutionen zu untersuchen« (1921: 312).

Huntington, soviel ist sicher, hatte jedenfalls weder Zweifel an der »geistigen Überlegenheit auf Seiten der weißen Rasse« (Huntington 1924
[1915]: 31) noch daran, dass »noch so viel Ausbildung diesen Unterschied nicht aufheben kann« (1924 [1915]: 35). Aber hieß das auch, dass
eine bestimmte Rasse in jedem beliebigen Klima Erfolg hätte? Oder waren bestimmte Rassen besser geeignet, in dem Klima, dem sie sich angepasst hatten, Erfolg zu haben? Huntington interessierte sich vor allem für die Frage, wie wichtig das Klima – verglichen mit der Rasse und
sonstigen Faktoren – als Determinante für den »Erfolg« einer Zivilisation war.

In seinem Hauptwerk, *Civilization and Climate*, erstmals erschie-
nen 1915 (die dritte Auflage, auf die wir uns hier beziehen, erschien
1924), verteidigt Huntington seine Überzeugung, dass das Klima neben der Rasse als der grundlegende Kausalfaktor anzusehen sei, der
die Geschichte der Menschheit und den Aufstieg und Fall von Zivilisationen bestimmt: »Nicht nur heutzutage, sondern auch in der Vergangenheit gibt es außerhalb der Regionen mit einem hochgradig anregenden Klima keine Nation, die zum höchsten Grad der Zivilisation
aufgestiegen wäre« (1924 [1915]: 365). Wenn irgendwo ein hoher Zivilisationsgrad in Erscheinung tritt, dann sind immer auch bestimmte Klimaeigenschaften gegeben, so seine These (1924 [1915]: 12). Das
Auftreten hoher Zivilisationsgrade in Gegenden, in denen das heutige Klima diese Eigenschaften nicht aufweist, erklärt er damit, dass das
Klima im Laufe der Geschichte geschwankt habe; er beschreibt Klimaschwankungen als ein »durch eine Verlagerung der Klimazonen der
Erde« verursachtes »Pulsieren« (1924 [1915]: 10). Da heißt es dann:
»Klimatisch scheint Griechenland während des größten Teils der Zeit
von 1000 bis 300 v. Chr. in den Genuss ungewöhnlich günstiger Bedingungen gekommen zu sein [...] die die Griechen zu einer hochgra-
digen Entfaltung ihrer körperlichen und geistigen Energie anregten«
(1924 [1915]: 22).

Huntington zufolge bildet »der direkte Stimulus des Klimas« in Verbindung mit einem »aufgrund natürlicher Auslese hochwertigen rassischen Erbe« (1924 [1915]: 28) die Grundlage für den Aufstieg einer
Zivilisation. Doch auch die natürliche Auslese sei letztlich klimatisch
bedingt. So spiele das Klima bei der »auf Auslöschung oder Erhalt

ausgerichteten Auslese bestimmter Menschentypen« eine wichtige Rolle (1924 [1915]: 6). Klimaveränderungen führten zur »Ausmerzung« der geistig und körperlich weniger lebenstüchtigen Typen. Dies liege teilweise daran, dass auch Migrationen dem Einfluss des Klimas unterliegen: »Ein Großteil der historischen Wanderungsbewegungen scheint mehr oder weniger direkt von Klimaschwankungen ausgelöst worden zu sein« (1924 [1915]: 25). Migration selbst sei Teil eines Ausleseprozesses, bei dem »die Schwachen, die Gebrechlichen, die Feigen und die weniger Abenteuerlustigen zusammen mit den weniger Entschlusskräftigen nach und nach ausgemerzt werden« (1924 [1915]: 24). Obwohl also Huntington nicht geradezu behauptet, dass es das eine ideale Klima gebe, und im Gegenteil darlegt, dass »das optimale Klima entsprechend dem Stand der Zivilisation einer Nation variiert und es bei diesem Optimum zweifellos auch Unterschiede zwischen den Rassen gibt« (1924 [1915]: 17), wird am Ende doch alles vom Klima determiniert: »In aller Regel reduziert ein warmes, gleichförmiges und wenig anregendes Klima sowohl durch direkte Einwirkung als auch durch natürliche Auslese die körperliche wie die geistige Aktivität der Menschen, und zwar unabhängig von der Rasse« (1924 [1915]: 55).

Zu Huntingtons empirischen Belegen in diesem Buch gehören Statistiken zur Produktivität von Fabrikarbeitern von 1910 bis 1913 in Connecticut in den Vereinigten Staaten. Huntington verknüpfte die Zahl der von den Fabrikarbeitern monatlich produzierten Stücke mit der durchschnittlichen Außentemperatur und stellte fest, dass die ideale Außentemperatur bei etwa 15 °C lag. Seine Daten zeigen einen leichten Anstieg der »Leistung« der Arbeiter im Januar und einen weiteren konstanten Anstieg, der sein Maximum im Juni erreicht. Im Laufe des Sommers gehen die Zahlen wieder zurück, erreichen aber gegen Ende Oktober erneut ihren Höchststand. Eine ähnliche Methode wurde benutzt, um die geistigen Leistungen von Studenten und Offiziersanwärtern zu analysieren.

Wie also sieht dieses »optimale Klima« genau aus? Die Temperatur ist »das wichtigste Element« (1924 [1915]: 14), aber entscheidend ist auch *Abwechslung* im Klima, denn »bei stets gleichbleibenden Temperaturen arbeiteten die Leute nicht gut« (1924 [1915]: 15). Diese Abwechslung sollte mäßig, aber dennoch »deutlich anregend« sein: »Man unterschätzt, wie wichtig ein abwechslungsreiches Wetter ist, und dies ist einer der Hauptgründe, warum die tiefgreifende Wirkung des Klimas und seiner Veränderungen auch jetzt noch kaum wahrgenommen wird« (1927: 142).

Huntingtons Aufzählung der Bedingungen für das Zustandekommen jenes Klimas, das für die Gesundheit, den Fortschritt und die Energie der Menschen am besten ist, umfasst daher mehr als nur einen Faktor; vielmehr listet er eine Vielzahl von klimatischen, saisonalen und

Wetterbedingungen auf, die gleichzeitig gegeben sein sollten: erstens, ein
»einigermaßen deutlicher Unterschied zwischen Sommer und Winter«,
mit einer Durchschnittstemperatur von 18 °C im Sommer und 4 °C im
Winter; zweitens, Regen zu allen Jahreszeiten, was »nicht Dauerregen
heißt, sondern genug Regen für eine jederzeit mäßige Luftfeuchtigkeit«;
drittens, »dauernde, aber nicht übermäßige Abwechslung des Wetters«
(1927: 141).
   Zur Verdeutlichung seiner Argumente erstellte Huntington in seinem
Buch The Human Habitat (1927) zwei Karten (Abb. 4a). Die erste ist
eine »Klima/Energie«-Weltkarte auf Basis der an zirka 1.100 Wettersta-
tionen rund um die Welt gemessenen Durchschnittstemperaturen. Die
zweite zeigt den »Zivilisationsgrad« der Weltregionen. Diese Zivilisationsgrade wurden auf Basis einer Umfrage unter 50 Wissenschaftlern aus
15 Ländern ermittelt. Da beide Weltkarten ähnlich ausfallen, sind sie für
Huntington der »Beweis«, dass das Klima einen entscheidenden Einfluss
auf die Entwicklung von Zivilisation und Kultur in verschiedenen Weltregionen hat und weiter haben wird. Als Ergebnis dieser »Schlussfolge-
rung« ist das anregendste Klima in Europa »erwiesenermaßen« in den
Städten zu finden, die in einem Rechteck mit den Eckpunkten Liverpool,
Kopenhagen, Berlin und Paris liegen. Für das beste Klima auf dem nordamerikanischen Kontinent gibt es eine Reihe von Kandidaten, zum Beispiel der pazifische Nordwesten (Seattle, Vancouver), New Hampshire
in den Neuenglandstaaten, und New York City; aber auch Neuseeland
und Teile von Australien haben ein gutes Klima.
   Eine verblüffende Zusammenstellung von Statistiken, die Ellsworth
Huntington benutzt, um belastbare empirische »Belege« für seine These
zu erhalten, sind die Ausleihzahlen von 28 öffentlichen Büchereien in den
Vereinigten Staaten und Kanada.[7] Denn Bibliotheksstatistiken, so meint
er, »bieten ein riesiges Materiallager für eine Untersuchung der geistigen
Aktivität« (1945: 345). Huntington fasst die Bibliotheken zu vier Kategorien zusammen, und zwar nach dem Breitengrad. In den sechs am
weitesten nördlich gelegenen Bibliotheken macht der Anteil der Sachbü-
cher an den Ausleihen 55,2% aus, in den acht am weitesten südlich gelegenen Städten dagegen nur 28,9%. Für Huntington sind diese Zahlen
ein Beleg dafür, dass es »einen stetigen Anstieg von 29 Prozent in den am
weitesten südlich gelegenen Städten zu 55 Prozent in den am weitesten
nördlich gelegenen Städten gibt«. Aber in den beiden dazwischenliegen-
den Gruppen betragen die Prozentsätze der Sachbuchausleihen ebenfalls
mehr als 50% (51,3% und 53,5%). Das stellt nicht gerade einen »stetigen Anstieg« dar. Huntington scheint gar nicht auf die Idee zu kommen,

---

7   Genauer gesagt, gewichtete Durchschnitte der Ausleihen in den Bereichen
    Literatur und Sachbücher, meist über einen Zeitraum von zwanzig Jahren
    (1920–1939).

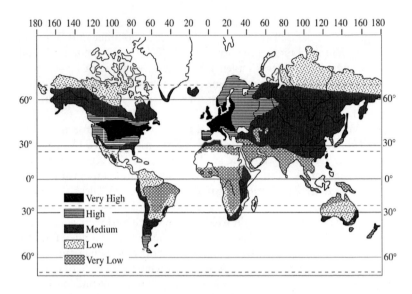

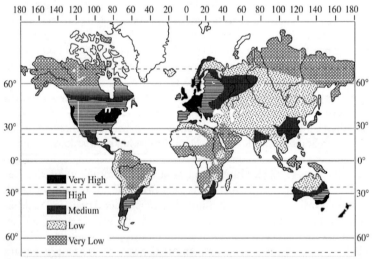

Abb. 4a: Zwei für Ellsworth Huntingtons Sichtweise und Analyse zentrale Diagramme. Oben: Weltweite Verteilung der Energie der Menschen, abgeleitet von den Klimaverhältnissen. Unten: Weltweite Verteilung des Zivilisationsgrades, abgeleitet von einer Befragung von internationalen Experten. Beide Weltkarten fallen ähnlich aus – für Huntington der Beweis, dass das Klima einen entscheidenden Einfluss auf die Entwicklung von Zivilisation und Kultur in verschiedenen Weltregionen hat und weiter haben wird.

dass für diese eine abweichende Gruppe eine andere Variable (statt des Breitengrads) und eine andere (und bei weitem überzeugendere) Erklärung relevant sein könnten (Korrelation ist nicht gleich Kausalzusammenhang, wie jeder Wissenschaftler weiß). Huntington hat seine Beobachtungen zum determinierenden Einfluss des Klimas immer wieder ins Feld geführt. Zum Beispiel tauchen seine Aussagen zur Bedeutung des Klimas für die Entstehung der Sklaverei in den Südstaaten der USA über vier Jahrzehnte hinweg immer wieder in seinen diversen Schriften auf. Solche Aussagen gewinnen durch Wiederholung oder durch den Einfluss derer, die sie wiederholen, an Glaubwürdigkeit und gehen schließlich in das Alltagsdenken ein. Für Huntington galt: »Einstweilen hat nichts, was der Mensch tun kann, irgendeine spürbare Wirkung auf das Wetter, das sich von Tag zu Tag und Jahreszeit zu Jahreszeit ändert, oder auf das Klima mit seinem Wechsel von Temperatur, Feuchtigkeit und Windstärke. Andererseits *weiß jeder,* dass Gefühle, Gesundheit und Aktivität des Menschen extrem wetter- und klimaabhängig sind« (Huntington 1945: 249, Hervorhebung von uns). Und: »Die praktische Vernunft und das wissenschaftliche Temperament der Nordvölker [...] sind allgemein anerkannt« (1945: 344).

Heute könnte Ellsworth Huntingtons (1927: 138) unermüdliches Eintreten für die These, dass »das Klima die Grundierung für die menschliche Leinwand abgibt«, extrem oder bequem oder sogar amüsant erscheinen (Le Roy Ladurie 1988 [1967]: 24). Aber zu seiner Zeit war sein Werk für Politiker wie für die Öffentlichkeit ungeheuer wichtig und lohnt daher auch eine genauere Kritik.

4.3 Klimadeterminismus: eine Kritik

Es gibt eine ganze Reihe wichtiger, detaillierter und überzeugender Kritiken des Klimadeterminismus (Livingstone 2002; Meyer 2000; Hulme 2011). Wir möchten hier lediglich vier problematische Punkte herausgreifen, die wir für generelle Merkmale der Texte der Klimadeterministen vom Anfang des zwanzigsten Jahrhunderts halten.

1. Erstens, diese Theorien benutzen das Klima, um einen »Anderen« zu konstruieren. Dabei fällt auf, dass sich verschiedene Autoren zwar einig sind, was den außerordentlichen Einfluss des Klimas auf die Angelegenheiten der Menschen angeht, aber uneinig in Bezug auf die spezifischen Attribute und die geografischen Grenzen, in denen sie ihrer Meinung nach zu finden sind, was inhaltlich oft zu vollkommen gegensätzlichen Thesen führt. Huntington zum Beispiel betont die klimabedingten Unterschiede zwischen den nördlichen und den südlichen Bewohnern der meisten Länder, während Leroy-Beaulieu (1893: 139–144) überzeugt ist, dass es erkennbare charakterliche Ähnlichkeiten zwischen

Nord- und Südeuropäern gibt, weil die Bevölkerungen beider Regionen extremen klimatischen Verhältnissen ausgesetzt sind. Unstimmigkeiten dieser Art machen deutlich, wie fragwürdig die Thesen dieser Autoren sind. Spekulationen über die Macht des Klimas werden zum kaum verschleierten Ersatz für individuelle Überzeugungen und Vorurteile; es ist so wenig überraschend wie vollkommen offensichtlich, dass »jeder Autor die Doktrin so auslegte, dass sein eigenes Land die Norm für das gemäßigte Klima abgab« (House 1929: 17). Der britische Geograf Charles Brooks (aus Südostengland) behauptet dann, dass »Südostengland wahrscheinlich das beste Klima hat« (1951: 30); Leroy-Beaulieu (ein Europäer) spricht von dem »großen Segen der europäischen Natur« (1893: 8). Und Huntington (aus den Vereinigten Staaten) zählt Teile der Vereinigten Staaten neben England zu den Regionen, die dem »Idealklima« am nächsten kommen (1924 [1915]: 22). Und so weiter.

Aber solche Theorien sind nicht bloß lachhaft; sie sind auch eindeutig rassistisch. Sie haben nicht nur einer eurozentrischen Rekonstruktion der menschlichen Geschichte Vorschub geleistet, sie haben auch behauptet, dass sich der künftige Verlauf der Weltgeschichte notwendig innerhalb ihres Bezugssystems entfalten muss, und sie haben die rassischen Kategorien, die sie voraussetzen, allererst konstruiert. Der Klimadeterminismus hat Hilfestellung bei der Entwicklung eines allgemeinen ideologischen Bezugsrahmens geleistet, in dem die rassische Identität dem Klima zugeschrieben wird und bestimmte Rassen »von Natur aus« leistungsfähiger sind. Dominante Gesellschaften werden damit erklärt, dass sie klimatisch günstige Regionen (mit einem überlegenen »gemäßigten« Klima) bewohnen, während »Barbaren« und »unzivilisierte« Menschen natürlich in klimatisch benachteiligten Regionen leben (»Tropen« und »Polarregionen«). Brooks behauptet, dass in Gebieten mit hohen Temperaturen und hoher Luftfeuchtigkeit »die Eingeborenen-Populationen wenig Energie und Initiative an den Tag legen und weiße Einwanderer ihre Leistungsfähigkeit ohne Rückzug in ein kühleres, anregenderes Klima nicht viele Jahre lang aufrechterhalten können« Brooks 1951: 20). Nicht viel anders schreibt Robert DeCourcy Ward: »In einem kräftezehrenden und enervierenden Klima [...] mangelt es ganz allgemein am Entwicklungswillen, und das betrifft sowohl die Tropenbewohner selbst als auch die Ressourcen der Tropen. Ein freiwilliges Voranschreiten zu einer höheren Zivilisation ist vernünftigerweise nicht zu erwarten« (1908: 227). Leroy-Beaulieu erklärt in seinem Russlandbuch, wie die extreme Kälte dieser Region »physisch und moralisch zu einer gewissen Trägheit disponiert, zu einer Art Passivität von Geist und Seele« (1893: 141).

Mit diesen Theorien wird ein »Anderer« konstruiert: der »Wilde«, der naturnäher, schlichter und eher träge ist, Produkt wie Opfer seiner Umwelt. Dieser »Andere« hat im eigenen Leben wie in der eigenen Gesellschaft wenig Energie und wenig Handlungsmacht. David N.

Livingstone macht auf eine immer noch bestehende Neigung aufmerksam, das Klima *moralisch* zu deuten und »Klimaverhältnisse als Vehikel für den Transport einer Ladung westlicher Moral zu benutzen« (2002: 162). Er erklärt, warum sich die Neigung, die »gemäßigte« Welt gegen das »tropische Andere« auszuspielen, so hartnäckig hält (2002: 160). Der Klimadeterminismus hat demnach eine Tendenz, »den Anderen« zu konstruieren, der vom Klima sowohl *anders* als auch *stärker* determiniert wird, und zugleich weniger fähig ist, dem etwas entgegenzusetzen.

2. Ein weiteres Problem ist, dass diese Hypothesen nicht *falsifizierbar* sind. Die Theorie des Klimadeterminismus lässt sich schlicht nicht »widerlegen«. Huntington räumt zum Beispiel ein, dass es »Hochkultur« auch unter anderen Klimabedingungen gegeben hat. Aber er tut die scheinbare Widerlegung seiner Theorie einfach mit dem Argument ab, dabei handele es sich um bloße Anomalien: »Eine Zeit lang scheinen die Klimaeffekte überwunden, setzen sich aber zu gegebener Zeit wieder durch« (1924 [1915]: 367). Er vertieft sich in verschiedene Karten der Vereinigten Staaten und entdeckt eine Reihe von Abweichungen vom Grundmuster des Klimadeterminismus, kommt aber dennoch zu dem Schluss, dass alle Karten eigentlich dieselben Grundmerkmale aufweisen und dass »die Ähnlichkeiten zu stark und zu weit verbreitet sind, um zufällig zu sein« (1945: 24).

Auf diese Weise bestätigt Huntington immer wieder, dass das Klima die einzig »reale« und wirklich unabhängige Variable in der Gleichung ist. Und wo andere Faktoren dennoch relevant zu sein scheinen, argumentiert er, auch sie würden vom Klima determiniert. Auf diese Weise wird seine Grundhypothese, dass »soziale und ökonomische Systeme überall die Tendenz haben, sich an die geografische Umwelt und an die Beschäftigungen anzupassen, die in einer bestimmten Umwelt entsprechend dem jeweiligen Stand des menschlichen Fortschritts ihr Überleben sichern« (1945: 280), zugleich vorausgesetzt und konstruiert. »Klima«, schreibt Huntington, »wirkt nicht nur direkt, sondern auch vermittelt über Boden, Vegetation, Tiere, Ernährungsweise, Kleidung, Wohnverhältnisse, Krankheit und andere Faktoren« (1945: 281). Ähnlich argumentiert DeCourcy Ward: »Das Klima ist nur eine von vielen Einflussgrößen, wenn auch eine äußerst wichtige, denn es bestimmt weitgehend die Beschaffenheit vieler anderer Faktoren, etwa Ernährung, Sitten und Gebräuche und Beschäftigungen« (1908: 223). Das heißt, dass alles zum direkt wie indirekt wirkenden Klima zurückführt. Die Theorie kann nicht *widerlegt* werden, sie kann nicht falsifiziert werden, und eine Theorie, die nicht falsifizierbar ist, ist laut Karl Popper unwissenschaftlich (1935: 12–13).

3. Weiter fällt auf, dass in diesen Theorien jede *Korrelation* zwischen dem Klima und einem gesellschaftlichen Phänomen einfach und fälschlich als Beweis für einen *Kausalzusammenhang* genommen wird.

Huntington zum Beispiel behauptet, dass es zwischen den Anträgen auf Berichtigung eines Patents und den jahreszeitlichen Temperaturen einen Kausalzusammenhang gibt: die Zahl der Anträge ist am größten im Frühjahr und geht im Sommer zurück (1945: 348–9). Die Daten, meint er, »vermitteln ein besonders verlässliches Bild der saisonalen Schwankungen der geistigen Aktivität« (349). Diese Behauptung ist in keiner Weise überzeugend, aber selbst wenn sie einleuchtender wäre, wäre noch nicht bewiesen, dass hier ein Kausal- und kein Scheinzusammenhang besteht. Die Korrelation könnte Zufall sein, oder es könnte eine andere intervenierende Variable geben, die er nicht in Betracht gezogen hat (etwa dass Menschen im Sommer gern Ferien machen), oder es könnte eben, drittens, eine Verwechslung von Korrelation und Kausalzusammenhang vorliegen.

4. Ein letztes, gefährliches und schädliches Merkmal des Klimadeterminismus ist seine reduktive Eliminierung der menschlichen Handlungsfähigkeit. Diese Theorien vermitteln den Eindruck, dass es gar nicht mehr darauf ankommt, inwieweit Menschen selbstbestimmt Entscheidungen fällen können, und dass Geschichte nicht mehr das Ergebnis menschlicher Subjektivität und Aktivität ist. Jegliche Handlungsfähigkeit im Sinne menschlichen Entscheidens und Verhaltens wird ausgemerzt, und an ihre Stelle tritt die vollkommene Abhängigkeit von Faktoren, auf die die Menschen weder als Einzelne noch als Gesellschaft irgendeinen Einfluss haben. Die Menschen werden dargestellt, als seien sie »vollkommen passiv« und könnten »auf Umweltphänomene oder ereignisse, die ihnen widerfahren, nur reagieren bzw. sie über sich ergehen lassen« (Franck 1984: 423). Eine solche Einstellung kann ein Festhalten am Status quo begünstigen: um der Umwelt willen, heißt es dann, muss die bestehende Gesellschaftsordnung einfach so bleiben, wie sie ist. Die politischen Autoritäten werden von ihrer Verantwortung im Umgang mit Umweltkrisen oder -risiken freigesprochen. Was diese Ordnung schwächt oder gegen diese Regeln verstößt, kann dann als Gefährdung oder gar Zerstörung der »natürlichen« Lebensbedingungen und Ressourcen der Gesellschaft beschrieben werden.

Grundlage des Klimadeterminismus ist eine problematische reduktive Sichtweise; das heißt, eine Sichtweise, die auf dem endgültigen Einfluss des Klimas auf alle Eigenschaften und Erscheinungen einer bestimmten Situation besteht und die Möglichkeit verneint, dass irgendwelche anderen Aspekte der Situation in irgendeiner Form Erklärungskraft haben könnten. Hier »wirkt« das Klima, indem es voll und ganz über die besonderen Merkmale von Gesellschaften entscheidet. Nach Meinung der Deterministen übt das Klima unerbittlich und unentrinnbar seine Macht über die Menschen aus: »Wetter und Klima beherrschen nicht nur unser Leben, sondern auch die Energie, mit der wir es leben« (Brooks 1951: 11).

Dieser Annahme zufolge ist das Klima für ein breites Spektrum von menschlichen Eigenschaften und gesellschaftlichen Strukturen in den verschiedenen Regionen des Erdballs verantwortlich. Innerhalb dieser klimagesteuerten Gesellschaften herrscht dann jeweils, wie man weiter anzunehmen scheint, eine fast vollkommene Unparteilichkeit und Gleichheit. Soziale und kulturelle Faktoren scheinen bei der Verteilung der mit dem Klima verbundenen Vorteile, Risiken und Kosten und deshalb auch bei der Verteilung der dem Klima zugeschriebenen Geschicke der Menschen fast nie eine Rolle zu spielen. Die Ungleichverteilung von Macht und Kapital, die nach dem Verständnis der Soziologen Grundlage wie Ergebnis von Ungleichheit und Stratifizierung ist, wird schlicht ignoriert. Das Klima, so scheint es, macht keine Unterschiede. Aber dieses scheinbar nicht-selektive, unmittelbare Eingehen des Klimas in die Mentalitäten und sein scheinbar direkter Ausdruck in kulturellen Formen und sozialen Strukturen macht aus dem Klimadeterminismus eine höchst unrealistische Beschreibung der Interaktion zwischen Natur und Gesellschaft.

Um es noch einmal zu sagen, wir bestreiten nicht, dass Umweltbedingungen, etwa die Verfügbarkeit von natürlichen Ressourcen oder Wetterschwankungen, das menschliche Verhalten beeinflussen, und sei es auch nur als Ergebnis bestimmter gesellschaftlicher Rekonstruktionen dieser Merkmale als einschränkende bzw. ermöglichende Bedingungen des sozialen Verhaltens; aber dass sie einschränkend bzw. ermöglichend auf das menschliche Verhalten einwirken, heißt nicht notwendig, dass sie es auch *determinieren*. Möglichkeiten und Risiken variieren historisch in ihren Auswirkungen, diese Auswirkungen sind stratifiziert, und als Kräfte, die das soziale Verhalten bestimmen, können sie mal unbedeutend, mal kritisch sein.

4.4 Klimadeterminismus: eine Renaissance?

Die Rolle eines destabilisierten Klimas für die Destabilisierung der Gesellschaft hat in der akademischen und wissenschaftlichen Welt und auf allen Gebieten und Ebenen der politischen Steuerung enormen Widerhall gefunden. Wissenschaftler, Politiker und die Öffentlichkeit machen sich zu Recht Sorgen über die gesellschaftlichen Folgen des Klimawandels. Aber das Gefühl der Dringlichkeit hat offenbar dazu geführt, dass es in der derzeitigen Klimaforschung zu einer bemerkenswerten Renaissance des Klimadeterminismus gekommen ist (siehe Hulme 2011).

Das Wiederaufleben des Klimadeterminismus markiert eine Abkehr von den Tendenzen der Nachkriegswissenschaft. In den Sozialwissenschaften wurden physikalische, biologische und Umweltfaktoren meist bewusst ausgeblendet. Einer der Gründe dafür ist, wie Karen Franck

(1984) bemerkt, dass den Sozialwissenschaften immer noch das »Gespenst« des Determinismus im Nacken saß und sie davon abhielt, der physischen Umwelt einen wie auch immer gearteten Einfluss zuzuschreiben. Auch könnten sie von bestimmten ideologischen und normativen Annahmen ausgegangen sein, nach denen der Aufbruch zu fortschrittlichen modernen Gesellschaften und wünschenswerten Lebensbedingungen auch eine weitgehende Emanzipation von dem unmittelbaren Einfluss und der Abhängigkeit von Umweltbedingungen bedeutete. Der Erfolg, den die Sozialwissenschaftler im Allgemeinen mit ihrer Zurückweisung jeglicher Bezugnahme auf »natürliche Prozesse« hatten (außer vielleicht im allerdiffusesten Sinne eines unbedeutenden Hintergrundrauschens), fand zudem jahrzehntelang Unterstützung durch die in den Naturwissenschaften vorherrschende Annahme, dass sich die Natur in einem dauerhaften Gleichgewichtszustand befindet. Aber in bedeutenden Teilen der Naturwissenschaften verliert der Begriff »Natur« zunehmend seinen statischen Charakter. Statt als »geschlossenes System« wird sie nun als etwas beschrieben, das nicht nur veränderlich und dynamisch ist, sondern auch menschlichen Eingriffen unterliegt. Das bedeutet, dass bei vielen Diskussionen in Wissenschaft und Politik die Wechselbeziehung von Gesellschaft und Natur jetzt wieder im Vordergrund steht und dass die Sozialwissenschaften gezwungen sind, ihr eigenes Verhältnis zu den natürlichen Phänomenen und ihr Verständnis dieser Phänomene neu zu überdenken.

Wo sind diese Tendenzen zu einem neuen »Klimadeterminismus« zu beobachten? Es gibt inzwischen eine umfangreiche Literatur zur Einschätzung der Auswirkungen von steigenden Temperaturen auf die Gesundheit der Menschen (Deschenes 2014) und auf die Landwirtschaft (Schlenker und Roberts 2009). Wir möchten uns jedoch in diesem Abschnitt auf zwei besondere Aspekte der Gesellschaft konzentrieren, für die der angebliche Klimadeterminismus in besonderem Maße gilt: Wirtschaftstätigkeit und gesellschaftspolitische Konflikte.

Erstens, die spezifischen Auswirkungen einer wärmeren Welt werden im Hinblick auf die künftige Wirtschaftstätigkeit betrachtet. So ist die Sorge weitverbreitet, dass der Klimawandel einen signifikanten Einfluss auf die globale Wirtschaftsleistung haben wird (Diamond 1997; World Bank 2008; Sachs 2001). Aber es besteht ein bedeutender Unterschied zwischen der Vorstellung, dass das Klima *zählt*, und der Behauptung, dass es einen unaufhaltsamen Einfluss auf die Gesellschaft hat. Einige neuere Analysen vor allem von Wirtschaftswissenschaftlern nähern sich dieser Behauptung bedenklich an. Joshua Graff Zivin und Matthew Neidell (2014) zum Beispiel meinen, dass das Wetter eine wichtige Rolle für die Grenzproduktivität der Arbeit spielt. Höhere Temperaturen, erklären sie, können »Unbehagen, Ermüdung und sogar einer Beeinträchtigung der kognitiven Fähigkeiten« (2014: 1) verursachen und daher vor allem in klimaanfälligen Industrien wie Landwirtschaft, Bau und Produktion zu Veränderungen der für die Arbeit vorgesehenen Zeit führen. Zwar schreiben sie auch, dass »sich aufgrund unseres auf Temperaturschocks basierenden Materials Verhaltensänderungen, zu denen es als Reaktion auf die eher allmählichen und systemischen Temperaturänderungen kommen könnte, wie sie beim Klimawandel zu erwarten sind, nicht adäquat beschreiben lassen« (Graff Zivin und Neidell 2014: 23). Doch die vermutete Fülle der (nicht-rationalen) menschlichen Reaktionen und die sonstigen Faktoren, die sie beeinflussen könnten, werden nicht untersucht oder auch nur erwähnt. Ihre Ergebnisse gelten, wie sie selbst zugeben, nur auf kurze Sicht und berücksichtigen nicht den längerfristigen Wandel.

Ein weiteres Beispiel ist eine neuere Studie, die die »auffallende Abhängigkeit der wirtschaftlichen Entwicklung von der geografischen Breite« untersucht oder, mit anderen Worten, die augenfällige Tatsache: »Je weiter man sich vom Äquator entfernt, und zwar in beiden Richtungen, desto höher wird das Pro-Kopf-Einkommen« (Andersen, Dalgaar und Selaya 2016). Diese Studie behauptet, dass die Ultraviolettstrahlung (UV-Strahlung) – ein starkes Korrelat der absoluten Breite – auch stark mit Einkommen und Erkrankungsraten korreliert. Der dabei veranschlagte Mechanismus ist, dass mit zunehmender UV-Strahlung die Häufigkeit von Augenkrankheiten zunimmt, die die Sehfähigkeit beeinträchtigen, was einen Einfluss auf die Lebenserwartung und insofern auch auf den mit dem Einkommen irgendwie zusammenhängenden »demografischen Übergang« hat. Weder die problematischen Annahmen, die der Beobachtung dieses angeblich ursächlichen Verlaufs zugrunde liegen, noch andere und möglicherweise wichtigere gesellschaftliche Faktoren wie koloniales Erbe und weltweit ungleich verteilte Machtverhältnisse werden gründlich geprüft.

Zweitens, es gibt einen wachsenden Bereich der Forschung, der die Beziehungen zwischen Klima und politischen Konflikten untersucht. Hsiang und Burke zum Beispiel »finden übereinstimmende Belege für einen kausalen Zusammenhang zwischen Klimaveränderungen und diversen Konfliktfolgen, und zwar in räumlichen Maßstäben, die von einzelnen Gebäuden bis zur ganzen Welt reichen, und auf Zeitskalen von einer anomalen Stunde bis zu einem anomalen Jahrtausend« (2014: 39; siehe auch Hsiang, Meng und Cane 2011 und Burke et al. 2009). Burke, Hsiang und Miguel (2015: 610) kommen zu dem Schluss, dass »der menschengemachte Klimawandel im Vergleich zu einer Welt ohne Klimawandel das Potential hat, zu einem weltweiten Anstieg von Gewaltverbrechen, Bürgerkriegen und politischer Instabilität zu führen.« Der Ausbruch des Syrienkonflikts zum Beispiel wird oft mit einer mehrjährigen Dürre in der Region in Verbindung gebracht (siehe Selby 2014).

Eine historische Analyse bieten Murat Iyigun und Kollegen (2017), die rückblickend den Effekt der Abkühlung auf Konflikte in Europa,

Nordafrika und dem Mittleren Osten in der Zeit von 1400 bis 1900 analysieren. Die Autoren meinen nachweisen zu können, dass Abkühlung vor allem auf lange Sicht mit einer Zunahme der Konflikte einhergeht. Es gebe zahlreiche historische Belege dafür, dass »die aufgrund der Abkühlung sinkende landwirtschaftliche Produktivität zu Konflikten unterschiedlicher Art geführt hat. Es gibt Beispiele von Bauernaufständen in Hungerzeiten« (Iyigun et al. 2017: 11). Manche Autoren stellen jedoch einen genau gegenteiligen Zusammenhang fest: Salehyan und Hendrix (2014: 239) zum Beispiel meinen in ihrer Fallstudie zur Wasserknappheit, dass es »gute Gründe für die Annahme gibt, dass Wasserknappheit einen Befriedungseffekt auf bewaffnete Konflikte haben könnte und dass es in Zeiten mit vergleichsweise besseren agroklimatischen Bedingungen häufiger zu gewaltsamen politischen Konflikten kommen sollte«. Von 1970 bis 2006 sei die Korrelation zwischen politischen Konflikten und Wasserreichtum stärker als die Korrelation mit ungünstigen Umweltbedingungen. Die Wahrscheinlichkeit von politischen Konflikten sei also *größer* und nicht geringer, wenn existentielle Grundbedürfnisse erfüllt sind.

Auffällig ist jedoch, dass der Mechanismus, der diesen scheinbaren Korrelationen zugrunde liegt, unklar bleibt (Hsiang und Burke 2014) und dass auch die methodologischen Überlegungen nicht sehr weit gehen (vgl. Ide 2017). Hinzu kommt, dass diese Forschung unter einem »streetlight effect« leidet (»Straßenlampeneffekt«): »Wenn die Belege für einen Kausalzusammenhang zwischen Klima und gewaltsamen Konflikten nur aus Ausnahmefällen bestehen, in denen gewaltsame Konflikte ausgebrochen sind und sich auch das Klima irgendwie geändert hat, dann kann das ungleich häufigere und dauerhaftere Fortbestehen friedlicher Verhältnisse unter sich verändernden klimatischen Bedingungen (in benachbarten Gesellschaften) so nicht erklärt werden« (Adams et al. 2018).

Andere Kritiker haben auf die problematischen zeitlichen und räumlichen Annahmen und die allzu simplen Vorstellungen sowohl von politischen Konflikten als auch von den Phänomenen des Klimawandels aufmerksam gemacht (Selby 2014). Die »Klima-Konflikt-Problematik« ignoriert die Rolle von soziopolitischen Institutionen, Machtverhältnissen und ökonomischer Ausbeutung (Selby 2014: 19). Eine Analyse kommt sogar zu dem Schluss: »Unsere Ergebnisse deuten darauf hin, dass eine Reform der Politik der afrikanischen Regierungen und der Geberländer dringend notwendig ist, um mit steigenden Temperaturen fertig zu werden« (Burke et al. 2009). In dieser Darstellung tauchen andere Institutionen und größere Zusammenhänge gar nicht erst auf.

Diese auf das 21. Jahrhundert zugeschnittene Version des Klimadeterminismus soll nun im nächsten Abschnitt im Vergleich zu früheren Versionen betrachtet werden.

4.5 Klimadeterminismus: ein Vergleich

Hegel und Marx könnten uns daran erinnern, dass soziohistorische Entwicklungen selten einen radikalen Bruch mit der Vergangenheit bedeuten, bei dem alte Tendenzen völlig verschwinden und wie aus dem Nichts vollkommen neue entstehen (Dahrendorf 1957: 27). Wir könnten sagen, dass der Klimadeterminismus des 21. Jahrhunderts über den klassischen Klimadeterminismus *hinausgeht*: einige Elemente der früheren Versionen werden fallengelassen, andere beibehalten. Auffällig ist dabei jedoch, dass die heutigen Untersuchungen gewöhnlich keinen Bezug auf den klassischen Klimadeterminismus nehmen.[8]

Natürlich ist der gesellschaftliche, politische, ökonomische und wissenschaftliche Kontext des heutigen Klimadeterminismus anders als zu der Zeit, als der klassische Klimadeterminismus seine Blütezeit erlebte und auf so große Resonanz stieß: ein Kontext, der vom Kolonialismus und einem anderen wissenschaftlichen Verständnis von Klima und Klimawandel geprägt war. Dagegen entwickelt sich der heutige Klimadeterminismus vor dem Hintergrund einer großen Beunruhigung angesichts der ungeheuren Ausmaße der potentiellen Folgen des Klimawandels und der generellen Dürftigkeit der Reaktionen auf diese potentiellen Folgen, vor allem auf der Nordhalbkugel.

Wie die Auswirkungen eines veränderten Klimas genau aussehen werden, bleibt, wie wir im 3. Kapitel genauer dargestellt haben, ungewiss und umstritten. Dennoch kann man wohl davon ausgehen, dass sich der menschengemachte Klimawandel signifikant, wenn auch ungleich, auf die Lebensbedingungen rund um den Erdball auswirken wird – sowohl in der Zukunft als auch in der Gegenwart. Extremwetterereignisse wie Hitzewellen, Dürreperioden und Waldbrände sind angeblich die »neue Normalität«; wobei »Normalität« hier eigentlich gerade heißt, dass es *keine* »Normalität« mehr gibt.[9] Wissenschaftler sprechen vom »Treibhaus Erde« (Steffen et al. 2018). Weltweit waren die Jahre 2016, 2017, 2015 und 2014 die vier wärmsten Jahre, die jemals gemessen wurden, und zwar in dieser Reihenfolge (siehe NOAA 2018). Deshalb, heißt es, werde der Klimawandel – ganz im Sinne des Klimadeterminismus – einen signifikanten Einfluss auf die Gesellschaften haben. Die Frage sei, wie stark einzelne Menschen und gesellschaftliche Institutionen *vermittelnd* auf diesen Einfluss einwirken können. So stellt etwa eine neuere

---

8   So enthält zum Beispiel Clarence Glackens (1967) *Traces on the Rhodian Shore* mit seiner eingehenden Untersuchung von Natur und Kultur im westlichen Denken keinerlei Hinweise auf die Ideen seines Kollegen, des Geografen Ellsworth Huntington.

9   Siehe: https://www.cbsnews.com/news/are-devastating-wildfires-a-new-normal-its-actually-worse-than-that-climate-scientist-says/ (abgerufen am 21.01.2019).

Studie fest: »Was die Wirtschafts- und Sozialleistung angeht, ist das Klima eindeutig nicht der einzige, aber doch ein zentraler Faktor, wie neue quantitative Messungen zeigen, oft mit Folgen erster Ordnung« (Carleton und Hsiang 2016).

In der Scientific Community und auch weit darüber hinaus sind viele Menschen bestürzt, dass so wenig getan wird, um auf diese besorgniserregenden Entwicklungen zu reagieren (siehe Rich 2018). Das wird uns im 6. Kapitel noch näher beschäftigen. Öffentlichkeit und Regierungen scheinen nicht gewillt oder nicht in der Lage zu sein, angemessene politische Maßnahmen zu ergreifen (siehe Marshall 2014). Selbst das Pariser Abkommen von 2015, das weithin als historischer Meilenstein und Ausdruck eines allgemeinen Konsenses in Bezug auf die Bedrohung durch den menschengemachten Klimawandel betrachtet wird, ist nicht bindend und nicht einklagbar. Ziel des Abkommens ist die Begrenzung der Erderwärmung auf zwei Grad Celsius; die Chance, dies beim derzeitigen Stand der Emissionen zu erreichen, wird auf eins zu zwanzig geschätzt (Raftery et al. 2017).

James Hansen, Wissenschaftler bei der NASA, vertritt die These, dass das Pariser Abkommen nur eines festhält, nämlich Einigkeit darüber, dass es ein Problem gibt, und nicht etwa darüber, was dagegen zu tun wäre, und meint in einem vor kurzem veröffentlichten Interview mit *The Guardian*, dass »die Welt angesichts der zunehmenden Gefahren ›kläglich‹ versagt«.[10] Daraus spricht eine Dringlichkeit, die sich auf die möglichen Langzeitfolgen bezieht. Und doch scheinen sich die Institutionen in freiheitlichen demokratischen Staaten vor der Dringlichkeit der häufigen und rasch wechselnden »Ereignisse« eher wegzuducken, was ihnen durch Verfassungsnormen, die relativ kurze Legislaturperioden und damit ebenso kurze Zeitrahmen vorschreiben, noch leichter gemacht wird.

Könnte es sein, dass die Überbetonung der drastischen und determinierenden Natur des Klimawandels gerade diesem Gefühl der Dringlichkeit und der damit einhergehenden Frustration geschuldet ist? Werden die Versionen des modernen Klimadeterminismus, die auf eben diese Unzulänglichkeit des »business as usual« aufmerksam machen wollen, vielleicht für berechtigt gehalten, weil sie einer guten Sache dienen? Möglich wäre auch, dass Anreize innerhalb der Scientific Community selbst ein Beweggrund für den neuen Klimadeterminismus sind. Die Suche nach Belegen dafür, dass es einen menschengemachten Klimawandel gibt, ist weitgehend abgeschlossen. Könnte es sein, dass die Bemühungen um eine Untersuchung des Spektrums der Veränderungen, die auf den Klimawandel zurückzuführen sind, zu dem Neuland geworden sind, in das die Klimaforscher jetzt vorstoßen müssen?

Heutige Narrative des Klimadeterminismus versuchen nicht, die Menschen nach dem Klima zu unterscheiden. Stattdessen erklären sie die ganze Menschheit unterschiedslos zu Opfern und Tätern zugleich und werfen sie in den einen Topf einer »die Zivilisation in ihren Grundfesten erschütternden« Katastrophe.[11] »Niemand von uns ist unschuldig, niemand von uns ist sicher«, schreibt Roy Scranton (2018). Scranton drängt auf eine radikale Wende hin zu weniger umweltzerstörerischen Lebensweisen. Vielfach wird die Menschheit in der Position einer Gattung dargestellt, die zusammen unter dem Chaos und der Verwüstung leidet, die über den Planeten hereinbrechen, und also zusammen handeln muss, um ihn zu retten. Soziale Ungleichheiten und Machtverhältnisse spielen in dieser Beschreibung keine große Rolle. Während sich also Darstellungen wie die von Huntington auf das *vergangene* Klima als Determinante gegenwärtiger sozialer Unterschiede berufen, berufen sich heutige Narrative auf das *künftige* Klima, um diese zu verwischen: das Bild der Menschheit wird auf dem Hintergrund des verheerenden Klimawandels von morgen entworfen, und alles andere wird weggelassen.

Und dennoch, trotz dieser Unterschiede leiden auch diese neuen Versionen des Klimadeterminismus unter den vier problematischen Tendenzen, die in Teil 4.3 behandelt wurden. Es spricht einiges dafür, dass der heutige Klimadeterminismus genauso reduktiv ist, genauso wenig Raum für menschliche Handlungsfähigkeit lässt, genauso schwer zu falsifizieren ist und sich genauso der Verwechslung von Korrelation und Kausalzusammenhang schuldig macht wie sein Vorgänger. Und auch hier wieder stellt sich die Frage, wie ein solcher Determinismus den »Anderen« konstruiert: gewiss arbeiten diese Theorien nicht mit rassischen Kategorien, aber sie konstruieren bestimmte Gruppen als hilflose Flüchtlinge oder schuldige Gewalttäter, denen in Bezug auf ihre Rolle in der sozialen Unordnung kaum eine Wahl bleibt, denn, so sagt man uns, »veränderte Umweltbedingungen verursachen psychischen Stress, der mitunter zu aggressivem Verhalten führt« (Hsiang, Meng und Cane 2011). Selby meint, tendenziell würden Stereotypen von verarmten, auf der Südhalbkugel lebenden Opfern und Unruhestiftern reproduziert (2014: 19).

Jede simple Extrapolation von der Vergangenheit in die Zukunft und vom Klima(wandel) in die Gesellschaft vernachlässigt komplexe Verläufe und Wechselbeziehungen und muss daher infrage gestellt werden. Wie William Meyer schreibt: »Welche Rolle der Klimawandel spielt, wird ebenso wie die Bedeutung der gleichbleibenden Aspekte des Klimas immer davon abhängen, wie sich eine Gesellschaft entwickelt hat und weiter entwickelt« (Meyer 2000: 213).

---

11   Siehe: https://www.theguardian.com/environment/2018/jun/19/james-hansen-nasa-scientist-climate-change-warning (abgerufen am 21.01.2019).

4.6 Schluss: Klima zählt

Die heutigen Sozialwissenschaften haben größtenteils die verführerische Einfachheit der meisten Formen von Umweltdeterminismus und biologischem Determinismus erfolgreich vermieden. Die Geschichte der Sozialwissenschaften im letzten Jahrhundert ließe sich als Abwehr der diversen Formen des Determinismus und als erfolgreiche Beschränkung der Mainstream-Sozialwissenschaften auf gesellschaftliche, politische, ökonomische oder kulturelle Prozesse beschreiben. Das durch gesellschaftliches Handeln (vor allem durch die Aneignung von Ressourcen) mehr oder weniger stark veränderte Ökosystem bleibt eine der wichtigsten materiellen Bedingungen und Beschränkungen für das Verhalten der Menschen. Aber der Verweis auf die Relevanz von Umweltaspekten in der komplexen Dynamik einer Gesellschaft ist nicht dasselbe wie die Behauptung, dass das Klima über das Geschick dieser Gesellschaft entscheidet. Der Begriff der Natur im sozialwissenschaftlichen Diskurs muss auf eine Weise neu gedacht werden, die die Fallstricke eines wie auch immer gearteten reduktionistischen Klimadeterminismus vermeidet.

Dank neuer natur- wie sozialwissenschaftlicher Erkenntnisse ist die Natur dabei, von einem Neben- zu einem Hauptthema zu werden: »Klima zählt« immer mehr. Aber die Umwelt bloß als *Thema* in den sozialwissenschaftlichen Diskurs einzubringen, genügt nicht. Die Disziplin der Umweltsoziologie zum Beispiel war von Anfang an und noch bis vor kurzem bemüht, Umweltbedingungen in den sozialwissenschaftlichen Diskurs zurückzuholen (Grundmann, Rhomberg und Stehr 2012). Aber das war im Großen und Ganzen vor allem ein Appell, ökologische Themen in die Gesellschaftstheorie zu integrieren und dadurch anzuerkennen, dass die Gesellschaft die Umwelt beeinflusst. Dabei wird die Umwelt als ein externes Problem konstituiert, das über bestehende gesellschaftliche, politische und ökonomische Institutionen angegangen werden kann. Die Umwelt wird immer noch *außerhalb* der Gesellschaft verortet; die Binnenstruktur der Gesellschaft gerät durch die Umweltprobleme nicht aus dem Gleichgewicht, und zudem spielt die Gesellschaft selbst bei der Konstruktion dieser Probleme keine Rolle. Aber es gibt auch viele Stimmen aus verschiedenen Disziplinen, die deutlich machen, dass ihrem Verständnis nach Klima und Gesellschaft einander nicht äußerlich sind; dass die »Umwelt« nicht als bloße Begrenzung oder Bedingung der Gesellschaft wahrgenommen werden sollte, sondern als etwas, das selber gesellschaftlich bedingt ist. Geografen, Anthropologen, Kulturanalytiker, Ethnografen, Philosophen haben, wie Noel Castree und Bruce Braun im Vorwort zu ihrem Buch *Social Nature* (2001) schreiben, allesamt dazu beigetragen, der »Idee, dass Natur gesellschaftlich ist«, Geltung zu verschaffen und mit der Annahme aufzuräumen, dass das Natürliche und das Gesellschaftliche zwei getrennte Bereiche sind. Denn nicht nur ist das, was wir für »natürlich« halten, das Ergebnis einer *physischen* Transformation durch die Gesellschaft, wie Anhänger der Anthropozän-Diagnose deutlich machen (siehe das 1. Kapitel), sondern die Kategorie »Natur« selbst ist ein ideologisches gesellschaftliches Konstrukt. Was als »natürlich« verstanden wird, hängt vom jeweiligen kulturellen und gesellschaftlichen Kontext ab. Damit wird nicht die höchst reale Existenz von Eisbergen und Gewittern bestritten, sondern lediglich darauf hingewiesen, dass ihre Zuordnung als »natürlich« vom gesellschaftlichen Diskurs abhängt. Sind die neuen Gattungen, die infolge des Klimawandels entstehen, gänzlich natürlich oder doch auch irgendwie »gesellschaftlich«? Können wir *uns selbst* als Mitglieder der Gattung Mensch außerhalb der Natur stellen? Die Vorstellung, dass es zwischen den Menschen und der natürlichen Welt irgendeine Diskontinuität gibt, ist, wie Anna Peterson (2001) bemerkt, charakteristisch für westliche Kulturen, aber keineswegs eine universelle Position. Außerhalb der westlichen Welt gibt es viele Alternativen zu der Idee von der »Ausnahmestellung des Menschen«. Wie der Zusammenhang von »Natur« und »Mensch« konzipiert wird, hat selber große Bedeutung für ethische Systeme und kulturelle Praktiken (Peterson 2001).

Die Betonung dieses Zusammenhangs erinnert uns daran, dass die »Natur«, wie auch immer man sie begreift, die Gesellschaft formt, von der sie betrachtet und konstruiert wird: »Während die Menschen die Umwelten bauen, in denen wir leben, arbeiten, beten und spielen, formen diese Umwelten ihrerseits das Verständnis, das wir von uns selber haben« (Gabrielson und Parady 2010: 381). Mit anderen Worten, wir sollten uns davor hüten, bei unserer Abwendung vom Klimadeterminismus ins Gegenteil zu verfallen. »Sozialkonstruktivistische« Erklärungen kehren den Determinismus auf allzu simple Weise um, indem sie Klima auf Kultur reduzieren. Hier wird die Natur selber als kulturelles Gebilde betrachtet: für Sozialkonstruktivisten »ist das Einzige, was nicht ›natürlich‹ ist, die Natur selbst« (Soper 1995: 7). Aber man kann, wie Kate Soper (1995) betont, den Verlockungen sowohl des Naturalismus als auch des Konstruktivismus durchaus widerstehen: man kann bestreiten, dass die »Natur« eine ganz und gar objektive Macht ist, ohne sie deshalb völlig auf Ideologie zu reduzieren.

Wir schlagen eine Verschiebung vor: weg von der Voraussetzung, dass »Klima wirkt«, und hin zu der Vorstellung, dass »Klima zählt«. Zu dieser Verschiebung gehört eine entschiedene Weigerung, uns auf die verführerische Schlichtheit des Klimadeterminismus und seiner Konstruktion der »Andersheit« einzulassen, auf seine Nicht-Falsifizierbarkeit, seine Verwechslung von Korrelation und Kausalzusammenhang und seine verheerende Leugnung der menschlichen Handlungsfähigkeit. Zu ihr gehört zugleich aber auch die Anerkennung der Verflechtungen von Klima und Gesellschaft. Das Klima beeinflusst eindeutig unsere gesellschaftliche Realität und unseren kulturellen Horizont.

Unserer Meinung nach werden die Zusammenhänge zwischen dem natürlichen Klima und der gesellschaftlichen Realität vor allem in der Art und Weise deutlich, wie die Gesellschaft auf Klimaextreme reagiert. Klimaextreme sind in der Gesellschaft institutionalisiert und in sie integriert, zum Beispiel in Form eines breiten Spektrums von Mythen, Ideologien, Geschichten, Technologien, Regelungen und Organisationen. Ein so offensichtliches wie überzeugendes Beispiel sind die schützenden Deiche, die an Flüssen und Meeren gebaut werden, und die Gesetze und Vorschriften, die ihren Bau, ihren Erhalt und ihre Nutzung regeln. Auch durch die Art, wie sich Behausungen und Kleidung entwickeln, geht das Klima partiell in das gesellschaftliche Gefüge ein. Diese Artefakte stellen Reaktionen auf das Klima dar und sind gewissermaßen »Porträts« der Begegnungen von Gesellschaft und Klima. Aber diese Bemühungen und Technologien beeinflussen ihrerseits die gesellschaftlichen Interaktionen mit dem Klimasystem.

Nehmen wir als Beispiel die modernen Verkehrsmittel. Verkehrsmittel werden benutzt, um offene Räume miteinander zu verbinden und Waren, Informationen und Menschen zu befördern, und dieser Transport findet in vertrauten und engen geschlossenen Räumen statt, die vor unerwünschten klimatischen Bedingungen abschirmen. Dennoch haben sich die klimatischen Bedingungen, denen wir uns entziehen möchten, diesen Gehäusen eingeprägt. Mit der wachsenden Bedeutungslosigkeit von Zeit und Entfernung in einer sich globalisierenden Welt wächst auch der Einfluss, den Extreme auf die Konstruktion derartiger Artefakte haben. Paradoxerweise verlieren wir diese Extreme aus dem Blick; das Klima wird nahezu unsichtbar. Aber solche klima-indifferenten Verkehrsmittel setzen auch die Treibhausgase frei, die zum Klimawandel beitragen. So demonstriert das Klima seine »Realität« in dem sozialen Verhalten, in dem es verstanden und durch das es konditioniert wird. Das Klima zählt für die Gesellschaften, die partiell in es eingebunden sind.

So formuliert Wilhelm Lauer (1981: 5): »Das Klima ist für die Gestaltung des Schauplatzes, auf dem sich das menschliche Dasein [...] abspielt, tatsächlich von Bedeutung, denn es [...] setzt Grenzen für das, was auf der Erde geschehen kann, allerdings nicht, was geschieht oder geschehen wird. Das Klima stellt allenfalls Probleme, die der Mensch zu lösen hat. Ob er sie löst, und wie er sie löst, ist seiner Phantasie, seinem Willen, seiner gestaltenden Aktivität überlassen.« Uns geht es jedoch darum, deutlich zu machen, dass diese gestaltenden Aktivitäten bis auf das tief verwurzelte Verständnis von Gesellschaft, Menschheit und Kultur durchschlagen und dass die Lösungen, die zur Bewältigung von Klimaproblemen entwickelt werden, unvorhergesehene Rückwirkungen auf den Nexus von Gesellschaft und Natur haben können. Das Klima zählt, so viel ist sicher, aber wie dieses Zählen genau aussieht, muss noch viel genauer erforscht werden.

Anhang:

Die Wirkungskraft des Klimas – Vergangenheit und Zukunft.
Eine Bestandsaufnahme

Diese Bestandsaufnahme versammelt eine lange Reihe der vergangenen
wie gegenwärtigen gesellschaftlichen Phänomene, die angeblich kausal
mit dem Klima zusammenhängen:

Kriminalität / Arbeitsvermögen / Geisteskrankheit / Kultur / gesellschaftliche Ideale / Alkoholismus / Reinlichkeit / Energie / Lesen / Religion /
psychologische Einstellungen / Konflikt / Löhne / Intelligenz / Ungleichheit / Lebenserwartung / Eifersucht / Aberglaube / Geistestätigkeit / körperliche Betätigung / Verhaftungen / Bürgerkrieg / Revolutionen / Temperament / Sparsamkeit / Technologie / Krankheiten / Unehrlichkeit /
Selbstbeherrschung / Gesundheit / Selbstmord / wissenschaftliche Forschung / Kommunikation / Unmoral / Sklaverei / Prostitution / Wirtschaftstätigkeit / Migration / Unruhen / Dummheit / Tötungsdelikte /
Physiologie / Zivilisationen

Aberglaube: (z.B. Huntington 1924: 297)
Alkoholismus: (Semple 1911: 626)
Arbeitsvermögen: (»Gesundheitliche Unterschiede lassen auf entsprechende
Unterschiede der Arbeitslust wie auch der tatsächlichen Arbeitsfähigkeit
schließen. Vitale Menschen ziehen Arbeit dem Müßiggang vor. Der Wille,
über das erforderliche Maß hinaus zu arbeiten, ist besonders wichtig in
Krisen wie zum Beispiel Kriegen, Überschwemmungen oder sonstigen Katastrophen. Er ist einer der Hauptfaktoren, die Menschen dazu bringen,
Erfindungen zu machen, neue Länder zu erforschen, wissenschaftliche Experimente durchzuführen, Reformen anzustoßen und Kunstwerke, Literatur und Musik hervorzubringen« – Huntington 1945: 238; »Ein heißes
Klima, vor allem wenn es noch dazu feucht ist, dämpft die Arbeitslust der
Menschen. Das ermuntert die klügeren Leute, sich ihren Lebensunterhalt
mit so wenig körperlichem Einsatz wie möglich zu sichern. Ihr Beispiel
begünstigt die Ausbreitung eines Gesellschaftssystems, in dem harte Arbeit als plebejisch gilt« – Huntington 1945: 276; »der größte gesellschaftliche Einfluss [des Klimas] dürfte seine Wirkung auf die Arbeitslust sein«
– Huntington 1945: 282; Graff Zivin & Neidell 2014: 2; Andersen, Dalgaard & Selaya 2016; Burke et. al. 2009)
Energie: (Die »Map of Climatic Energy« (»Klima/Energie-Karte«) in Huntington und Cushing 1921, S. 255, Abb. 85, zeigt, wie »die menschliche Energie verteilt wäre, wenn sie ganz und gar vom Klima abhin-
ge«; dargestellt werden die »kombinierten Wirkungen vom Temperatur,
Feuchtigkeit, Jahreszeiten und Unwettern auf Gesundheit und Energie«

– Huntington 1927: 145; »Die Energie und der Fortschritt der führenden
Länder der Welt ist dem stetig wiederkehrenden physiologischen Stimulus geschuldet, der mit dem Wechsel der Jahreszeiten einhergeht« – Huntington 1945: 319).

Fruchtbarkeit: (Virchow 1922 [1885]: 231; der Reproduktionszyklus »variiert je nach Klima«; »Im Norden der Vereinigten Staaten und in Westeuropa liegt das Geburtenmaximum normalerweise im März oder April,
das der Zeugung also im Juni oder Juli. In den heißen Klimazonen ver-
schiebt sich das Maximum auf frühere Monate, in den kälteren Zonen
auf spätere Monate« – Huntington 1945: 273–274; Andersen, Dalgaard
& Selaya 2016)

Geisteskrankheit: (»Menschen, die unausgeglichen, willensschwach, sexbe-
sessen oder auf sonstige Weise abnormal sind, sind zu dieser Zeit [im
Juni] dem physischen Stimulus, der bei normalen Menschen die Gesundheit und die Reproduktionskraft eher fördert, nicht gewachsen« – Huntington 1945: 365)

Gesellschaftliche Normen und Ideale: (»Die unterschiedliche Arbeitslust hatte viel mit der Entwicklung unterschiedlicher gesellschaftlicher Ideale in
diesen Teilen der Vereinigten Staaten zu tun. In den Nordstaaten war eine
erfolgreiche Familie diejenige, in der alle hart und intelligent arbeiteten.
Harte Arbeit war und ist die höchste Tugend, trotz anderer Tendenzen. In
den Südstaaten war die Vor-Bürgerkriegs-Familie eine, die körperliche Arbeit mied und zugleich gut lebte. Dieses System favorisierte die Sklaverei
und stigmatisierte die manuelle Arbeit. Eine aristokratische Gesellschaft
war fast unvermeidlich, weil die geistige Fähigkeit, sich durch Sklavenarbeit eines gutes Leben zu verschaffen, seltener ist als die körperlichen
Fähigkeiten, die im Norden so wichtig waren« – Huntington 1945: 280)

Gesundheit: Gesundheitliche Auswirkungen des Klimas gehören zu den am
häufigsten genannten. (»Islands Klima ist nicht gesund, aber anregend« -
Huntington 1924: 289; »die geografische Verteilung von Gesundheit und
Vitalität hängt weitgehend vom Zusammenwirken von klimatischen und
kulturellen Bedingungen ab« – Huntington 1945: 240; »in den Vereinigten Staaten sind im Herbst gezeugte und im Sommer geborene Kinder besonders zahlreich und weisen den geringsten Prozentsatz an Geburtsfeh-
lern auf« – Huntington 1945: 319; »die Resistenz von Kleinkindern [...]
gegen Erkrankungen des Verdauungsapparats variiert offenbar mit ihrem
Alter auf eine Weise, die auf eine angeborene Anpassung an eine bestimmte Art Klima schließen lässt. Auch die Resistenz bestimmter Menschen,
und vor allem von Frauen im gebärfähigen Alter, gegen Erkrankungen im
Spätwinter legt diesen Schluss nahe« – Huntington 1945: 610; Graff Zivin & Neidell 2014: 24; Obradovich et. al. 2017)

Intelligenz: (»Menschen der hohen Breiten sind im Großen und Ganzen
stärker verstandesbetont als Menschen der niederen Breiten« – Huntington 1945: 367)

Körperliche Betätigung: (»Physische Spannkraft ist eine Grundvoraussetzung für menschlichen Fortschritt [...] Es braucht Spannkraft, damit

Menschen ohne übermäßige Ermüdung hart arbeiten können und noch Kraftreserven für Notfälle haben. Besonders wichtig ist sie zur Stärkung der geistigen Aktivität und des klaren Denkens« – Huntington 1945: 237;»Physische Spannkraft ist eine der wichtigsten Faktoren für die Entwicklung der Zivilisation« – Huntington 1945: 275; die »optimale Temperatur hängt von den Bedingungen ab, unter denen der Mensch die Entwicklungsschritte vollzogen hat, die ihm seine gegenwärtige Anpassung an das Klima ermöglichten« – Huntington 1945: 273; »bei Temperaturen über dem Optimum kommt es leicht zu Erschöpfung, die Arbeitslust schwindet, und man fühlt sich am wohlsten, wenn man so wenig wie möglich tut. Bei Temperaturen unter dem Optimum wird die Arbeitslust angeregt, teils weil einem durch körperliche Betätigung wärmer wird, teils weil es mit ein wenig Erfindungsgabe viele Möglichkeiten gibt, sich künstlich warm zu halten« – Huntington 1945: 275); zu klimabedingten Veränderungen von Freizeitaktivitäten, die im Freien stattfinden, siehe Grall Zivin & Neidel 2014)

Kommunikation: (in ihrer Abhängigkeit von günstigen klimatischen Bedingungen, z.B. Huntington 1924: 300)

Konflikt: (»Studien, die am ehesten in der Lage sind, nachprüfbare Kausalzusammenhänge festzustellen, legen überwiegend den Schluss nahe, dass Konflikte und gesellschaftliche Instabilität eng mit Klimaanomalien zusammenhängen. Darüberhinaus gibt es immer mehr Literatur, die deutlich macht, dass der Einfluss des Klimas auf die Sicherheit für historische Zeiten ebenso gilt wie für die Moderne, sich für Populationen in aller Welt verallgemeinern lässt, sich aus raschen ebenso wie allmählichen Klimaereignissen ergeben kann und Konflikte aller Typen und Größenordnungen betrifft« – Hsiang & Burke 2013: 52; Hsiang, Meng & Cane 2011: 438; Burke, Hsiang & Miguel 2015; Iyigun, Nunn & Qian 2017; Beine & Parsons 2017)

- *Bürgerkrieg*: (in den Vereinigten Staaten: »In all diesen Bereichen waren klimatische Gegensätze der Wegbereiter des Bürgerkriegs« – Huntington 1945: 280; Burke et. al. 2009; Iyigun, Nunn & Qian 2017)
- *Revolutionen*: (»In der Welt insgesamt nimmt bei Hitzewetter und in heißen Ländern die Tendenz zu mangelnder Selbstbeherrschung in der Politik, in sexuellen Beziehungen und in vielen anderen Zusammenhängen deutlich zu. Das ist zwar nicht der einzige Grund, warum politische Revolutionen in den niederen Breiten so häufig sind, muss aber doch eine Rolle spielen« – Huntington 1945: 365; Iyigun, Nunn & Qian 2017)
- *Unruhen*: (»Das Wetter als treibender Faktor für Unruhen wurde bislang vernachlässigt. Dennoch scheint eine Übereinstimmung mit der Verteilung von Unruhen [in Indien] vorzuliegen«; »es fällt auf, dass in den Vereinigten Staaten Negerunruhen meist bei ungewöhnlich heißem Wetter ausbrechen« – Huntington 1945: 362, 364); »Bohlken and Sergenti (2010) und Sarsons (2011) stellen für Indien in den letzten Jahrzehnten des 20. Jahrhunderts einen Zusammenhang zwischen

sinkenden Niederschlagsmengen und einem steigenden Risiko von Hindu-Moslem-Unruhen fest« – Hsiang & Burke 2014: 50; Burke, Hsiang & Miguel 2015)

Krankheiten: (Der Einfluss des Klimas auf die Gesundheit wird von vielen Klimadeterministen betont, wenn auch vielleicht auf eine eher oberflächliche und weniger konsequente Weise – siehe unten – als die nachdrücklichere Behauptung, dass Infektionskrankheiten der einen oder anderen Art durch klimatische Bedingungen entweder begünstigt oder unterdrückt werden: »Ohne Zweifel verändert das Klima viele physiologische Prozesse bei Individuen wie bei ganzen Völkern und bewirkt, dass sie gegen manche Arten von Krankheiten immun und für andere anfällig sind« – Semple 1911: 608; Andersen, Dalgaard & Selaya 2016)

Kriminalität: (Huntington 1945: 365–367; eine moderne Version dieser These findet sich bei Ranson (2014), der behauptet, dass es aufgrund des *Klimawandels* in den Vereinigten Staaten von 2010 bis 2090 zusätzlich 22.000 Morde 180.000 Vergewaltigungen und 1,2 Millionen Fälle von schwerer Körperverletzung geben wird; siehe Burke et. al. (2009); Cohen & Gonzalez 2018)

- *Sexualverbrechen*: (Huntington 1945: 365)
- *Tötungsdelikte*: (»Tötungsdelikte stehen sowohl geographisch als auch saisonal in einer signifikanten Beziehung zur Temperatur [...] saisonal wie geographisch steigen die Raten, wenn das Wetter wärmer wird [...] warmes Wetter geht offenbar mit verminderter Selbstbeherrschung einher. Außerdem steigt mit ihm die Unlust zu dauerhafter Anstrengung. Mangelnde Selbstbeherrschung ist einer der wichtigsten Auslöser für Mord. Arbeitsunlust ist einer der wichtigsten Faktoren für eine laxe Einstellung der Öffentlichkeit in puncto Gesetzestreue« – Huntington 1945:232; siehe auch Burke, Hsiang & Miguel 2015)

Kultur: (»Das Klima [...] hat auch einen Einfluss auf das Tempo und die Grenzen der kulturellen Entwicklung. Es bestimmt zum Teil die lokalen Rohstoffvorkommen, mit denen der Mensch dann arbeiten muss, und von daher auch die meisten seiner nachgeordneten Aktivitäten, sofern sie nicht mit Bodenschätzen zu tun haben. Es entscheidet über die Art seiner Nahrung, seiner Kleidung und seiner Behausung und letztlich über seine Kultur« – Semple 1911: 609; »die gemäßigten Zonen des Nordens sind die herausragenden Kulturzonen der Erde« – Semple 1911: 634; »Saisonale kulturelle Schwankungen scheinen eng mit physiologischen Bedingungen zusammenzuhängen und sich in der Reproduktion und im Arbeitstempo zu manifestieren« - Huntington 1945: 319).

Lebenserwartung: (»Der Juni ist, wie wir gesehen haben, eine gute Zeit, in der vor allem in Westeuropa die Gesundheit gut und die Zahl der Zeugungen am höchsten ist. Kinder, die zu dieser Zeit oder kurz davor gezeugt werden, leben länger und werden eher Herausragendes leisten als Kinder, die zu irgendeiner anderen Zeit gezeugt werden« – Huntington 1945: 365); auch Huntington 1945: 610; »Die Körpertemperaturen steigen [in der heißen Zone], wobei die Anfälligkeit für Krankheiten und die Sterblichkeitsrate in einem Maße zunehmen, das für die weiße Kolonisierung nichts Gutes verheißt« – Semple 1911: 626; Iyigun, Nunn & Qian 2017)

Lesen: (Huntington 1945: 391)

Migration: (»Die Frage der Akklimatisierung von Menschen aus den Tropen in den gemäßigten Zonen wird nie eine allzu große Bedeutung haben[...] Die Konzentration [der Neger] im ›Schwarzengürtel‹, wo sie die Hitze und die Feuchtigkeit vorfinden, in der sie gedeihen, und ihr klimatisch bedingter Ausschluss aus den weiter nördlich gelegenen Staaten sind Angelegenheiten von lokaler Bedeutung. Aufgrund seiner ökonomischen und sozialen Zurückgebliebenheit ist der Hitzegürtel relativ dünn besiedelt« – Semple 1911: 625–626; »Menschen in weniger günstigen Klimazonen sind mit ziemlicher Sicherheit auch weniger gesund und haben weniger Energie als andere. Die Bevölkerung dürfte insgesamt weniger wohlhabend sein, sodass es auch weniger Bildung und weniger Kontakt zu anderen Menschen gibt. Hinzu kommt, dass fähigere Menschen unter solchen Umständen stark dazu neigen, aus der ungünstigeren Umgebung abzuwandern« – Huntington 1927: 162; »Die Klimabedingungen beginnen dann, die Migranten durch Umprägung und Selektion an die neue Umgebung anzupassen« – Huntington 1927:165; auch Huntington 1945: 184. Eine moderne Version, die einen Zusammenhang zwischen *Klimawandel* und *Migration* herstellt, findet sich bei Reuveny 2007; Graff Zivin & Neidell 2014: 25; Iyigun, Nunn & Qian 2017; Beine & Parsons 2017; Cattaneo & Bosetti 2017; Missirian & Schlenker 2017.

Physiologie: (»Die Wirkungen des Tropenklimas sind auf die anhaltend große Hitze zurückzuführen, bei der kein belebendes Winterwetter Erholung bringt, und auf ihre Verbindung mit dem fast überall in der heißen Zone herrschenden hohen Luftfeuchtigkeit. Dies sind Bedingungen, die günstig für das Leben der Pflanzen sind, aber kaum günstig für die menschliche Entwicklung. Sie erzeugen gewisse Störungen der physiologischen Funktionen von Herz, Leber, Nieren und der Fortpflanzungsorgane« – Semple 1911: 626).

Prostitution: (»scheint in den heißesten Teilen der Welt ihren Höhepunkt zu erreichen, das heißt, in den trockenen Teilen eines Gürtels zwischen dem zehnten bis dreißigsten Breitengrad beiderseits des Äquators« – Huntington 1945: 296).[12]

Psychologische Einstellungen: (»Im Frühling und erst recht im Herbst nimmt der Optimismus bei den Menschen zu« – Huntington 1945: 318)

12 Huntington (1945: 296) verweist in diesem Zusammenhang auf Hellpach (wenn auch ohne weitere Angaben; in der Bibliographie wird jedoch Willy Hellpachs Buch von 1911 aufgeführt, *Die geopsychischen Erscheinungen des Wetters, Klima und Landschaft in ihrem Einfluss auf das Seelenleben*). Darin schreibt er, dass »in Süditalien namentlich sexuelle Ausschreitungen bei Sciroccolagen stark zunehmen. Für die Leute dort sei das so selbstverständlich, dass Taten, die unter solchen Umständen begangen wurden, häufig ›milder gerichtet oder sogar exkulpiert‹ werden.«

- *Eifersucht*: (»Die Männer der heißen Wüste mögen einen außergewöhnlichen Grund zur Eifersucht haben. Bei extrem heißem Wetter scheint die Fähigkeit der Menschen geschwächt, Gefühlsimpulsen einschließlich des Geschlechtstriebs zu widerstehen. Extravagantes Sexualverhalten und Prostitution scheinen in den heißesten Teilen der Welt ein Maximum zu erreichen, das heißt, in den trockenen Teilen eines Gürtels zwischen dem zehnten bis dreißigsten Breitengrad beiderseits des Äquators« – Huntington 1945: 296)
- *Geistestätigkeit*: (»Bei den europäischen Rassen scheint die körperliche Aktivität bei einer Durchschnittstemperatur von etwa 65 °F [etwa 18 °C] am größten zu sein, während die geistige Aktivität bei niedrigeren Temperaturen um die 40 °F [etwa 4,5 °C] am größten zu sein scheint« – Huntington 1924: 290; auch ein wechselhaftes Klima regt die Geistestätigkeit an, z.b. Huntington 1924: 290)
- *Selbstbeherrschung*: (klimatische »Extreme schwächen die Fähigkeit zur Selbstbeherrschung« – Huntington 1924 [1915]: 404; es gibt »Belege, dass trockenes Wetter, vor allem bei Hitze, mit abnehmender Selbstbeherrschung einhergeht« – Huntington 1945: 296)
- *Temperament*: (»Die nördlichen Völker Europas sind tatkräftig, vorausschauend, ernsthaft, eher bedächtig als emotional, eher vorsichtig als impulsiv. Die Südländer des subtropischen Mittelmeerbeckens sind lässig, nicht vorausschauend, wenn es nicht unbedingt nötig ist, heiter, emotional, fantasievoll, alles Qualitäten, die bei den Negern des Äquatorgürtels zu schweren rassischen Mängeln degenerieren « – Semple 1911: 620; »Wichtig ist hier, dass das Temperament der Menschen in Einklang mit dem Wetter schwankt [...] Man hat vielfach den Eindruck, dass früher [ehe es im Congress of the United States eine Klimaanlage gab] überstürzte Gesetzgebung und Gewalt gegen Personen in Form von Schlägereien unter diesen Bedingungen ihren Höhepunkt erreichten. Bemerkenswert ist auch, dass in den Vereinigten Staaten Negerunruhen meist bei ungewöhnlich heißem Wetter ausbrechen« – Huntington 1945: 364; »Zudem bedeuten veränderte Umweltbedingungen psychischen Stress, der mitunter zu aggressivem Verhalten führt« – Hsiang, Meng & Cane 2011: 440)
- *Unehrlichkeit*: (»Das Klima scheint einer der Hauptgründe dafür zu sein, dass in vielen Ländern immer noch Müßiggang, Unehrlichkeit, Unmoral, Dummheit und Willensschwäche vorherrschen« – Huntington 1924 [1915]: 411)

Reinlichkeit: (»Für die mangelnde Reinlichkeit [in diesem Falle bei den Isländern] könnte auch das Klima selbst weitgehend verantwortlich sein. Soweit mir bekannt ist, herrscht dieser Mangel bei allen Völkern, die in einem kühlen, feuchten Klima leben, wo das Wasser immer kalt ist und Tiere die wichtigste Stütze sind [...] Die saubersten Völker der Welt sind die Bewohner der warmen, feuchten Länder, wo der Stand der Kultur Kleidung vorschreibt und es reichlich Wasser gibt« – Huntington 1924: 289)

Religion: (»Die Unterschiede der physischen Umgebung waren auch insofern wirksam, als sie zu religiösen Unterschieden führten, und dabei war das Klima ein besonders wichtiger Umweltfaktor« – Huntington 1945: 281;»Der Protestantismus scheint jene Phase des Christentums zu sein, die am besten an Regionen angepasst ist, in denen die physischen wie die kulturellen Bedingungen in hohem Maße stimulierend sind, sodass sich die Menschen viele Gedanken machen und physisch wie mental zu unermüdlichen Anstrengungen neigen« – Huntington 1945: 302).[13]

Selbstmord: (»1922 waren vier kalifornische Städte die Spitzenreiter auf der Liste der Selbstmordzahlen [...] Diese Tatsachen hängen möglicherweise mit der ständigen Stimulierung durch eine günstige Temperatur und mit der fehlenden Entspannung zusammen, die sich sonst durch den jahreszeitlichen wie auch den täglichen Wechsel ergibt, obwohl auch andere Faktoren eine Rolle spielen dürften. Die Menschen in Kalifornien kann man vielleicht mit Pferden vergleichen, die bis an die Grenzen ihrer Leistungsfähigkeit getrieben werden, sodass manche schließlich vor Erschöpfung zusammenbrechen « – Huntington 1924 [1915]: 225; Huntington 1945: 365)

Sklaverei: (»Zur Notwendigkeit der Sklavenarbeit, der Einführung des Plantagensystems und der Entwicklung der ganzen aristokratischen Gesellschaftsorganisation des Südens kam es nicht nur wegen der enervierenden Hitze und Feuchtigkeit der Südstaaten, sondern auch wegen der Größe ihrer fruchtbaren Flächen« – Semple 1911: 622;»Dass die Sklaverei in den Nordstaaten keine solche Blüte erlebte, lag nicht an irgendwelchen moralischen Bedenken, denn noch die frömmsten Puritaner hielten Sklaven, sondern weil es wegen des Klimas nicht profitabel war« – Huntington 1924 [1915]: 41;»Die Abschaffung der Sklaverei in den Nordstaaten war nicht

---

13   Da religiöse Glaubenssysteme nicht bloß jenseitsorientiert, sondern durchaus in dieser Welt zu Hause sind, weisen frühe mythologische und spätere, systematischere religiöse Glaubenssysteme immer gewisse umweltbedingte Einschränkungen auf, mit denen ihre Urheber zu kämpfen hatten, und spiegeln oft bestimmte Klimaverhältnisse wider oder haben sie integriert (Hoheisel 1993), aber das ist natürlich ganz etwas anderes, als mehr oder weniger unkritisch zu behaupten, dass hinter den religiösen Überzeugungen und Praktiken immer die Klimaverhältnisse stehen. Hoheisel (1993: 130) weist außerdem darauf hin, dass die verfügbaren ethnografischen Informationen nicht die Zuverlässigkeit und Validität aufweisen, die für den Nachweis eines eindeutigen Zusammenhang zwischen religiösen Überzeugungen und Praktiken und klimatischen Verhältnissen erforderlich wären:»In jedem Fall erschweren zunehmende räumliche Mobilität und fortschreitende Befreiung von Naturzwängen etwa durch Fernhandel und Gewerbe, vor allem aber die Möglichkeit, an Überlieferungen ganz unterschiedlicher Herkunft anknüpfen zu können, den Nachweis, daß Gottesvorstellungen oder andere religiöse Lehren von bestimmten klimatischen Gegebenheiten geprägt sind, erheblich.«

in erster Linie eine Sache von moralischen Überzeugungen. Vielmehr war
sie das Ergebnis langjähriger Erfahrungen, die gezeigt hatten, dass sich die
Sklaverei in einem kühlen Klima nicht auszahlte [...] Durch die Kombination von gutem Essen, anregendem Klima und einem nördlichen Typ von
Kultur waren die weißen Nordstaatler so tatkräftig, dass sie keine Lust hatten, auf die langsameren Afrikaner zu warten« – Huntington 1945: 279)
Sparsamkeit: (»Die Notwendigkeit, für Behausung, Kleidung und Heizma-
terial Vorsorge zu treffen, um gegen die winterliche Kälte und Feuchtigkeit gewappnet zu sein, trägt tendenziell zu einem Gesellschaftssystem
bei, das großen Wert auf Vorausschau und Sparsamkeit legt« – Huntington 1945: 277)
Technologie:
- Erfindungen (Huntington 1945: 391; Iyigun, Nunn & Qian 2017)
- Patentanmeldungen (»Eine Isoplethen- [oder ›Höhenlinien‹-] Karte, die
  ich für die amerikanischen Patentanmeldungen pro Kopf der Bevölkerung erstellt habe, zeigt eine starke Konzentration in dem schmalen
  Gürtel mit dem besten Klima, nämlich um die 50 °F[10 °C]-Isotherme
  von Chicago bis Philadelphia und Boston« – Gilfillan 1970[1935]: 46).
- Patentannahmen oder ablehnungen (»Dieser Beitrag untersucht, wie
  wechselnde Wetterlagen die Entscheidungen über Annahme oder Ab-
  lehnung von Patenten durch die USPTO beeinflussen. Er weist nach,
  dass bei Temperaturen über der Normaltemperatur die Zahl der Patentannahmen steigt und die Zahl der Patenablehnungen sinkt, während
  bei einer übernormal starken Bewölkung die Zahl der endgültigen Ablehnungen zurückgeht. Diese Wettereffekte sind teilweise auf einen Sor-
  tiereffekt zurückzuführen, aufgrund dessen die zuständigen Beamten
  an wärmeren Tagen eher an den qualitativ höherwertigen Patenten arbeiten. Aber auch bei Kontrolle des Sortiereffekts werden die Annah-
  me- und Ablehnungsraten in der oben beschriebenen Weise von Wetterschwankungen beeinflusst« – Kovács 2017: 1833).
Ungleichheit: (»Der alte Süden unterschied scharf zwischen Aristokraten
und ›armen Weißen‹ wie auch zwischen Weißen allgemein und Negern.
Diese Unterscheidung nach Klassen stand in krassem Gegensatz zu der
relativen Demokratie der Nordstaaten, wo es durchaus sein konnte, dass
sich der Gutsbesitzer selber um sein Pferd, seine Kuh und seinen Garten
kümmerte. Wenn die Sklaverei verschwindet, entsteht in Regionen, in denen es mehr auf die unterschiedlich ausgeprägten Fähigkeiten der Men-
schenführung und Eigentumsverwaltung ankommt als auf die Fähigkeit
zu manueller Arbeit, fast ausnahmslos ein Pachtsystem« – Huntington
1945: 367; auch Andersen, Dalgaard & Selaya 2016).
Verhaftungen: (Huntington 1945: 363–364)
Wirtschaftstätigkeit:
- *Handel* (Rückgang bzw. Anstieg der Handelstätigkeit in Abhängigkeit
  vom Klima, z.B. Huntington 1924: 300).
- *Konjunkturzyklen*: (»Der Rhythmus der Wirtschaftstätigkeit, der Wechsel von lebhafter, zielstrebiger Expansion und zielloser Depression hat

seine Ursache im Rhythmus des Ernteertrags pro Hektar; während der Rhythmus des Ertrags von Nutzpflanzen seine Ursache seinerseits im zyklischen Wechsel der Niederschlagsmengen hat. Das Gesetz der Niederschlagszyklen ist das Gesetz der Ertragszyklen und das Gesetz der Wirtschaftszyklen« – Moore 1914;»In fast jedem entwickelten Land gibt es deutliche saisonale Schwankungen bei Beschäftigung, Löhnen, Handel, Transport und Verkehr, Bankenclearing und sonstigen Konjunkturphasen« – Huntington 1945: 312;»Preise sind von vielen Bedingungen abhängig [...] das spricht auch für die Annahme, dass kein wirkliches Verständnis von Konjunkturschwankungen möglich ist, solange wir nicht verstehen, wie stark sie von Umweltzyklen und nicht bloß von rein ökonomischen, oder menschlichen, Reaktionen abhängig sind« – Huntington 1945: 488).

- *Löhne*: (»Aufgrund der geringen Lebenshaltungskosten [in südlichen Ländern und Regionen] können [die] Löhne niedrig gehalten werden, so dass der Arbeiter [...] schlecht bezahlt wird [...] Der Arbeiter des Nordens wechselt dank seiner Vorsorge und der höheren Profite, die kleine Ersparnisse ermöglichen, ständig in die Kapitalistenklasse über« – Semple 1911: 620–621; Beine & Parsons 2017).
- *Ökonomische Präferenzen*: (Becker, Enke & Falk (2018) untersuchen globale Unterschiede der ökonomischen Präferenzen, insbesondere ihren Zusammenhang »mit der Struktur der frühen Migration der Menschheit aus Afrika«; die Autoren versuchen zu dokumentieren, dass »diese zeitlich weit auseinanderliegenden Migrationsbewegungen die Form der heutigen Heterogenität der Risiko-, Zeit- und sozialen Präferenzen innerhalb eine Landes wie zwischen verschiedenen Ländern bestimmt haben, wenn auch in verschiedenen Graden bei all diesen Präferenzen«; und die Ergebnisse »bestätigen, dass der Effekt des zeitlichen Abstands in Bezug auf die Unterschiede bei Risikovermeidung und prosozialen Eigenschaften für ein breites Spektrum von Kovariaten robust ist, wobei Unterschiede der demografischen Zusammensetzung, geographischen Lage, geographischen Abstandsmetrik der Länder, der in ihnen *herrschenden klimatischen* und landwirtschaftlichen Bedingungen [mit Temperatur und Niederschlagsmenge als Näherungsvariablen], ihrer Institutionen und ihrer Wirtschaftsentwicklung herausgerechnet wurden« – Becker, Enke & Falk 2018: 1, 3; Hervorhebung von uns).
- *Wirtschaftlicher Wohlstand und wirtschaftliche Entwicklung*: (»Wirtschaftlicher Wohlstand und allgemeines Wohlbefinden sind weitgehend nach demselben geografischen Muster verteilt wie das soziale Wohlbefinden« – Huntington 1945: 232;»Eine der stabilsten Regelmäßigkeiten beim Vergleich der wirtschaftlichen Entwicklung hat mit der Lage eines Landes zum Äquator und dem Grad seines Wohlstands zu tun. Je weiter man sich vom Äquator entfernt, und zwar in beiden Richtungen, desto höher wird das Pro-Kopf-Einkommen« – Andersen, Dalgaard & Selaya 2016: 1334; Andersen, Dalgaard & Selaya 2016: 1361; Burke,

Hsiang & Miguel 2015: 611; Iyigun, Nunn & Qian 2017; Beine & Parsons 2017)

- *Wirtschaftsleistung*: (»Bei extremer Hitze wie extremer Kälte sinken die Bevölkerungsdichte sowie die Größenordnung und Effizienz von Wirtschaftsunternehmen« Semple 1911: 611)

Wissenschaftliche Forschung: (» [...] die wissenschaftliche Forschung und die sonstigen geistigen Aktivitäten der Welt wie auch ihre finanzielle, kommerzielle, industrielle und politische Macht konzentrieren sich mehr und mehr in den wenigen begrenzten Regionen, die das gesundeste und anregendste Klima haben« – Huntington 1927: 160)

Zivilisationen: (»So wie die Tropen die Wiege der Menschheit waren, so war die gemäßigte Zone die Wiege und Schule der Zivilisation. Hier hat die Natur viel gegeben, indem sie viel vorenthalten hat« – Semple 1911: 635; Abb. 86 »Karte der Zivilisationsgrade« in Huntington & Cushing 1921: 256; »Die weltweite Verteilung der Zivilisation war immer sehr stark klimaabhängig« – Huntington 1927: 165; »Dadurch, dass das Klima einem bestimmten Typ der sozialen Organisation zuträglich und einem anderen abträglich war, hatte es großen Einfluss auf die Entwicklung der Zivilisation« – Huntington 1945: 276; »Die bedeutendsten Ereignisse der Weltgeschichte und insbesondere die bedeutendsten historischen Entwicklungen sind der gemäßigten Zone des Nordens zuzurechnen« – Semple 1911: 611; »Wo der Mensch in den Tropen blieb, hat er sich mit wenigen Ausnahmen nicht mehr weiterentwickelt« – Semple 1911: 635; »Es wurde wiederholt die Frage aufgeworfen, ob es in historischen Zeiten klimatische Veränderungen und insbesondere Schwankungen der Niederschlagsmenge gegeben hat, die ausgereicht hätten, um Niedergang und Fall des Römischen Reichs und jenen Verfall ganzer Zivilisationen zu erklären, durch den weite, einst blühende und dichtbesiedelte Landstriche rund um das Mittelmeer entvölkert wurden oder verarmten. Vor allem Historiker, Archäologen und andere fachfremde Autoritäten, die nichts mit Klimatologie zu tun haben, haben Argumente für diese Position vorgebracht. Die Mehrheit der fachkompetenten Autoritäten ist zum gegenteiligen Schluss gekommen [...] Ellsworth Huntington hat darin auch den Grund für den Niedergang von Palästina, Syrien, Kleinasien, Griechenland und Italien gesehen, aber seine Argumente wurden sowohl von Historikern als auch von Klimatologen in Zweifel gezogen« – Semple 1931: 99–100; »Eine Klimakarte, oder eher eine Klima/Energie-Karte, wie wir sie auch nennen könnten, weist weitaus mehr Ähnlichkeit mit einer Karte des Fortschritts auf als mit der Karte irgendeines anderen Faktors, der Ursache und nicht Resultat der Verteilung des Fortschritts sein könnte« – Huntington 1927: 140; siehe auch Hsiang und Burke (2014: 46f.) zu Niedergang und Zusammenbruch der alten chinesischen Dynastien.)

Literatur

Adams, Courtland, Tobias Ide, Jon Barnett und Adrien Detges (2018): »Sampling bias in climate–conflict research«, *Nature Climate Change* 8: 200–203.

Aldrich, Mark (1975): »Capital theory and racism. From laissaz-faire to the eugenics movement in the career of Irving Fisher«, *Review of Radical Political Economics* 7: 33–42.

Andersen, Thomas Barnbeck, Carl Johan Dalgaard und Pablo Selaya (2016): »Climate and the emergence of global income differences«, *Review of Economic Studies* 83: 1335–1364.

Beck, Ulrich (2017): *Die Metamorphose der Welt*. Berlin: Suhrkamp.

Beck, Ulrich (2015): »Emancipatory catastrophism: What does it mean to climate change and risk society?«, *Current Sociology* 63: 75–88.

Becker, Anke, Benjamin Enke und Armin Falk (2018): »Ancient origins of the global variation in economic preferences«, *National Bureau of Economic Research* w24291.

Beine, Michel und Christopher R. Parsons (2017): »Climatic Factors as Determinants of International Migration: Redux«, *CESifo Economic Studies*, 63 (4): 386–402.

Brooks, Charles (1951): *Climate in Everyday Life*. New York: Philosophical Library.

Burke, Marshall, Solomon M. Hsiang und Edward Miguel (2015): »Climate and Conflict«, *Annual Review of Economics* 7: 577–617.

Burke, Marshall, Edward Miguel, Shanker Satyanath, John A. Dykema und David B. Lobell (2009): »Warming increases the risk of civil war in Africa«, *PNAS* 106: 20670–20674.

Carleton, Tamma A. und Solomon M. Hsiang (2016): »Social and economic impacts of climat«, *Science* 353 (6304): aad9837.

Castree, Noel und Bruce Braun (2001): *Social Nature: Theory, Practice and Politics*. Malden, Oxford, Victoria: Blackwell.

Cattaneo, Cristina und Valentina Bosetti (2017): »Climate-induced International Migration and Conflicts«, *CESifo Economic Studies* 63 (4): 500–528.

Cohen, François und Fidel Gonzalez (2018): »Understanding Interpersonal Violence: the Impact of Temperatures in Mexico«, *Grantham Research Institute on Clime and the Environment*. Working Paper No. 291. Online unter: http://www.lse.ac.uk/GranthamInstitute/publication/understanding-interpersonal-violence-impact-temperatures-mexico/ (abgerufen am 22.03.2018).

Dahrendorf, Ralf (1957): *Soziale Klassen und Klassenkonflikt in der industriellen Gesellschaft*. Stuttgart: Ferdinand Enke Verlag.

DeCourcy Ward, Robert (1908): *Climate: Considered Especially in Relation to Man*. New York: G. P. Putnam's Sons.

Deschenes, Olivier (2014): »Temperature, human health, and adaptation: A review of the empirical literature«, *Energy Economics* 46: 606–619.

Diamond, Jared (1997): *Guns, Germs, and Steel. The Fates of Human Societies*. New York: Norton.

Franck, Karen A. (1984): »Exorcising the Ghost of Physical Determinism«, *Environment and Behaviour* 16 (4): 411–435.

Galton, Francis (1904): »Eugenics: Its Definition, Scope, and Aims«, *American Journal of Sociology* 10 (1): 1–25.

Gilfillan, S. Colum (1970 [1935]): *The sociology of invention: An essay in the social causes, ways and effects of technic invention, especially as demonstrated historicly in the author's* Inventing the Ship. Cambridge: MIT Press.

Glacken, Clarence.J. (1967): *Traces on the Rhodian Shore: Nature and Culture in Western Thought from Ancient Times to the End of the Eighteenth Century*. Berkeley: University of California Press.

Graff Zivin, Joshua und Matthew Neidell (2014): »Temperature and the allocation of time: Implications for climate change«, *Journal of Labor Economics* 32: 1–26.

Grundmann, Reiner, Markus Rhomberg und Nico Stehr (2012): »Nature, climate change and the culture of the social sciences«, in: Pernille Almlund, Per Homann Jespersen und Søren Riis (Hg.): *Rethinking Climate Change Research. Clean-Technology, Culture and Communication*. London: Ashgate, 133–142.

Hegel, Georg Wilhelm Friedrich (1986 [1830]): *Vorlesungen über die Philosophie der Geschichte*, in: ders.: *Werke 12*, Frankfurt am Main: Suhrkamp.

Herder, Johann Gottfried von (2017 [1784–1785]): *Ideen zur Philosophie der Geschichte der Menschheit*. CreateSpace Independent Publishing Platform.

Hoheisel, Karl (1993): »Gottesbild und Klimazonen«, in: Ruprecht-Karls-Universität Heidelberg (Hrsg.): *Studium Generale 1992*. Heidelberg: Heidelberger Verlagsanstalt, 127–140.

House, Floyd N. (1929): *The Range of Social Theory. A Survey of the Development, Literature, Tendencies and Fundamental Problems of the Social Sciences*. New York: Henry Holt.

Hsiang, Solomon M. und Marshall Burke (2014): »Climate, conflict, and social stability: What does the evidence say?«, *Climatic Change* 123: 39–55.

Hsiang, Solomon M., Kyle C. Meng und Mark A. Cane (2011): »Civil conflicts are associated with the global climate«, *Nature* 476: 438–441.

Hulme, Mike (2011): »Reducing the future to climate: A story of climate determinism and reductionism«, *Osiris* 26: 245–266.

Huntington, Ellsworth (1924 [1915]) *Civilization and Climate*. [Third Edition]. New Haven: Yale University Press.

– (1924): *The character of races as influenced by physical environment, natural selection and historical development*. New York, London: C. Scribner's Sons.

– (1927): *The Human Habitat*. New York: Van Nostrand.

– (1945): *Mainsprings of Civilization*. New York: John Wiley and Sons.

Huntington, Ellsworth und Sumner W. Cushing (1921): *Principles of Human Geography*. New York: John Wiley & Sons.

Ide, Tobias (2017): »Research methods for exploring the links between climate change and conflict«, *WIREs Clim. Change* 8, 1–14.

Iyigun, Murat, Nathan Nunn und Nancy Qian (2017): »Winter is coming: The long-run effects of climate change on conflict, 1400-1900«, *NBER Working Paper* 23033. Online unter: http://www.nber.org/papers/w23033 (abgerufen am 21.01.2019).

Kovács, Balázs (2017): »Too hot to reject: The effect of weather variations in the patent examination process at the United States Patent and Trademark Office«, *Research Policy* 46: 1824–1835.

Lauer, Wilhelm (1981): *Klimawandel und Menschheitsgeschichte auf dem mexikanischen Hochland*. Abhandlungen der Mathematisch-Naturwissenschaftlichen Klasse, Nr. 2. Mainz, Wiesbaden: Akademie der Wissenschaft und der Literatur, 1–50.

Leroy-Beaulieu, Anatole (1893): *Empire of the Tsars and the Russians*. Vol. 1. New York: Putnam.

Le Roy Ladurie, Emmanuel (1988 [1967]): *Times of Feast, Times of Famine: A History of Climate Since the Year 1000*. New York: Farrar, Strauss and Giroux.

Livingstone, David N. (2011): »Environmental determinism«, in: John A. Agnew (Hrsg.): *The Sage Handbook of Geographical Knowledge*. Sage: Los Angeles, 368–380.

Livingstone, David N. (2002): »Race, space and moral climatology: notes toward a genealogy«, *Journal of Historical Geography* 28: 159–180.

Marshall, George (2014): *Don't Even Think About It. Why Our Brains Are Wired To Ignore Climate Change*. New York: Bloomsbury.

Martin, Geoffrey J. (1973): *Ellsworth Huntington. His Life and Thought*. Hamden, Connecticut: The Shoe String Press.

Mauelshagen, Franz (2018): »Climate as a Scientific Paradigm–Early History of Climatology to 1800«, in: Sam White, Christian Pfister und Franz Mauelshagen (Hrsg.): *The Palgrave Handbook of Climate History*, Basingstoke: Palgrave Macmillan (im Erscheinen).

Meyer, William B. (2000): *Americans and their Weather*. New York: Oxford University Press.

Missirian, Anouch und Wolfram Schlenker (2017): »Asylum applications respond to temperature fluctuations«, *Science* 358: 1610–1614.

Mitchell, Timothy (2011): *Carbon democracy: Political power in the age of oil*. New York, NY: Verso Books.

Montesquieu, Baron de (1748/1799): *Des Herrn von Montesquieu Werk vom Geist der Gesetze. Zweiter Teil*. Wien: B. Ph. Bauer.

Moore, Henry L. (1914): *Economic Cycles. Their Law and Cause*. New York, NY: Macmillan.

NOAA (2018): »Global Climate Report June 2018«. Online unter: https://www.ncdc.noaa.gov/sotc/global/201806 (abgerufen am 09.08.2018).

Obradovich, Nick, Robyn Migliorini, Sara C. Mednick und James H. Fowler (2017): »Nighttime temperature and human sleep loss in changing climate«, *Science Advances* 3 (5). Online unter: http://advances.sciencemag.org/content/3/5/e1601555/tab-article-info (abgerufen am 22.03.2018).

Osborn, Henry Fairfield (1921): »The Second International Congress of Eugenics Address of Welcome«, *Science* 54 (1379): 311–313.

Peterson, Anna L. (2001): *Being Human. Ethics, Environment, and Our Place in the World.* Berkeley, California: University of California Press.

Popper, Karl (1935): *Logik der Forschung.* Wien: Springer Verlag.

Raftery, Adian E., Alec Zimmer, Dargan M.W. Frierson, Richard Startz und Perian Liu (2017): »Less than 2 °C warming by 2100 unlikely«, *Nature Climate Change* 7: 637–641.

Ranson, Matthew (2014): »Crime, weather, and climate change«, *Journal of environmental economics and management* 67: 274–302.

Ratzel, Friedrich (1885): *Völkerkunde.* Erster Band. Leipzig: Verlag des Bibliographischen Instituts.

Reuveny, Rafael (2007): »Climate change-induced migration and violent conflict«, *Political geography* 26: 656–673.

Rich, Nathanial (2018): »Loosing earth: The decade we almost stopped climate change«, *New York Times*, 01.08.2018. Online unter: https://www.nytimes.com/interactive/2018/08/01/magazine/climate-change-losing-earth.html?rref=collection%2Fsectioncollection%2Fscience&action=click&contentCollection=science&region=rank&module=package&version=highlights&contentPlacement=7&pgtype=sectionfront (abgerufen am 09.08.2018).

Sachs, Jeffrey (2012) *The Price of Civilization. Reawakening Virtue and Prosperity After the Economic Fall.* London: Vintage Books.

Sachs, Jeffrey (2001): »Tropical underdevelopment«, *NBER Working Paper* 8119. DOI: 10.3386/w8119.

Salehyan, Idean und Cullen S. Hendrix (2014): »Climate shocks and political Violence«, *Global Environmental Change* 28: 239–250.

Schlenker, Wolfram und Michael J. Roberts (2009): »Nonlinear temperature effects indicate severe damages to U.S. crop yields under climate change«, *Proceedings of the National Academy of Sciences* 106: 15594–15598.

Scranton, Roy (2018): *We are doomed. Now what? Essays on War and Climate Change.* New York: Soho.

Selby, Jan (2014): »Positivist climate conflict research: A critique«, *Geopolitics* 19: 829–856.

Semple, Ellen Churchill (1931): *The Geography of the Mediterranean Region. Its Relation to Ancient History.* New York: Henry Holt and Company.

Semple, Ellen Churchill (1911): *Influences of Geographic Environment, on the basis of Ratzel's system of anthropo-geography.* New York: Holt, Rinehart and Winston.

Shackleton, Robert (1955): »The Evolution of Montesquieu's Theory of Climate«, *Revue Internationale de Philosophie* 9 (33/34): 317–329.

Soper, Kate (1995): *What is Nature?.* Oxford: Wiley-Blackwell.

Steffen, Will, Johan Rockström, Katherine Richardson, Timothy M. Lenton, Carl Folke, Diana Liverman, Colin P. Summerhayes, Anthony D. Barnosky, Sarah E. Cornell, Michel Crucifix, Jonathan F. Donges, Ingo Fetzer, Steven J. Lade, Marten Scheffer, Ricarda Winkelmann und Hans

Joachim Schellnhuber (2018): »Trajectories of the Earth System in the Anthropocene«, *Proceedings of the National Academy of Sciences of the United States of America*, Doi: 10.1073/pnas.1810141115.

Stehr, Nico und Hans von Storch (1997): »Rückkehr des Klimadeterminismus?«, *Merkur* 51: 560–562.

Umlauft, Friedrich (1891): *Das Luftmeer. Die Grundzüge der Meteorologie und Klimatologie nach den neuesten Forschungen gemeinfasslich dargestellt*. Leipzig: Hartleben's Verlag.

Virchow, Rudolf (1922 [1885]): »Über Akklimatisation«, in: Karl Sudhoff: *Rudolf Virchow und die deutschen Naturforscherversammlungen*. Leipzig: Akademische Verlagsanstalt, 214–239.

World Bank (2008): *World Development Report 2009. Reshaping Economic Geography*. Washington, DC: World Bank.

5. Klima als öffentliche Wahrnehmung

> So verbindet sich uns mit dem Worte Witterung der
> Begriff des Unbeständigen, des Wechselnden, mit dem
> Worte Klima durchaus der Begriff des Beständigen,
> das nur von Ort zu Ort, nicht aber von Zeit zu Zeit
> sich ändert. Das Bewußtsein der Konstanz des Klimas
> ist tief eingewurzelt im Volk und spricht sich in der si-
> cheren Zuversicht aus, daß die ungewöhnliche Witte-
> rung einer Jahreszeit oder eines Jahres durch diejeni-
> ge des folgenden wieder wett gemacht werden müsse.
>
> *Eduard Brückner 2008 [1890]: 72–73*

Eduard Brückner hat vor über einem Jahrhundert über den menschengemachten Klimawandel und seine Folgen für die Gesellschaft geschrieben
(Stehr, von Storch, und Flügel 1995). Ein herausragendes Merkmal seiner Analyse ist seine vermutlich immer noch zutreffende Beobachtung,
dass dem üblichen Klimaverständnis ein fester Glaube an die *Stabilität*
des Klimas zugrunde liegt. Brückner macht auf die Dominanz einer offenbar tief verwurzelten Überzeugung aufmerksam, nach der das Klima
aus einer Reihe von Bedingungen besteht, die sich konsequent aus den
Tages- und Jahreszyklen ergeben, welche in allen Teilen der Welt für die
Unterschiede der Jahreszeiten sorgen.

Trifft Brückners These auch heute noch zu? Es scheint, dass trotz der
warnenden Hinweise auf die Wandelbarkeit und Unvorhersagbarkeit des
Klimasystems, die es im Laufe der Jahrhunderte von Wissenschaftlern
einschließlich Brückner gab, das Klima generell immer noch als ein Ensemble von konstanten, stabil bleibenden Bedingungen verstanden wird.
Klima erscheint gewöhnlich als eine zuverlässige Ressource, als ein Hintergrund, vor dem das Leben vorausgeplant und wie geplant gelebt werden kann. Diese Überzeugung schließt natürlich die Möglichkeit nicht
aus, dass ein gewisses Maß an Störungen unvermeidlich ist: ungewöhn-
liche dramatische Ereignisse wie Überschwemmungen, Hitzewellen und
Hurrikane geschehen nun einmal; aber erwartet wird doch, dass nach
der Störung die Verhältnisse früher oder später wieder zum »Normalzustand« zurückkehren und die gewohnten Routinen wieder greifen. Die
Störung der Normalität ist selber normal.

In diesem Buch haben wir uns bis jetzt vorwiegend mit dem *wissenschaftlichen* Klimaverständnis beschäftigt. In diesem Kapitel möchten wir
uns nun damit befassen, wie Klima und Klimawandel in der Gesellschaft
allgemein verstanden werden. Wir stellen fest, dass unsere Lebensweise
auf der Annahme eines konstanten Klimas basiert, auf das wir vertrau-
en, und diese zugleich reproduziert. Vertrauen hat die Funktion, soziale

Interaktion zu ermöglichen. Niklas Luhmann schreibt über die Selbstverständlichkeit, mit der wir der Welt vertrauen: »Diesen Ausgangspunkt kann man als unbezweifelbares Faktum als ›Natur‹ der Welt bzw. des Menschen feststellen [...] Alltäglich vertraut man in dieser Selbstverständlichkeit« – und »Zutrauen in jenem fundierten Sinne ist für das tägliche Leben Komponente seines Horizonts, Wesensmerkmal der Welt« (1973: 1). Indem die Gesellschaft darauf vertraut, dass das Klima konstant bleibt, kann sie die unbekannte Zukunft ausklammern. Für Luhmann ist Vertrauen nötig, um der Unvorhersagbarkeit zu begegnen. Vertrauen »riskiert eine Bestimmung der Zukunft« (1973: 20); es ist es eine letztlich riskante Praxis. Tatsächlich kann das Vertrauen auf konstante Klimaverhältnisse paradoxerweise gerade dazu dienen, zu verschleiern, auf welche Weise die Gesellschaften zur Destabilisierung eben dieser Verhältnisse beitragen.

Denn die höchst bedenkliche Aussage der Klimawissenschaftler heute ist, dass die Stabilität des Klimas nicht mehr als selbstverständlich angesehen werden kann. Während einst das Alltagsvertrauen auf das Klima mit seiner naturwissenschaftlichen Konstruktion als stabiles globales Objekt übereinstimmte, besteht heute, wo die Wissenschaft gerade die potentielle Unbeständigkeit des Klimas aufdeckt, zwischen den Alltagsannahmen und den herrschenden wissenschaftlichen Meinungen ein Widerspruch. Heute sind die Risiken und Herausforderungen des Klimawandels in den Vordergrund gerückt, und zwar nicht nur in der Forschung, sondern auch in einem Großteil der Analysen in den Medien und im politischen Diskurs. Und obwohl die Realität des menschengemachten Klimawandels häufig und heftig bestritten wird, kommt man um seine Anerkennung kaum herum. Im Zuge der wachsenden Besorgnis über die Erderwärmung hat ein anderes Bild vom Klima die Oberhand gewonnen: das Bild vom Klima als Quelle von Katastrophen. Für die Vertreter dieses Katastrophenszenarios kündigt sich mit der Erderwärmung eine künftige Krise an, die den gesamten Planeten ins Chaos stürzen wird. Hier herrscht also entschiedenes Klima*miss*trauen.

In diesem Kapitel möchten wir uns mit diesen beiden prominenten Darstellungen des Klimas – als *Konstante* und als *Katastrophe* – näher befassen. Wir fragen zunächst, ob diese beiden scheinbar völlig unterschiedlichen Darstellungen nicht derselben gesellschaftlichen Reaktion oder vielmehr *Nicht*-Reaktion auf das Problem des Klimawandels Vorschub leisten. Dann wenden wir uns der Rolle der Klimaforscher im politischen Prozess und der Frage zu, wie es um Vertrauen oder Misstrauen in Bezug auf die Wissenschaft steht. Wir meinen, dass Wahrnehmungen von Klima und Klimawandel eng mit unserer Lebensweise verknüpft sind und sich nicht einfach umstoßen lassen, auch wenn sie nie ein für alle Mal feststehen. Das Heraufbeschwören einer katastrophalen Zukunft einerseits und das Pochen auf wissenschaftlichen Wahrheiten andererseits werden da kaum Bewegung hineinbringen.

5.1 Dem Klima vertrauen?

Im 20. Jahrhundert herrschte in der Scientific Community lange Zeit die Überzeugung vor, dass das Klima stabil ist. Dies hing, wie Stefan Brönnimann erklärt, mit dem Aufstieg des »technologischen Futurismus« zusammen: »Klimakontrolle schien machbar, und auch wenn sich das Klima nicht vollständig kontrollieren ließe, würde die Menschheit mit den Folgen doch leicht fertigwerden« (2015: 259; siehe auch Stehr und von Storch 2000: 12).

Diese Konstruktion eines *konstanten* Klimas hilft uns, unseren Alltag und unsere zukünftigen Aktivitäten zu planen; wir gehen davon aus, dass Temperaturen, Niederschläge und die Häufigkeit von Unwettern und Hitzewellen dem Muster des Vorjahres folgen. Wie George P. Marsh in einem frühen umweltbewussten Text schreibt:

> »Lässt man sie ungestört walten, gestaltet die Natur ihr Territorium so, dass sie ihm nach Gestalt, Umriss und Proportion nahezu unveränderliche Konstanz verleiht, außer diese werden durch geologische Erschütterungen zerstört; und in diesen vergleichsweise seltenen Fällen einer Störung geht sie selbst sofort daran, den oberflächlichen Schaden zu beheben und das frühere Erscheinungsbild ihres Herrschaftsbereichs soweit wie möglich wiederherzustellen.« (Marsh 1965 [1864]: 27)

Ein konstantes Klima, ein Klima, das immer wieder ins Gleichgewicht kommt, ist zum selbstverständlichen Bestandteil unserer Lebensweisen geworden. In diesem Abschnitt befassen wir uns damit, wie das Vertrauen auf die Stabilität des Klimas das Funktionieren von gesellschaftlichen Institutionen und Interaktionen ermöglicht und wie es schließlich dysfunktional werden kann (Stehr und Machin 2016).

Vertrauen gilt als entscheidend für die Existenz gesellschaftlicher Institutionen. Sollen soziale Interaktionen, politische Institutionen und ökonomischer Tausch funktionieren, so die Feststellung diverser Wissenschaftler, ist Vertrauen nötig (Barber 1983; Fukuyama 1995; Offe 1999; O'Neill 2002; Putnam 1995; Sen 1999). »Die Gesellschaft funktioniert dank einer Grundannahme von Vertrauen« (Sen 1999: 39). Vertrauen ist eine Ressource, die die soziale Koordination ermöglicht: »Vertrauen ist die kognitive Prämisse, aufgrund derer individuelle oder kollektive/korporative Akteure in die Interaktion mit anderen Akteuren eintreten« (Offe 1999: 45). Auf Vertrauen basierende Beziehungen gibt es horizontal zwischen Individuen und vertikal zwischen Bürgern und Eliten. Ökonomischer Tausch ist auf Vertrauen angewiesen, sodass sich formelle Verträge erübrigen und die »Transaktionskosten«, wie man das in der Ökonomie nennt, reduziert werden (Sen 1999: 263–265; Fukuyama 1995). Vertrauen wird als eine Form des sozialen Kapitals verstanden, das soziale Kooperation und Bürgerbeteiligung erleichtert (Putnam 1995).

Vertrauen wird nicht nur Individuen, sondern auch gesellschaftlichen Institutionen entgegengebracht. Für Anthony Giddens ist Vertrauen *ein kontinuierlicher Zustand* (1995 [1990]: 47), der mit dem Gefühl *ontologischer Sicherheit* zusammenhängt. Dabei bezieht er sich auf das Vertrauen, das die Menschen in »die Konstanz der sie umgebenden sozialen und materialen Handlungsumwelt« (1995 [1990]: 118) setzen. Ohne Vertrauen befänden wir uns in einem ständigen Angstzustand, wären ständig mit den »folgenreiche[n] Risiken mit geringer Wahrscheinlichkeit« (1995 [1990]: 166) beschäftigt, die nach Giddens Meinung die Moderne charakterisieren, und könnten unseren Alltag nicht mehr bewältigen. Oder, wie Niklas Luhmann schreibt: »Ohne jegliches Vertrauen [...] könnte [der Mensch] morgens sein Bett nicht verlassen« (Luhmann 1973: 1). Vertrauen reduziert die Komplexität des Alltagslebens. Es begrenzt das Spektrum der möglichen Entscheidungen; es bildet einen selbstverständlichen Hintergrund, vor dem Überlegungen angestellt und Entscheidungen getroffen werden können. Denn, wie Kenneth Newton (2007: 351–352) bemerkt: »Jedes Mal, wenn wir zum Zahnarzt gehen, zum Arzt, zur Bank, in ein Restaurant, einen Laden oder ein Kino, und jedes Mal, wenn wir einen Aufzug benutzen, mit dem Bus oder mit dem Zug fahren oder im Flugzeug reisen, ja selbst wenn wir über eine Brücke oder eine Straße entlang gehen, vertrauen wir den Individuen, den Apparaturen, der Infrastruktur und der entsprechenden staatlichen Regulierung.«

Entscheidend ist: Vertrauen ermöglicht Vorausplanung. »Wer Vertrauen erweist«, schreibt Luhmann, »nimmt Zukunft vorweg. Er handelt so, als ob er der Zukunft sicher wäre« (1973: 8). Nur wenn man künftige Bedingungen ganz und gar voraussehen kann, ist Vertrauen als Grundlage des praktischen Handelns nicht nötig, aber eine solche Vorausschau ist natürlich unmöglich. Vertrauen ermöglicht es uns, Ungewissheit zu ertragen (Luhmann (1973: 12). So schreibt Georg Simmel: »Vertrauen, als die Hypothese künftigen Verhaltens, die sicher genug ist, um praktisches Handeln darauf zu gründen, ist als Hypothese ein mittlerer Zustand zwischen Wissen und Nichtwissen um den Menschen. Der völlig Wissende braucht nicht zu *vertrauen*, der völlig *Nicht*wissende kann vernünftigerweise nicht einmal vertrauen« (2013 [1906]: 393). Oder, wie Giddens kurz und bündig sagt: »Vertrauen wird nur dort verlangt, wo es Unkenntnis gibt [...] Unkenntnis liefert jedoch immer Gründe für Skepsis oder zumindest Vorsicht« (1995 [1990]: 114).

Aber zu beachten ist auch, dass Vertrauen nicht unbedingt ein rationaler Vorgang ist, bei dem wir die Ungewissheiten, vor denen wir stehen, sorgfältig abwägen. Vertrauen ist mehr als schlichte, nicht-abwägende Hoffnung, aber es »kann auch unbedacht, leichtsinnig, routinemäßig erwiesen werden und erfordert insbesondere dann keinen unnötigen

Bewußtseinsaufwand, [...] Vertrauen geht stufenlos über in Kontinuitäts-erwartungen, die ohne Reflexion wie feste Gleitschienen dem täglichen erleben zugrundegelegt werden« (Luhmann (1973: 25). Das heißt, dass Vertrauen durchaus auch »ein Wagnis« sein kann (Luhmann (1973: 27).

Vertrauen, so meinen wir, ist nicht nur ein wesentlicher Bestandteil des sozialen, ökonomischen und politischen Lebens und richtet sich auf unsere Mitmenschen und die grundlegenden Institutionen, sondern er-streckt sich auch auf Eigenschaften unserer *natürlichen* Umwelt.[1] Ver-trauen auf stabile »natürliche« Bedingungen schafft eine Grundlage, die Sicherheit verleiht, und erweitert die Möglichkeiten des sozialen Han-delns. Angesichts der Komplexität und Ungewissheit der sozialen Welt kann uns das Vertrauen in die Stabilität des Klimas ein gewisses Maß an systemischer Sicherheit und Gewissheit verschaffen. Es sieht ganz so aus, als wäre ein Vertrauen, das sich auch auf Klima- und sonstige Umwelt-prozesse erstreckt, für uns wichtig, weil es uns erlaubt, bestimmte Dinge auszuklammern und dadurch Raum für Handeln und Reflexion in Be-zug auf andere dringende Alltagsprobleme zu gewinnen.

Das Vertrauen auf die Stabilität des Klimas wird dann wichtig, wenn die Erwartungen, die auf diesem Vertrauen basieren, in individuelle und kollektive Entscheidungsprozesse eingehen. Vertrauen auf eine Fortset-zung der Gegenwart in der Zukunft schließt alternative gesellschaft-liche und politische Handlungs- und Entscheidungsmöglichkeiten aus. Kurz, Vertrauen ist zwar äußerst wichtig, kann aber dysfunktional wer-den, wenn es dazu führt, dass Betrachtungsweisen, die wichtige neue Möglichkeiten bieten könnten, gar nicht erst zur Sprache kommen und sichtbar werden können. Das Vertrauen auf stabile Klimaverhältnisse als der Hintergrund, auf dem wir unser Leben planen, könnte in der Tat der Wahrnehmung im Wege stehen, dass die Menschen vielleicht gerade dabei sind, diese Verhältnisse durch ihre Lebensweise zu untergraben.

Aber gerät heute das Alltagsvertrauen auf die Stabilität des Klimas nicht zunehmend unter Druck? Wird die Alltagsvorstellung von der Kli-mastabilität nicht durch die Menge der Forschungsergebnisse oder die mediale Verbreitung der Bilder von verhungernden Eisbären erschüttert (wir kommen darauf noch zu sprechen)? Könnte die konkrete Erfahrung von höheren Temperaturen und ungewöhnlichen oder extremen Wetter-lagen nicht auch in der Öffentlichkeit zu der Erkenntnis beitragen, dass das Klima gar nicht so berechenbar ist? Wenn, wie Matt Shardlow be-merkt, die Natur scheinbar »eine Jahreszeit überspringt« (2016), werden wir dann nicht anfangen, der Konstruktion des Klimas als konstanter Bedingung zu *misstrauen*? Aber Forschung hat ergeben, dass zumindest in Teilen der Nordhalbkugel Apathie gegenüber dem Klimawandel in

---

1 Dies ist, was David Hume die Annahme von der »Gleichförmigkeit der Na-tur« genannt hat (siehe Okasha 2016).

der Öffentlichkeit weit verbreitet zu sein scheint (Giddens 2009; Egan und Mullin 2012; Myers et al. 2012; Norgaard 2011; Moser und Dilling 2007).

In einem neueren Beitrag zum Thema der öffentlichen Wahrnehmung des Klimawandels denken James Hansen und Kollegen darüber nach, ob und wie sich als Reaktion auf die realen Veränderungen der Wettermuster in manchen Teilen der Welt auch die Alltagsannahmen über das Klima verändern werden. Sie meinen, das größte Hindernis für die öffentliche Anerkennung des Klimawandels sei »wahrscheinlich die natürliche Variabilität des lokalen Klimas«. Sie fragen: »Wie soll ein Mensch angesichts der notorischen Unbeständigkeit des lokalen Wetters und Klimas, das von Tag zu Tag und Jahr zu Jahr anders sein kann, einen langfristigen Klimawandel erkennen?«, und antworten: »Die Klimawürfel sind inzwischen dermaßen gezinkt, dass eine aufnahmefähige Person, die alt genug ist, um sich an das Klima von 1951 bis 1980 zu erinnern, *die Existenz des Klimawandels erkennen müsste*, vor allem im Sommer« (2012: 2415; Hervorhebung von uns). Aber dies geht von der Voraussetzung aus, dass das Klimaverständnis einfach von den konkreten Erfahrungen der Vergangenheit abgeleitet wird und durch die Abweichungen, die in der Gegenwart erfahren werden, fragwürdig werden müsste. Das ist natürlich eine höchst spekulative Behauptung in Bezug auf die persönlichen Erfahrungen von Klima und Klimawandel, die nicht nur davon ausgeht, dass die Menschen eine verlässliche Erinnerung an vergangene Wettermuster haben und nun feststellen, dass neue Erfahrungen von diesen Mustern abweichen, sondern auch voraussetzt, dass diese neuen Erfahrungen die Alltagsüberzeugungen vom Klima direkt verändern und unser Vertrauen auf seinen Fortbestand erschüttern.

Der entscheidende Einwand hier ist, dass sich *Wetter*erfahrung nicht direkt in *Klima*wissen übersetzen lässt. Klima und Wetter sind verschiedene Phänomene, wie wir im 2. Kapitel ausgeführt haben. Gerade die *mangelnde* Korrelation verdeutlicht diese Verschiedenheit, wie auch die Robustheit der Konstruktion des Klimas als Bündel von konstanten Bedingungen sie verdeutlicht. Klima und Klimawandel sind *nicht direkt erfahrbar*. Es kann durchaus sein, dass ein Wetterereignis von einem destabilisierten Klima hervorgerufen wird, aber endgültig beweisen lässt sich das nicht. Im 3. Kapitel haben wir erklärt, dass sich das Wetter aus verschiedenen Gründen immer ändert und dass die Vorstellung von einem »normalen« Klima eine wissenschaftliche Konstruktion ist. Die Frage, ob das Vertrauen in ein stabiles und »normales« Klima paradoxerweise nicht gerade gestärkt wird, wenn man Wetterereignisse »extrem« nennt, ist durchaus bedenkenswert. Dient die Etikettierung eines Wetterereignisses als »*ungewöhnlich*« womöglich der Beruhigung, dass Extreme Ereignisse sind, die vom *gewöhnlichen* Klima abweichen, und daher vor allem bestätigen, dass es so etwas überhaupt gibt? Schließlich bestätigt die Ausnahme die Regel. Das Vertrauen auf ein konstantes Klima wird vorübergehend erschüttert, aber letztlich bestätigt.

Klimaerwartungen und Klimawahrnehmungen sind von sozialen und kulturellen Kontexten geprägt; unsere Lebensweisen beruhen auf dem Vertrauen auf die Stabilität des Klimas und nicht auf seiner Unbeständigkeit. Was also könnte dieses Vertrauen erschüttern? Im folgenden Abschnitt betrachten wir die Rolle, die Katastrophennarrative und wissenschaftliche Daten bei der Konstruktion und der Erschütterung der sozialen Wahrnehmung von Klima und Klimawandel spielen.

5.2 Dem Klima misstrauen?

In den letzten Jahrzehnten ist das Thema Klimawandel brisant geworden; in der Wissenschaft wird das Klima, wie wir im 3. Kapitel gesehen haben, nicht mehr als ein Ensemble von statischen Bedingungen betrachtet, sondern als ein unbeständiges System voller Kippelemente und Rückkopplungsschleifen, die zukünftige Verhältnisse schwer vorhersagbar machen. Oft wird der Klimawandel als eine Krise des ganzen Planeten dargestellt, was sowohl an den gravierenden Veränderungen liegen mag, die gemessen wurden, als auch an dem Wunsch, auf sie aufmerksam zu machen.

In scheinbarem Gegensatz zu dem weitverbreiteten Alltagsverständnis von Klima als einer *konstanten Bedingung* herrscht neuerdings eine Darstellung des Klimas als Quelle einer künftigen Katastrophe vor (siehe Machin 2013: 116–123). Bilder von schmelzenden Polkappen, steigenden Meeresspiegeln, Überschwemmungen, Verschmutzung, Seuchen, Krieg und allgemeinem Elend tauchen überall in den Medien und in der Populärkultur auf. Neuere Überschriften lauten: »2020: Letzte Frist für die Verhinderung der Klimakatastrophe« (Hood 2017) und »Klimawandel – kommt die Katastrophe noch früher?« (Kolbert 2016). Bilder dieser Art werden nicht nur von Journalisten und Filmemachern verbreitet, sondern auch von Wissenschaftlern und Politikern. Der Geowissenschaftler James Lovelock zum Beispiel behauptet: »Die Folgen für die Menschheit könnten wahrhaft entsetzlich sein, und wenn wir nicht rasch handeln, könnten wir zusammen mit einem Großteil der Pflanzen- und Tierpopulationen, mit denen wir die Erde teilen, der ›Keulung‹ durch die volle Wucht der Erderwärmung zum Opfer fallen [...] Im 22. Jahrhundert ist dann vielleicht nur noch eine Restmenschheit übrig, die sich in den Polarregionen und in den wenigen Oasen, die es auf der heißen und ausgedörrten Erde dann noch gibt, mehr schlecht als recht durchschlägt« (2011). Ähnlich wird die »Klimakrise« von dem Paläontologen Tim Flannery beschrieben: »Damit steht die Menschheit vor einem Problem, das mittlerweile so dringend geworden ist, dass es unsere gesamte

Zivilisation auslöschen wird, wenn wir es nicht innerhalb der nächsten zwei Jahrzehnte lösen« (2009: 14). Und US-Vizepräsident Al Gore schreibt: »Es mag mitunter so aussehen, als entwickelte sich unsere Klimakrise erst allmählich, aber tatsächlich hat sie sich bereits zu einem regelrechten globalen Notfall ausgewachsen, und wir müssen zur Kenntnis nehmen, dass die Krise bereits da ist« (2006: vierte Umschlagseite).

Susanne Moser und Lisa Dilling beobachten das Vorherrschen von »schonungsloser Panikmache«, die »bei Laien apokalyptische Ängste wachrufen« soll (2007: 164): »Wörter, Bilder, Tonfall und Hintergrundmusik suggerieren Gefahr, Finsternis, Weltuntergang« (2007: 164). Sie stellen fest, dass Appelle dieser Art nicht nur bei politischen Aktionen, sondern auch bei seriösen wissenschaftlichen Diskussionen formuliert werden.

Vermutlich hofft man, mit solchen dystopischen Visionen die Gesellschaft zum Handeln zu bewegen, ehe es zu spät ist. Bilder einer unmittelbar bevorstehenden Krise sollen unser selbstverständliches Vertrauen auf die Stabilität des Klimas erschüttern. Wenn Roy Scranton (2018) zum Beispiel schreibt, dass »wir heute am Rande der Auslöschung stehen«, versucht er, einen radikalen Wandel herbeizuführen. Solche Sätze können durchaus eine Vorstellung von den potentiell verheerenden Auswirkungen des Klimawandels und dem dringenden Handlungsbedarf vermitteln, doch lösen solche Darstellungen des Klimas als Quelle von Katastrophen wirklich eine entschlossene gesellschaftliche Reaktion aus? Rütteln sie die politischen Akteure wirklich auf und setzen kollektives Handeln in Gang? Oder bewirkt das Heraufbeschwören der Katastrophe womöglich genau das Gegenteil?

Denn solche Schilderungen könnten durchaus auch Gefühle der Hilflosigkeit, Machtlosigkeit und Schuld hervorrufen und damit zu einer eher fatalistischen Einstellung zum Klimawandel führen. Die damit verbundenen negativen Emotionen, die zum Teil auch deswegen unbequem sind, weil sie gegen soziale Normen verstoßen, könnten viele Menschen in den Ländern der Nordhalbkugel dazu bringen, sich das Problem »vom Leib zu halten«, wie die Umweltsoziologin Kari Norgaard bemerkt. Das befremdliche Ergebnis ist, dass »die Möglichkeit des Klimawandels sowohl zutiefst verstörend als auch nahezu vollständig verdrängt, sowohl unvorstellbar als auch allgemein bekannt ist« (2011: xix).

Brigitte Nerlich und Rusi Jaspal (2013: 20) befassen sich ebenfalls mit den negativen emotionalen Reaktionen auf den Klimawandel. Sie untersuchen die visuellen Bilder, die oft die Berichterstattung über extreme Wetterereignisse wie Überschwemmungen, Dürren, Hurrikane und Hitzewellen begleiten. Sie erklären, dass die meisten dieser Bilder »die emotionale Bedeutung von Angst, Hilflosigkeit und Verletzlichkeit und in manchen Fällen Schuld und Mitleid« haben, also das, was sie *negative*, passive Emotionen im Gegensatz zu »aktiven, mit Engagement und

Verantwortung verbundenen Emotionen« nennen. Sie betonen, dass Bilder, die Bedrohung symbolisieren, nicht etwa zu einer positiven Verhaltensänderung führen, sondern im Gegenteil zu »Leugnung und Lähmung«. »Das Hauptproblem mit der Angst als zentraler Botschaft der Kommunikation über den Klimawandel«, schreiben sie, »ist, dass das, was Aufmerksamkeit erregt (düstere Prophezeiungen, extreme Folgen), oft gerade nicht das ist, was zum Handeln befähigt« (2007: 164).

In all diesen Beschreibungen ist, wie man vielleicht bemerkt haben wird, von einer Menschheit die Rede, die *als Ganze* vor dem drohend heraufziehenden Chaos und Kollaps steht. Alle Angehörigen der Gattung Mensch sind gleichermaßen Opfer, ungeachtet ihrer unterschiedlichen geografischen, ökonomischen und sozialen Situation. Die von Lovelock (2011: vii) heraufbeschworenen »apokalyptischen Ereignisse« treffen nicht einige mehr als andere, obwohl die Auswirkungen eines sich verändernden Klimas, wie wir im 3. Kapitel gesehen haben, ungleich verteilt sein werden. Und ebenso sind »wir« in diesen Beschreibungen nicht nur Opfer, sondern auch Täter: der Menschheit als Ganzer wird die volle Verantwortung für das Schicksal eines mit dem Klimawandel ringenden Planeten zugeschoben: »Wir haben uns die schlechteste aller Zeiten ausgesucht, um es ihm noch schwerer zu machen« (2011: viii). Um »das gesellschaftliche, ökologische und ökonomische Gefüge des Lebens auf unserem gemeinsamen Planeten zu sichern und zu stärken«, ist in einem Bericht zu lesen, »müssen wir jetzt dringend handeln, um unserer gemeinsamen Verpflichtung gerecht zu werden [...] Versagen ist schlicht keine Alternative« (Revill und Harris 2017: 7).

Nicht nur wird man von diesem Befehlston einigermaßen überrollt, er scheint auch jede wirkliche Diskussion über alternative Vorgehensweisen und Optionen und die diversen Verzweigungen der Klimapolitik auszuschließen, die nun einmal nicht allen gleichermaßen gefallen werden. Die Bildsprache vom Klimawandel als Katastrophe ist gefährlich, weil sie nicht dazu anregt, sich auf die Komplexität und die vielfachen Dimensionen eines noch dazu tief mit der Gesellschaft und ihren Lebensweisen verflochtenen Problems einzulassen, sondern zudem Alternativen ausschließt und so tut, als gäbe es nur eine einzige Lösung, um »die Menschheit vor sich selber zu retten«. Mit einem solchen Katastrophendenken wird, wie Eric Swyngedouw meint, ein problematischer Gegensatz zwischen einer homogenen Menschheit und einer feindlichen Natur konstruiert und so getan, als gäbe es zwischen den verschiedenen Sektoren der Gesellschaft keine Interessenkonflikte (2011: 221): »Die Darstellung des Klimawandels als globales humanitäres Anliegen produziert eine gründlich entpolitisierte Bildsprache, eine Bildsprache, bei der es nicht darum geht, sich für das eine oder das andere Vorgehen zu entscheiden, eine Bildsprache ohne jede Rückbindung an bestimmte politische Programme oder sozioökologische Projekte oder Revolutionen«

(2011: 219). Statt auf Handlungsmöglichkeiten aufmerksam zu machen, auf die sich soziale Bewegungen und politische Kollektive, die einen sozioökonomischen Wandel anstreben, einigen könnten, suggeriert das Gespenst des Klimawandels als Katastrophe, so Swyngedouw, dass sich eigentlich gar nichts ändern muss: »Wir müssen uns radikal ändern, aber im Rahmen der bestehenden Verhältnisse« (2011: 219).

Es könnte also sein, dass eine totalisierende Katastrophen-Bildsprache den Zweck, den sie eigentlich verfolgt, nämlich zu politischem Engagement und innovativer Politik in Sachen Klimawandel zu drängen, gerade verfehlt. Durch extreme Wetterereignisse in Verbindung mit der Aktivierung bestimmter »Kippelemente« (etwa der massiven Freisetzung von Methan infolge des Auftauens der Permafrost-Regionen der Welt), der wachsenden Menge der wissenschaftlichen Daten und den hartnäckigen Botschaften der Klimaaktivisten könnte sich die öffentliche Wahrnehmung von der Dringlichkeit und den Risiken, die mit einem unbeständigen Klima verbunden sind, signifikant ändern. Der Handlungsdruck auf die politisch Verantwortlichen könnte sich verstärken. Es könnte aber auch das genaue Gegenteil eintreten: nämlich Lähmung und das Unterbleiben jeglichen politischen Engagements.

5.3 Der Wissenschaft misstrauen?

Dass Erfahrungen mit Extremwetter und Darstellungen, die eine trostlose und katastrophale Zukunft mit noch mehr und noch schlimmeren Extremen voraussagen, irgendeinen wesentlichen Einfluss auf die öffentliche Wahrnehmung des Klimawandels und das Vertrauen auf die Stabilität des Klimas haben, ist also eher unwahrscheinlich. Man könnte daher versucht sein, die Wissenschaftler zu drängen, bei der Aufklärung über die gravierenden faktischen Möglichkeiten eines unbeständigen Klimas eine führende Rolle zu übernehmen. Das Problem ist nur, dass der kritische Blick auf das Klimavertrauen auch die Wissenschaft trifft, die diesen Blick wirft. In diesem Abschnitt möchten wir uns mit der Rolle der Wissenschaft in der Gesellschaft und im politischen Prozess sowie mit der Tatsache befassen, dass sich die Klimaforschung nicht gegen die Politik abschotten kann, von der sie so eingefordert wie unterlaufen wird.

Oft heißt es, der Grund für die Apathie der Öffentlichkeit beim Thema Klimawandel sei fehlendes wissenschaftliches Wissen. So gesehen könnte die Lösung einfach in einer umfassenderen oder verständlicheren Vermittlung und Verbreitung der Wissenschaft bestehen. Tatsächlich aber stellt gerade die Vermittlung von wissenschaftlichen Erkenntnissen eine bedeutsame Hürde dar. Da der Klimawandel nicht direkt erfahrbar ist, muss man sich seine Wahrnehmung aus den komplexen Daten und oft esoterischen Studien erschließen, die von Klimaforschern generiert und dann von diversen Akteuren und Institutionen – Expertenkommissionen, Journalisten, Politikern – übersetzt werden (Ruser 2018). »Bei jedem komplizierten und strittigen Thema stehen die Nichtfachleute unter den Bürgern, also fast die gesamte Öffentlichkeit, vor der Herausforderung, zwischen Fakt und Fiktion zu unterscheiden« (Minozzi 2011: 301). Konkurrierende politische Eliten können Aussagen ihrer Gegner »blockieren« und sich die Unsicherheit der Öffentlichkeit zunutze machen, indem sie ihr direkt widersprüchliche Informationen präsentieren (Minozzi 2011), und die Sensationsgier und Einseitigkeit der Medien kann die Kommunikation und das Verständnis der Klimaforschung behindern (Cook 2007). Die Rezeption des Klimaproblems in der Öffentlichkeit scheint von der politischen Orientierung, der medialen Interpretation und den sozioökonomischen Werten abhängig zu sein.

So haben zahlreiche Studien ergeben, dass sich die Trennlinien zwischen den Meinungen zu Klimawandel, Klimaforschung und Klimapolitik oft mit den Trennlinien zwischen den Anhängern bestimmter Parteien decken. Ein vor Kurzem vom Pew Research Centre veröffentlichter Bericht zur Klimapolitik in den USA diagnostiziert eine »deutliche Spaltung« der amerikanischen Öffentlichkeit in Bezug auf die Interpretation der Wissenschaft vom Klimawandel. So hätten die politische Linke und die politische Rechte »weit auseinander gehende Wahrnehmungen vom heutigen Stand der Wissenschaft, unterschiedlich großes Vertrauen in die Informationen, die sie von professionellen Forschern bekommen, und unterschiedliche Meinungen dazu, ob sich die Klimaforscher bei ihrer Arbeit eher von Forschergeist oder von Karrieredenken leiten lassen« (2016). US-Bürger, die die Demokratische Partei wählen, sind eher vom Klimawandel überzeugt und schenken den Klimaforschern eher Glauben, während Wähler der Republikanischen Partei schwere Schäden durch einen Klimawandel für weniger wahrscheinlich halten und den Behauptungen der Klimaforscher eher skeptisch gegenüberstehen.

Aber das Problem ist unserer Meinung nach gar nicht, dass die öffentlichen Wahrnehmungen von Klimawandel und Klimawissenschaft nicht immer völlig rational sind. Das Problem ist vielmehr, dass es bei den Diskussionen über den Klimawandel ja gerade darum geht, was überhaupt »rational« wäre. Klimamessungen und Vorhersagen in Bezug auf den Klimawandel sind äußerst schwierig, wie wir im 2. und 3. Kapitel hoffentlich zeigen konnten. Wissenschaftliche Ungewissheit ist gar nicht zu vermeiden. Das bedeutet, dass es auch nicht nur die eine »rationale« Antwort gibt und dass politische Entscheidungsprozesse dadurch extrem schwierig und höchst kontrovers werden. Entscheidungen über die Zukunft müssen auf Basis einer wissenschaftlichen Beratung gefällt werden, die keine präzisen Daten oder Vorhersagen zu bieten hat.

Aber selbst wenn es das vollkommene Wissen über die Reaktion des Klimas auf sich verändernde Umweltbedingungen und über die Folgen dieser Reaktion gäbe, wäre die Bekämpfung des Klimawandels immer noch keine Frage des technokratischen Managements von ökonomischen Ressourcen und soziökonomischen Praktiken. Denn Menschen verhalten sich auch nicht-rational und haben unterschiedliche kulturelle Übereinkünfte, und all das macht politische Entscheidungsprozesse höchst komplex. Prognosen in Bezug auf die Folgen des Klimawandels, die öffentliche Reaktion auf eine bestimmte Klimapolitik und die Auswirkungen einer solchen Klimapolitik auf unser soziökonomisches System sind daher äußerst schwierig, wenn nicht unmöglich. Bestehende gesellschaftliche Wertvorstellungen, Techniken, Strukturen und Prozesse lassen sich nicht einfach in die Zukunft projizieren. Das gilt ganz besonders in modernen »Wissensgesellschaften«, die sich nicht nur durch raschen gesellschaftlichen Wandel und die wachsende Abhängigkeit von wissenschaftlichen Erkenntnissen auszeichnen, sondern auch durch die wachsende Unfähigkeit großer Institutionen wie der Regierung oder der Wissenschaft, angemessene und sozial akzeptable Lösungen für viele auftretende Probleme zu finden und umzusetzen (Stehr 2001).

Die Apathie angesichts des Klimawandels ist also nicht einem Informationsdefizit anzulasten, obwohl dies vielfach so gesehen wird (Norgaard 2011: 1–2). Denn auch wenn dies der Grund wäre, und auch wenn die Öffentlichkeit die wissenschaftlichen Verfahren, Instrumente und Daten besser verstehen würde, würde das Problem dadurch nicht einfacher. Das Nebeneinander vieler verschiedener Sichtweisen und Werte bedeutet, dass es die eine »richtige« Art und Weise, dem Klimawandel zu begegnen, nicht gibt. Der Klimawandel ist ein typisches »tückisches Problem«, bei dem die Folgen ungewiss und die Risiken hoch sind (Hulme 2009). Wissenschaftliche Erkenntnisse sind für die politisch Verantwortlichen ohne Zweifel eine wichtige und in ihrem Wert kaum zu überschätzende Ressource. Aber Politik kann sich von der Wissenschaft *beraten*, nicht jedoch *diktieren* lassen. Die Wissenschaft kann Daten bereitstellen und interpretieren, uns aber letztlich nicht sagen, wie wir diese Daten nutzen sollen. Sie kann uns nicht sagen, welche Priorität wir dem Klimawandel gegenüber anderen drängenden sozialen, ökonomischen und ökologischen Problemen geben sollen. Sie kann uns nicht sagen, wie wir Ressourcen zuweisen sollen; ob wir auf Geo-Engineering setzen sollen oder auf erneuerbare Energien oder auf einen grundlegenden Wandel der Lebensweisen. Dies sind politische und ethische Entscheidungen, die sich nicht einfach von den wissenschaftlichen Daten »ablesen« lassen.

Es gibt also kein vollkommenes Wissen über den Klimawandel und auch keinen Konsens darüber, was mit dem unvollkommenen Wissen anzufangen wäre, und weil das so ist, wird inzwischen dafür plädiert, lieber zu den Ungewissheiten und Uneinigkeiten rund um Klimaforschung und Klimapolitik zu stehen, als weiter auf einem wissenschaftlichen Konsens über die »Tatsache« des menschengemachten Klimawandels zu beharren

(Machin 2013). Ein Kommentator unterstreicht: »Man schafft eine Basis für politisches Handeln nicht einfach dadurch, dass man sich auf Fakten beruft. Wo diese Fakten komplex und umstritten sind, wie es beim Klimawandel der Fall ist, müssen Experten und Politiker die Sorgen, die die Öffentlichkeit bewegen, stärker zur Kenntnis nehmen und sich aktiver auf sie einlassen« (Pearce et al. 2017).

Zu behaupten, man habe Gewissheit, wo es gar keine gibt, ist gefährlich, da es leicht von denen ausgenutzt werden kann, die ohnehin nicht von der Möglichkeit oder der Dringlichkeit des Klimawandels überzeugt sind (Machin, Ruser und Werburg 2017). Wenn das Vertrauen in die Klimaforschung und die Klimaforscher schwindet, dann kann jeder Skandal – ob echt oder unecht – einen Rückschlag für die Klimapolitik bedeuten. Wie zum Beispiel die sogenannte »Climategate«-Affäre, also jene Ereignisse wenige Wochen vor dem Kopenhagener Klimagipfel, als die Email-Accounts von Wissenschaftlern an der Climatic Research Unit (CRU) der East Anglia University in Großbritannien gehackt wurden. Es wurde behauptet, der Email-Verkehr zwischen den dortigen Wissenschaftlern zeige, dass der Klimawandel eine Verschwörung sei. Das war falsch, aber was die Affäre stattdessen deutlich machte, war die politisch aufgeheizte Stimmung rund um das Thema Klimawandel. In dem Bericht, den die britische Regierung als Antwort auf die »Climategate«-Affäre vorlegte, heißt es: »Fest steht, dass der Ruf der britischen Klimawissenschaften durch die Veröffentlichung der CRU-Emails geschädigt wurde und dass angesichts der zunehmenden Polarisierung der Meinungen zur Erderwärmung jede Abweichung von den höchsten wissenschaftlichen Standards ein willkommener Anlass für neue Polemik sein wird« (British Government 2010).

Genau deshalb sollte man unserer Meinung nach das Thema Klimawandel nicht bloß den Naturwissenschaftlern überlassen, denn sowohl das Problem als auch die Forschung zu diesem Problem sind immer auch eingebunden in gesellschaftliche und politische Prozesse. Die Aufgabe der Klima- und Klimafolgenforschung kann nicht bloß darin bestehen, sich mit den natürlichen Klimaschwankungen und dem menschengemachten Klimawandel zu befassen. Vielmehr sollten auch die Sozialwissenschaften zu den Bemühungen beitragen, das komplexe Problem der Wahrnehmung von Klima und Klimawandel zu verstehen. Ohne einen tragfähigen interdisziplinären Ansatz für die Beratung der politischen Entscheidungsträger ist zu befürchten, dass jede Klimapolitik, für die man sich entscheidet, weniger konsequent und weniger verlässlich sein wird als das Klima selbst. Um einige der möglichen Alternativen für politische Entscheidungsträger soll es daher im nächsten Kapitel gehen.

5.4 Schluss: Gesellschaftlicher Wandel?

Wird ein Umweltverständnis, die sich während der Jahrhunderte einer zunehmenden Sicherheit vor der riskanten und unberechenbaren Natur der Klimabedingungen halten konnte, durch die zunehmende Zahl der »extremen Wetterereignisse« ins Wanken geraten? Könnte es sein, dass »sich uns [die Natur] jedoch eher in Erinnerung bringt« und uns zu langfristigerem Denken zwingt (Serres 1994 [1990]: 54)? Garantiert ist das nicht. Noorgard fragt: »Da viele Menschen die düsteren Fakten durchaus kennen, wie schaffen sie es, eine Alltagsrealität herzustellen, in der dieses drängende gesellschaftliche und ökologische Problem unsichtbar ist?« (Noorgard 2011: xviii). Amitav Ghosh meint, das läge daran, dass »durch die Klimakrise [...] etwas viel Tiefsitzenderes aus den Fugen zu geraten [droht]« (2017 [2016]: 188). Dieses Kapitel hat, so hoffen wir, gezeigt, dass das Vertrauen auf die Stabilität des Klimas durch Erfahrung oder Katastrophenszenarien oder wissenschaftliche Daten nicht zwangsläufig »aus den Fugen gerät«. Alles andere hieße, zu unterschätzen, in welchem Maße Erwartungen in Bezug auf Umweltbedingungen einschließlich des Klimas eine Basis und zugleich ein Produkt unserer Gesellschaften sind. Wahrnehmungen von Klima und Klimawandel sind geprägt von gesellschaftlichen Normen, politischen Ideologien und kulturellen Praktiken (Weber 2010; Ghosh 2017 [2016]). Wir lesen unser Klimaverständnis nicht einfach vom Wetter oder von wissenschaftlichen Daten und Prognosen ab. Die gesellschaftliche Bedeutung des Klimas ist eine Konstruktion aus Erwartungen, Werten, Vorstellungen und Gefühlen, die die Natur und die Wissenschaft betreffen. Die Frage ist, ob sich diese Konstruktion verändern wird, und wenn ja, wie schnell. Denn von diesen öffentlichen Wahrnehmungen hängt es ab, ob und wie neue, innovative und wirksame Klimapolitik formuliert und umgesetzt werden kann. Dies ist der Hintergrund, vor dem wir uns im nächsten Kapitel den Optionen der Klimapolitik zuwenden möchten.

Literatur

Barber, Bernard (1983): *The Logic and the Limits of Trust*. New Brunswick, NJ: Rutgers University Press.

British Government (2010): *Government Reponse to the House of Commons Science and Technology Committee 8th Report of Session 2009-10: The disclosure of climate data from the Climatic Research Unit at the University of East Anglia*. London: The Stationary Office Ltd.

Brönnimann, Stefan (2015): *Climatic Changes since 1700*. Heidelberg: Springer.

Brückner, Eduard (2008 [1890]): »Klimaschwankungen seit 1700«, in: Nico Stehr und Hans von Storch (Hrsg.): *Eduard Brückner – Die Geschichte unseres Klimas: Klimaschwankungen und Klimafolgen*. Österreichische Beiträge zu Meteorologie und Geophysik, Heft 40: 72–156.

Cook, Peter (2007): »Public Science, Society and the Greenhouse Gas Debate«, in: Jene Porter und Peter W.B. Phillips (Hrsg.): *Public Science in Liberal Democracy*. Toronto, Buffalo, London: University of Toronto Press, 84–108.

Egan, Patrick J. und Megan Mullin (2012): »Turning personal experience into political attitudes: The effect of local weather on Americans' perceptions about global warming«, *The Journal of Politics* 74: 796–809.

Flannery, Tim (2009): *Now or Never: Why We Must Act Now to End Climate Change and Create a Sustainable Future*. New York, NY: Atlantic Monthly Press.

Fukuyama, Francis (1995): *Trust: The Social Virtues and the Creation of Prosperity*. New York, NY: Free Press.

Ghosh, Amitav (2017 [2016]): *Die große Verblendung. Der Klimawandel als das Undenkbare*. München: Karl Blessing Verlag.

Giddens, Anthony (1995 [1990]): *Die Konsequenzen der Moderne*. Frankfurt am Main: Suhrkamp.

Giddens, Anthony (2009): *The Politics of Climate Change*. Cambridge, Malden: Polity Press.

Gore, Al (2006): *An Inconvenient Truth: the Planetary Emergency of Global Warming and What We Can Do About it*. London: Bloomsbury.

Hansen, James, Makiko Sato und Reto Ruedy (2012): »Perception of climate change«, *PNAS*: E2415–E2423.

Hood, Marlow (2017): »2020 deadline to avert climate catastrophe: experts«. Online unter: https://phys.org/news/2017-06-deadline-avert-climate-catastrophe-experts.html (abgerufen am 21.01.2019).

Hulme, Mike (2009): *Why We Disagree About Climate Change: Understanding Controversy, Inaction and Opportunity*. Cambridge: Cambridge University Press.

Kolbert, Elizabeth (2016): »Climate Catastrophe, Coming Even Sooner?«, *The New Yorker* 31.03.2016. Online unter: https://www.newyorker.com/news/daily-comment/climate-catastrophe-coming-even-sooner (abgerufen am 21.01.2019).

Lovelock, James (2011): »Forward« in: Robert Henson: *The Rough Guide to Climate Change*. London: Rough Guides.

Luhmann, Niklas (1973): *Vertrauen. Ein Mechanismus der Reduktion sozialer Komplexität*. Stuttgart: Ferdinand Enke.

Machin, Amanda (2013): *Negotiating Climate Change*. London: Zed Books.

Machin, Amanda, Alexander Ruser und Nikolaus von Andrian Werburg (2017): »The Climate of Post-Truth Populism: Climate vs the People«, *Public Seminar*. Online unter: http://www.publicseminar.org/2017/06/the-climate-of-post-truth-populism/#.WbJ3AGSCwfE (abgerufen am 21.01.2019).

Marsh, George P. (1965 [1864]): *Man and Nature*. Cambridge, Mass.: Harvard University Press.

Minozzi, William (2011): »A Jamming Theory of Politics«, *The Journal of Politics* 73: 301–315.

Moser, Susanne C. und Lisa Dilling (2011): »Communicating climate change: closing the science-action gap«, in: John Dryzek, Richard B. Norgaard und David Schlosberg (Hrsg.): *The Oxford Handbook of Climate Change and Society*. Oxford: Oxford University Press, 161–174.

Myers, Teresa A., Edward W. Maibach, Connie Roser-Renouf, Karen Akerlof und Anthony A. Leiserowitz (2012): »The relationship between personal experience and belief in the reality of global warming«, *Nature Climate Change* 2: 1–5.

Nerlich, Brigitte und Rusi Jaspal (2013): »Images of extreme weather: Symbolising human responses to climate change«, *Science as Culture* (23): 253–276.

Newton, Kenneth (2007): »Social and political trust«, in: Russel J. Dalton und Hans-Dieter Klingemann (Hrsg.): *The Oxford Handbook of Political of Behavior*. Oxford: Oxford University Press, 342–361.

Norgaard, Kari Marie (2011): *Living in Denial: Climate Change, Emotions and Everyday Life*. Cambridge, London: MIT Press.

Offe, Claus (1999): »How Can We Trust our Fellow Citizens«, in: Mark Warren (Hrsg.): *Democracy and Trust*. Cambridge: Cambridge University Press: 42–87.

Okasha, Samir (2016): *Philosophy of Science*. Oxford: Oxford University Press.

O'Neill, Onora (2002): *A Question of Trust*. Cambridge: Cambridge University Press.

Pearce, Warren, Reiner Grundmann, Mike Hulme, Sujatha Raman, Eleanor Hadley Kershaw und Judith Tsouvalis (2017): »Beyond Counting Climate Consensus«, *Environmental Communication*. Doi: 10.1080/17524032.2017.1333965.

Pew Research Centre (2016): »The Politics of Climate«. Online unter: www.pewinternet.org/2016/10/04/the-politics-of-climate/ (abgerufen am 21.01.2019).

Putnam, Robert D. (1995): »Bowling Alone: America's Declining Social Capital«, *Journal of Democracy* 6 (1): 65–78.

Revill, Chloe und Victoria Harris (2017): »2020: The Climate Turning Point«. *Mission 2020*. Online unter: http://www.mission2020.global/ (abgerufen am 21.01.2019).

Ruser, Alexander (2018): Climate Politics and the Impact of Think Tanks: *Scientific Expertise in Germany and the US*. London: Palgrave Macmillan.

Scranton, Roy (2018): *We are doomed. Now what? Essays on War and Climate Change*. New York: Soho.

Sen, Amartya (1999): *Development as Freedom*. New York: Alfred A. Knopf.

Serres, Michel (1994 [1990]): *Der Naturvertrag*. Frankfurt am Main: Suhrkamp.

Shardlow, Matt (2016): »Nature skips a season«, *The Guardian* 01.01.2016. Online unter: http://www.theguardian.com/environment/2016/jan/01/nature-skips-season (abgerufen am 21.01.2019).

Simmel, Georg (2013 [1906]) »Das Geheimnis und die geheime Gesellschaft«, in: ders.; *Soziologie. Untersuchungen über die Formen der Vergesellschaftung*. Frankfurt am Main: Suhrkamp, 383–455.

Stehr, Nico (2001): *The Fragility of Modern Societies: Knowledge and Risks in the Information Age*. London: Sage

Stehr, Nico und Hans von Storch (2000): »Eduard Brückner's Ideas – Relevant in His Time and Today«, in: Nico Stehr und Hans von Storch (Hrsg.): *Eduard Brückner – The Sources and Consequences of Climate Change and Climate Variability in Historical Times*. Springer.

Stehr, Nico, Hans von Storch und Moritz Flügel (1995): »The 19th Century Discussion of Climate Variability and Climate Change: Analogies for the Present?«, *World Resources Review* 7: 589–604.

Swyngedouw, Erik (2011): »Whose Environment? The End of Nature, Climate Change and the Process of Post-Politicization«, *Ambiente and Sociedade* 14 (2): 69–87.

Weber, Elke U. (2010): »What shapes perceptions of climate change?«, *WIREs Climate Change* 77: 332–342.

6. Klima als politisches Problem

Klare Gewässer und grüne Berge sind so gut wie Berge
von Gold und Silber.

*Xi Jinping, Präsident der Volksrepublik China, Rede
vor den Vereinten Nationen, 18. Januar 2017*[1]

Das Klima, egal, ob konstant oder unberechenbar, ist keine bloße Hintergrundbedingung des Alltags mehr, wie die vorigen Kapitel hoffentlich zeigen konnten. Heute ist Klima zunehmend etwas, das eine aktive Einschätzung und Reaktion erfordert. Das sich verändernde Klima samt seinen Folgen und Risiken ist mittlerweile in unseren politischen Institutionen und Mechanismen als wichtiges Problem angekommen, bei dem politische Entscheidungen gefällt und umgesetzt werden müssten. Klima ist nicht etwas, das der menschlichen Gesellschaft einfach *äußerlich* ist, Klima ist etwas, das *in* ihrer Politik *enthalten*, ja gelegentlich vielleicht sogar ihr zentraler Punkt ist. Klima ist etwas, *für* das und *über* das Politik gemacht wird.

In diesem Kapitel befassen wir uns mit den unterschiedlichen Möglichkeiten, das sich verändernde Klima als politische Frage zu verstehen. Wir unterscheiden drei unterschiedliche, einander aber nicht ausschließende klimapolitische Ansätze. Bei allen drei Ansätzen geht es entweder um die Anpassung an ein unberechenbares Klima (Adaptation), das definitiv, wenn auch unvorhersehbar, von der menschlichen Gesellschaft verändert wird, oder um den Schutz vor diesen ungewissen Veränderungen (Mitigation).

Bei einem ersten Ansatz wird der Klimawandel als ein Problem betrachtet, das in die Zuständigkeit der *Wissenschafts-* bzw. *Technologiepolitik* fällt. Wissenschaft und Wissenschaftler geben in den klimapolitischen Diskussionen nicht nur tendenziell den Ton an, sondern sind auch oft diejenigen, von denen man Lösungsvorschläge erwartete. Technologien gelten als entscheidend für Adaptation wie Mitigation. Bei den politischen Maßnahmen stehen technologische Innovationen im Vordergrund, etwa der Umstieg auf Atomenergie, die Entwicklung von Techniken zur Gewinnung von Energie aus erneuerbaren Quellen, die Einführung von Kohlenstoffabscheidung und -speicherung und Geo- bzw. Klima-Engineering. Ein zweiter Ansatz sieht den Klimawandel in der Zuständigkeit der *Wirtschaftspolitik*. Politische Maßnahmen zielen auf ein Verhaltens-»Management« durch Marktmechanismen wie

---

[1] Siehe https://www.theguardian.com/world/2017/jan/19/chinas-xi-jinping-
-says-world-must-implement-paris-climate-deal (abgerufen am 21.01.2019).

Emissionsrechtehandel und Emissionsbesteuerung, Subventionierung des Sektors der erneuerbaren Energien und Anreize zur Veränderung des Konsumentenverhaltens ab. Der dritte Ansatz schließlich setzt auf *Ordnungspolitik*. Dabei werden Regulierungsmechanismen eingesetzt, um in Gesellschaft und Industrie den Übergang zu nachhaltigeren Mustern des Energieverbrauchs voranzutreiben. Politische Maßnahmen dieser Art sind Recyclingvorschriften, gesetzliche Regelungen der Landnutzung und Standards für Baumaterialien.

Wir meinen, dass keine dieser politischen Maßnahmen allein zu einer perfekten »Lösung« für ein im Wandel begriffenes Klima führen wird; kein einzelnes politisches Instrument kann den Klimawandel abmildern oder die Anpassung optimieren. Vielmehr sind wir der Ansicht, dass die Klimapolitik nicht separat, sondern als ein mit anderen *Bereichen* wie zum Beispiel Energie, Transport und Verkehr, Sicherheit und Gesundheit verbundenes Politikfeld betrachtet werden sollte. Außerdem betonen wir die Art und Weise, wie der Klimawandel mit anderen politischen *Problemen* wie Armut, Ungleichheit und Sicherheit verklammert ist. Wir sind der Ansicht, dass die Klimapolitik gerade wegen ihrer komplexen Einbettung von demokratischen Mechanismen bestimmt wird. Im letzten Abschnitt des Kapitels wird dann erörtert, ob eine tragfähige Klimapolitik, wie oft behauptet wird, nicht mit der Demokratie vereinbar ist.

6.1 Wissenschaftspolitik

Wir haben in diesem Buch die These vertreten, dass Klima und Klimawandel oft als eine primär – und mitunter sogar ausschließlich – wissenschaftliche Frage angesehen werden. Von Wissenschaftlern wird erwartet, dass sie die Lage richtig darstellen, die Zukunft vorhersagen und die ökologischen Grenzen aufzeigen, innerhalb derer die Gesellschaft nachhaltig funktionieren kann. Zusätzlich erwartet man von ihnen, dass sie die technologischen Innovationen zur Abwehr der Gefahren eins veränderten Klimas produzieren.

Sieht man sich diese technologischen Innovationen an, kann diese Kategorie selber noch einmal in drei Kategorien unterteilt werden: *defensive* Technologien, die die Menschen und ihre soziale und natürlich Umwelt vor Klimaextremen zu schützen versprechen; *alternative* Technologien, die sauberere Formen der Energieerzeugung anbieten, um die Abhängigkeit der Gesellschaften von fossilen Brennstoffen und den Ausstoß von Treibhausgasen zu verringern; und schließlich *Engineering*-Technologien, die die Auswirkungen und das Ausmaß der Erderwärmung durch Klima-»Management« mindern wollen.

Technologische Innovationen sind immer entscheidend gewesen, um den Menschen zu ermöglichen, sich selbst und ihre Ressourcen vor den

Gefahren von Extremwetterlagen zu schützen. Ein wichtiges und vielleicht leicht vergessenes Beispiel ist die Erfindung der Klimaanlage, die gewaltige Migrationsströme auslöste (Biddle 2008).[2] Zu erwarten ist, dass mit weltweit steigenden Temperaturen und steigenden Einkommen die Nutzung von Klimaanlagen in Wohn- und Bürogebäuden in den nächsten Jahrzehnten dramatisch zunimmt. Andere Beispiele sind Hochwasserschutz, Entwässerungssysteme, orkanfeste Architektur, dürretolerante Nutzpflanzen, wassersparende »durstige Häuser« (Weiner 2015), Schwingungstilger in Hochhäusern (»skyscraper pendulum«; McKean 2013) und Impfkampagnen. Neben den neuen »Hochtechnologien« gibt es außerdem eher traditionelle Vorkehrungen und Methoden, die über Generationen benutzt und verfeinert wurden (UNEP 2012). Mit der Nutzung derartiger Technologien werden Defensivmaßnahmen umgesetzt, die auf ein verändertes Klima und die damit drohende Verschärfung bestehender Umweltrisiken reagieren und sie zugleich antizipieren.

Daneben gibt es Technologien, die versuchen, eine der *Ursachen* solcher Bedrohungen anzugehen, indem sie die Freisetzung von Treibhausgasen in die Atmosphäre verringern. Alternative Technologen versuchen, sauberere und erneuerbare Energiequellen zu nutzen. Anlagen zur Gewinnung von Energie zum Beispiel aus Wind, Sonnenwärme, Photovoltaik sowie Geothermal-, Gezeiten- und Wasserkraftenergie befinden sich zurzeit in diversen Entwicklungsstadien. Außerdem gibt es Technologien, die die Energieeffizienz erhöhen. Zum Beispiel Software, mit deren Hilfe Landwirte entscheiden können, wann und wie sie ihre Anbauflächen mit Stickstoff behandeln, um so die Menge des als Treibhausgas in die Atmosphäre entweichenden Gases zu reduzieren, das in seiner Wirkung 300fach stärker als Kohlendioxid ist (Burgess 2014).

Eine weitere neue Technologie ist die Kohlenstoffabscheidung und -speicherung (»carbon sequestration and storage«, CCS), bei der Kohlendioxid im Abgasstrom abgefangen und in nicht-atmosphärischen Lagerstätten gespeichert wird.[3] Diese Technik könnte potentiell zur Eindämmung der Kohlendioxidemissionen vor allem aus Kohlekraftwerken beitragen, die laut UNEP-Bericht die Quelle von mehr als einem Viertel der weltweiten Treibhausgasemissionen sind (UNEP 2012). Es gibt verschiedene CCS-Methoden; Kohlendioxid kann am einfachsten nach der Verbrennung abgefangen werden (»post-combustion capture«), indem

---

2 So stellte Jeff Biddle (2008: 412) für die Vereinigten Staaten fest: »1955 hatten weniger als 2% der Wohngebäude eine Klimaanlage; 1980 waren es schon über die Hälfte, und über ein Viertel wurde über eine zentrale Klimaanlage versorgt.« Unterschiede des Klimas hängen eng mit der Einführung von Klimaanlagen zusammen: »Die Klimavariablen, und vor allem die Tagestemperatur-Variablen sind die wichtigsten Determinanten für den Anteil von Wohngebäuden mit Klimaanlage.«

3 Siehe die Website des MIT CC&ST Program: https://sequestration.mit.edu/

man eine Chemikalie in das Abgas einspritzt, aber damit verringert man die Energieproduktion und erhöht massiv die Kosten. Abscheidung vor der Verbrennung ist eine neuere Technik, aber kann nur bei neuen »überkritischen« Kohlekraftwerken angewendet werden, die ebenfalls extrem teuer sind. Weitere Probleme außer den Kosten betreffen die Frage, wo das abgeschiedene Kohlendioxid gespeichert wird und wie man es dorthin bekommt. Befürworter meinen, man könnte es in verflüssigter Form in Lagerstätten tief unter der Erde einspritzen. Aber nicht alle sind davon überzeugt, dass das sicher ist, und außerdem würde ein Pipeline-Netz von mehreren zehntausend Kilometern Länge neu angelegt werden müssen, um das Gas zu transportieren (Zeller 2013).

Noch umstrittener ist die Kernspaltung, die ebenfalls sauberere Energie liefert. Kernkraft produziert praktisch keine Treibhausgasemissionen, und der verwendete Brennstoff, Uran, ist reichlich vorhanden. Aber im Gegensatz zu Kohle- und Erdgaskraftwerken ist zwar der Brennstoff relativ billig, das Kraftwerk selbst aber teuer. Der Bau eines Kernkraftwerks erfordert enorme Vorlaufkosten: bis zu 10 Milliarden US Dollar (Findlay 2010). Außerdem dauern Planung, Zulassung und Bau lange (im Durchschnitt sieben Jahre) (Findlay 2010). Die International Atomic Energy Agency (IAEA; deutsch: Internationale Atomenergie-Organisation, IAEO) sagt, dass ein Atomprogramm eine Festlegung von 100 Jahren erfordert.[4] Die vielleicht größte Einschränkung einer auf Kernkraft setzenden Energiepolitik ist das mit ihr unvermeidlich verbundene Risiko – ob minimal oder nicht – und die entsprechend schwache und unberechenbare öffentliche Unterstützung. Kernenergie stößt bei denen auf größten Widerstand, die sich wegen des mit ihr einhergehenden Umweltrisikos Sorgen machen, wie klein es auch immer sein mag. Dazu gehört auch das Problem der Atommüllentsorgung.

Ein typischer Reaktor produziert 27 Tonnen verbrauchte Brennelemente aus der Uranverbrennung. Diese verbrauchten Brennelemente enthalten »hoch radioaktiven Müll«, der sorgfältig gemanagt werden muss. Die World Nuclear Association erklärt, dass der Müll in Becken gelagert, entsorgt oder wiederaufbereitet werden kann (World Nuclear Association 2016). Wird er wiederaufbereitet, kann das daraus gewonnene Uran und Plutonium wiederverwertet werden, und die Müllmenge reduziert sich auf 3 m3 pro Jahr. Sie weisen auch darauf hin, dass nach 40 bis 50 Jahren die Radioaktivität auf ein Tausendstel des Ausgangswertes sinkt. Dennoch stellen die Bedenken wegen des Atommülls einen »Dämpfer« für die Industrie dar (Findlay 2010). Weitere Bedenken gelten der Regulierung. Obwohl es verschiedene Abkommen und Regelungen gibt, unter anderem die IAEA in Wien und die OECD in Paris, sind sie nicht unbedingt gut integriert. Da zudem jedes Land letztlich

4   Siehe die IAEA-Website: www.iaea.org

selber für die Sicherheit seiner Atomindustrie verantwortlich ist, besteht die Gefahr, dass »sich Neuankömmlinge ihrer Verantwortung für die Sicherheit nicht bewusst oder nicht auf sie vorbereitet sind, keine Sicherheitskultur kennen und Regierungen haben, die zu schwach sind, um Sicherheitsvorschriften durchzusetzen« (Findlay 2010: 23). Aber selbst Staaten, die schon seit Jahrzehnten Kernenergie produzieren, sind gegen Unfälle nicht gefeit. 2011 führte die Katastrophe von Fukushima zu bleibenden Bedenken wegen der Risiken, die man bei Beibehaltung dieser Technologie eingeht, wozu noch die Sorge kommt, dass Kernkraftwerke zur Zielscheibe terroristischer Attacken werden könnten. Greenpeace zum Beispiel, eine Nichtregierungsorganisation von Umweltaktivisten, die Anti-Atomkraft-Kampagnen durchführen, schreibt: »Keiner der 436 Atommeiler der Welt ist gefeit gegen menschliches Versagen, Naturkatastrophen oder irgendeinen der vielen anderen schweren Zwischenfälle, die zur Katastrophe führen könnten. Millionen Menschen, die in der Nähe von Atommeilern leben, sind gefährdet.«[5] Befürworter der Kernkraft sagen genau das Gegenteil. Eine Gruppe von Wissenschaftlern, darunter James Hansen, schreibt in einem Brief: »Fortgesetzter Widerstand gegen die Kernkraft bedroht die Fähigkeit der Menschheit, den gefährlichen Klimawandel zu vermeiden« (CNN 2013). Kernkraft wird somit zugleich als das beste und das schlechteste Mittel gegen den Klimawandel angesehen.

Auch das »Geo-Engineering« oder »Klima-Engineering« wird zurzeit in den klimapolitischen Debatten als ernstzunehmende Alternative behandelt (Hamilton 2014; Hulme 2014). Geo-Engineering kann definiert werden als »der bewusste, groß angelegte Eingriff in das Klimasystem der Erde« (The Royal Society 2009: IX). David Keith, Professor für angewandte Physik und Sozialpolitik, ist ein Befürworter eines solchen gezielten Eingreifens in das Klima. Er propagiert eine Form des »solaren Geo-Engineering«, bei dem durch Einbringen von reflektierenden Schwefelaerosolen in die Stratosphäre ein »Sonnenschatten« für die darunter liegende Erde erzeugt wird. Seiner Meinung nach »ist die zugrundeliegende Wissenschaft solide und sind die technologischen Entwicklungen real«, sodass ein solches solares Geo-Engineering »ein billiges Instrument« darstellt, »das die Erde umweltfreundlich machen könnte« (Keith 2013: X). Zwar räumt Keith ein, dass die Nutzung dieser Technologie eine harte Entscheidung wäre; sie ist ein »außerordentlich wirksames Instrument, aber doch auch gefährlich« (Keith 2013: X). Dennoch befürwortet er sie, mit einer kleinen Einschränkung: »Wenn die

---

5   Siehe die Anti-Atomkraft-Kampagne von Greenpeace und ihre Berichte über die Atomkatastrophe von Fukushima: http://www.greenpeace.org/international/en/campaigns/nuclear/Fukushima-disaster/ (abgerufen am 21.01.2019).

Forschung ergibt, dass der Nutzen dieser Technologien ihre Kosten bei weitem übersteigt, dann sollten wir tatsächlich relativ bald damit anfangen, wenn auch vorsichtig und in kleinen Schritten« (Grolle 2013). Die Wissenschaftler selber weisen jedoch darauf hin, dass keine bestimmte Technologie in der Lage ist, eine direkt wirkende »Wunderwaffe« zu liefern (The Royal Society 2009: V). Tatsächlich könnten diese Technologien selber schädliche Auswirkungen haben und die empfindlichen Mechanismen, die auf die Umwelt einwirken, auf komplexe und ungewisse Weise negativ beeinflussen. So war vor ein paar Jahren in einem Leitartikel in *Nature* zu lesen: »Das Heilmittel könnte schlimmer sein als die Krankheit« (Nature 2014: 8). Die Legitimität und Wirksamkeit technologie- und wissenschaftspolitischer Ansätze ist sehr umstritten, und daher müssten bei ihrem Einsatz ethische Fragen ausgehandelt und politische Widerstände überwunden werden (Szerszynski, Galarraga 2013: 2818). Die Royal Society stellt in ihrem vielzitierten Bericht zum Geo-Engineering fest, dass es zwar viele *wissenschaftliche* Schwierigkeiten und Ungewissheiten gibt, dass aber »die größten Herausforderungen für den erfolgreichen Einsatz von Geo-Engineering vielleicht weniger die wissenschaftlichen und technischen Fragen sind als vielmehr die *sozialen, ethischen, rechtlichen und politischen* Probleme, die sich bei einer politischen Steuerung stellen« (The Royal Society 2009: XI).

Tatsächlich hängen die Möglichkeiten all dieser Technologieformen natürlich davon ab, ob die Regierungen bereit sind, ihre Entwicklung und Umsetzung zu subventionieren und zu unterstützen. Diese politischen Entscheidungen wiederum sind abhängig von Faktoren wie ethische Legitimität, Energiesicherheit, öffentliche Unterstützung und Wirtschaftlichkeit. Diesem letzten Faktor wollen wir uns nun zuwenden. Eine Betrachtung unter wirtschaftspolitischen Gesichtspunkten legt den Schluss nahe, dass Wirtschaftlichkeit der entscheidende Punkt für eine wirksame Klimapolitik ist.

6.2 Wirtschaftspolitik

Eine wichtige Gruppe von politischen Maßnahmen sind solche, bei denen versucht wird, Individuen und Industrien durch monetäre Anreize dazu zu bringen, ihr Verhalten zu ändern. Das Ziel dabei ist, Umweltziele und ökonomische Motivation in Einklang zu bringen. Über verschiedene finanzielle Programme, Strategien und Subventionen soll die Gesellschaft zu einem umweltfreundlicheren Verhalten genötigt werden.

Dieser klimapolitische Ansatz kann sich auf den Diskurs von der »ökologischen Modernisierung« stützen, bei dem Wirtschaftswachstum und Umweltschutz nicht als antagonistisch, sondern als einander wechselseitig verstärkend gesehen werden (Berger, Flynn, Johns 2010). Dieses

Modell konstruiert eine Win-Win-Situation und behauptet, die Bekämpfung des Klimawandels sei wirtschaftlich rational, denn sie sei gut fürs Geschäft (Hillebrand 2013). Und genau das wird auch von diversen Politikern versprochen. So sagte zum Beispiel US-Präsident Barack Obama beim UN-Klimagipfel 2014: »[...] zwischen einer gesunden Umwelt und starkem Wirtschaftswachstum muss kein Gegensatz bestehen« (Obama 2014). Das meint auch der frühere britische Premierminister David Cameron: »Es muss keinen Zielkonflikt zwischen Wirtschaftswachstum und der Reduzierung des CO_2-Ausstoßes geben[...] Wir müssen der Wirtschaft die Gewissheit geben, die sie braucht, um in kohlenstoffarme Alternativen zu investieren[...] Das heißt, für umweltschonenden Freihandel eintreten, Zölle auf Dinge wie Sonnenkollektoren drastisch senken« (Cameron 2014). Auch im EU Klimaschutz-Programm taucht die Behauptung wieder auf: »[...] wird die Anpassungsstrategie der EU helfen, sich zu einer CO_2-armen, klimaresistenten Wirtschaft zu entwickeln, und nachhaltiges Wachstum fördern, Anreize für klimaresiliente Investitionen und neue Arbeitsplätze schaffen« (Europäische Kommission 2013).

Die Behauptung, es gebe keinerlei Widerspruch zwischen wirtschaftlichen und ökologischen Prioritäten, konnte sich auch auf den 2006 veröffentlichen *Stern-Report* stützen, der im Auftrag der britischen Regierung von einem Team unter Leitung des Wirtschaftswissenschaftlers Nicholas Stern erstellt worden war. Der Report bietet eine Kosten-Nutzen-Analyse, die nahelegt, dass der wirtschaftliche Nutzen der Bekämpfung des Klimawandels größer als die Kosten sei, wobei die die für den Klimaschutz aufzuwendenden Kosten auf jährlich 1 % des globalen BIP und die Kosten bei ausbleibenden Klimaschutzmaßnahmen auf jährlich 5 % des globalen BIP veranschlagt wurden: »Die im Report zusammengetragenen Belege führen zu einem einfachen Schluss: der Nutzen frühzeitigen Handelns im Sinne des Klimaschutzes übersteigt seine Kosten erheblich. Ein Ignorieren des Klimawandels würde sich letztendlich negativ auf das Wirtschaftswachstum auswirken« (Stern 2006: ii).

Wie der Stern-Report jedoch einräumt, muss die Regierung aktiv werden, um den Markt zu zwingen, Umweltkosten einzubeziehen, die derzeit »externalisiert« werden. Umweltbelastungen durch industrielle Produktion gehen derzeit nicht in die betriebswirtschaftliche Berechnungen und die Preisermittlung ein. Wenn eine Fabrik zum Beispiel einen Fluss verschmutzt, gehen die Auswirkungen, die das für das Ökosystem insgesamt (einschließlich der von ihm abhängigen menschlichen Gemeinschaften) hat, nicht in ihre Kostenrechnung ein. Auch die gewaltige Belastung des Klimas durch Treibhausgasemissionen wird nicht von denen getragen, die ihre Profite mit eben jenen Prozessen erzielen, bei denen die Emissionen entstehen. Somit stellt der Klimawandel, so Sterns vielzitierter Schluss, »das größte Marktversagen überhaupt« dar (Stern 2006: i). Oder, wie eine andere Analyse formuliert: »Märkte [...] generieren Preise, die die wahren Kosten, die der Gesellschaft durch unsere Wirtschaftstätigkeit entstehen, nicht widerspiegeln; diese Preise geben nicht die richtigen Signale, wo Ressourcen bereitzustellen wären« (Bownen und Rydge 2011: 72). Daher argumentieren viele von denen, die sich Sorgen wegen des Klimawandels machen, dass die bei den derzeitigen Marktpraktiken externalisierten Umweltkosten durch staatliche Politik, die die Verursacher zu zahlen zwingt, internalisiert werden müssen.

Eine Methode, die Industrie und die Energiewirtschaft zu zwingen, Umweltkosten zu internalisieren, besteht in der »CO_2-Bepreisung«. Dabei wird angenommen, dass zusätzliche monetäre Kosten für den Kohlenstoff, der verbrannt und als Gas in die Atmosphäre abgegeben wird, einen Anreiz sowohl zu einer effizienteren Energienutzung als auch zur Entwicklung von umweltfreundlichen Technologien darstellen. Wie dies am besten geschehen könnte, ist Gegenstand einer großen politischen Debatte. Dabei stehen zwei Alternativen zur Diskussion: CO_2-Besteuerung und Emissionshandel (Stavins 2008).

CO_2-Seuern (oder – wenn andere Treibhausgase einbezogen werden – »Emissionsbesteuerung«) wurde Anfang der 1990er Jahre in den skandinavischen Ländern und in jüngerer Zeit in den Niederlanden, Slowenien, Deutschland, Großbritannien und Irland eingeführt (Senit 2012). CO_2-Seuern sind eine Form von »Pigou-Steuer«, weil sie nicht primär darauf abzielen, Geld einzunehmen, sondern darauf, das Problem der negativen externen Effekte zu beheben. Die Steuer kann bei »vorgeschalteten« oder »nachgeschalteten« Verursachern erhoben werden, sollte aber auf jeden Fall die Verursacher motivieren, ihre Emissionen entweder durch Energieeinsparungen oder durch ein Umsteigen auf neue Energieformen zu reduzieren. Dennoch wird mit dem Argument der »doppelten Dividende« für sie geworben: sie senden nicht nur ein unzweideutiges Signal an die ökonomischen Akteure, den CO_2-Verbrauch zu reduzieren, sondern produzieren auch Einkommen, das für Umweltschutzmaßnahmen ausgegeben werden kann oder dafür, die Steuer »fiskalisch neutral« zu machen, indem man andere Steuern senkt (Metcalf 2009; Pearce 1991). Dies könnte wichtig sein, weil eine Besteuerung des Energieverbrauchs überproportional die Armen trifft. Wie hoch diese Steuer sein sollte, ist jedoch durchaus nicht leicht zu bestimmen. Ein weiteres Problem ist, dass eine Steuer nicht garantiert, dass die Emissionen insgesamt zurückgehen; sie könnte zwar einen Anreiz für höhere Energieeffizienz durch die Entwicklung von umweltfreundlichen Technologien und Energieeinsparungen darstellen, doch damit nicht unbedingt zu einem absoluten Rückgang führen (Hillebrand 2013). Zudem gilt jede Steuer als bei den Wählern unbeliebt – für die, so glaubt man, das Wort »Steuer« »schon fast etwas Anrüchiges hat« (Nordhaus 2007). Dies wiederum kann Steuern für Politiker unattraktiv machen (Green Fiscal Commission 2009).

Wirtschaftswissenschaftler geben oft der Politik des CO_2- (oder Emissions-) Handels den Vorzug, und zwar mit dem Argument, er verschaffe Flexibilität, um die erforderliche Reduktion der Emissionen zu erreichen, und sei kostengünstiger ist als die Besteuerung (Stavins 2008). In den letzten zwei Jahrzehnten haben sich die CO_2-Märkte konsolidiert und gelten weithin als ein zentrales politisches Instrument im Kampf gegen den Klimawandel (Stephan und Paterson 2012). Diese Märkte arbeiten mit Emissionszertifikaten, die verschiedenen Industriesektoren zugeteilt werden; die Menge der zusätzlich möglichen Zertifikate wird dann begrenzt (»Cap«). Wenn bestimmte Industrien oder Unternehmen mehr brauchen, müssen sie sie auf dem Markt kaufen. Das soll als Anreiz wirken, die Nachfrage nach Zertifikaten und damit die Treibhausgasemissionen zu senken. Der größte Markt für den Emissionshandel ist das Emissionshandelssystem der Europäischen Union (EU-EHS), das 2005 eingeführt wurde und jetzt in seiner »Phase III« ist. Das EU-EHS ist ein Grundpfeiler der Klimapolitik der EU und deckt knapp die Hälfte der Treibhausgasemissionen der EU ab (Convery 2009). Das Ziel ist, die Emissionen in den von ihm erfassten Sektoren bis 2030 um 43 % im Vergleich zum Stand von 2005 zu reduzieren. Das Programm wurde vor kurzem revidiert, sodass die Gesamtmenge der Zertifikate ab 2021 um 2,2 % pro Jahr reduziert wird (Europäische Kommission 2015).

Dass Emissionsmärkte eine gute Sache sind, gilt schlicht als selbstverständlich, wie manche Kommentatoren bemerken (Stephan und Paterson 2012). Und doch sind mit diesem politischen Instrument erhebliche Problem verbunden: CO_2-Preise schwanken; anders als bei einer Steuer sind beim Emissionshandel die Preise für die Emissionen nicht genau festgelegt; und er erfasst nur bestimmte Industrien und Sektoren (Schuppert 2011; Gilbertson und Reyes 2009). Andere weisen darauf hin, dass er von Industrielobbyisten »missbraucht« wird, die mehr als die eigentlich benötigten Zertifikate beantragen und sich damit einen Überschuss sichern, von dem sie profitieren können (Ball 2014). Die Tatsache, dass der Staat den Industrien ihre Zertifikate nach dem bestehenden Emissionsvolumen zuteilt (»grandfathering«, Besitzstandswahrung) hat manche Kritiker dazu veranlasst, darauf hinzuweisen, dass »die größten Verursacher der Vergangenheit nun mit den höchsten Subventionen belohnt werden [...] ein Gratisgeschenk in Gestalt von Verschmutzungsrechten für einige der schlimmsten industriellen Verursacher« (Gilbertson und Reyes 2009: 10).

Ein weiteres Problem ergab sich aus der Verbindung des Emissionshandelssystems mit dem vom Kyoto-Protokoll 1997 (UNFCCC o.J.) eingeführten Mechanismus für umweltverträgliche Entwicklung (Clean Development Mechanism, CDM). Der CDM erlaubt es reichen Industrieländern, in emissionsreduzierende Maßnahmen in den

Entwicklungsländern zu investieren und diese Investitionen auf ihre eigenen Emissionsrechte anzurechnen. Ein Solarpark in China oder ein Projekt zur Verlangsamung der Entwaldung in Brasilien, die indirekt die CO_2-Emissionen verringern, können dann entsprechende Zertifikate bzw. Emissionsreduktionseinheiten beantragen (Certified Emission Reductions, CER). Diese Zertifikate können an ein Land verkauft werden, das dem Emissionshandelssystem der Europäischen Union (EU-EHS) angehört. Emissionsreduktionsziele lassen sich gewöhnlich durch Investitionen in neue Technologien leichter erreichen als durch Veränderung einer bestehenden Infrastruktur (Wara 2007). Durch diese Verknüpfung bilden der Mechanismus für umweltverträgliche Entwicklung (CDM) und das EU-EHS »die Grundsteine eines entstehenden globalen Systems von miteinander verbundenen, aber getrennten Märkten für die Kontrolle der Treibhausgasemissionen« (Wara 2007: 595). Doch es gibt auch diverse Mängel. Erstens, auf diese Weise können entwickelte Länder den Strukturwandel im eigenen Land aufschieben. So stellt ein kritischer Artikel fest: »Der Emissionshandel ist von den Industrienationen dazu benutzt worden, ihre eigenen Verpflichtungen zur CO_2-Reduktion durch finanzielle Beiträge zu Reduzierungen jenseits ihrer eigenen Grenzen zu umgehen« (Morena et al. 2016). Zweitens, viele der von den UN-Verantwortlichen in der Vergangenheit bewilligten Projekte waren schlicht nicht seriös, und manche trugen zu anderen Umweltproblemen bei. Zum Beispiel werden für die Anlage großer Baumpflanzungen Zertifikate vergeben. Aber um für solche Großpflanzungen Platz zu schaffen, wurden Habitate mit einer vielfältigen Pflanzen- und Tierwelt zerstört (Ball 2014). Drittens, diverse Projekte, die ohnehin durchgeführt worden wären, wurden in den Mechanismus für umweltverträgliche Entwicklung (CDM) einbezogen, wodurch Ressourcen gebunden wurden, deren Investition in andere Projekten nützlicher gewesen wäre (Wara 2007). Und schließlich sind Ausgleichleistungen extrem schwer zu messen: »Da CO_2-Kompensationen die Pflicht zur Überprüfung der Emissionsreduktionen an einem bestimmten Standort durch jede Menge Geschichten darüber ersetzen, was sonst woanders in einer imaginären Zukunft geschehen wäre, ist das Nettoergebnis meist eine Zunahme der Treibhausgasemissionen« (Gilbertson und Reyes 2009: 11).

Die Debatte über Besteuerung auf der einen und Emissionshandel auf der anderen Seite hat tendenziell die politischen Diskussionen beherrscht, und man kann ihr vorwerfen, dass sie andere politische Optionen verdrängt. Schließlich gibt es noch andere wichtige wirtschaftspolitische Instrumente, die beim Kampf gegen den Klimawandel hilfreich sein könnten, etwa strategisch eingesetzte Subventionen, damit Unternehmer in die Forschung und Entwicklung von kohlenstoffarmen Energietechnologien investieren; oder die Einrichtung von City-Maut-Zonen, um zum Umsteigen auf öffentliche Verkehrsmittel zu bewegen.

Worunter jedoch alle diese politischen Strategien leiden dürften, ist die problematische Annahme, dass es der Markt »schon richten« wird, wenn nur die Regierungen die richtigen ökonomischen Signale setzen, zum Beispiel durch »CO2-Bepreisung« (Stern 2009: 99). Die Wirklichkeit ist nicht so einfach. Dieser politische Ansatz reduziert die Individuen auf ökonomische Akteure, die einzig durch Anreize in Gestalt »richtiger Preise« zu motivieren sind (Stern 2009: 100). Er vergisst, dass Individuen nicht bloß Konsumenten und Produzenten sind, sondern Menschen mit den ganz unterschiedlichen Ideen, Interessen, Identitäten und Werten, deren Handlungen nicht notwendig mit dem vorhergesagten »rationalen Handeln« übereinstimmen (Stephan und Paterson 2012). Wie Dale Jamieson feststellt: »Menschen handeln oft auf eine Weise, die dem zuwiderläuft, was wir aus streng ökonomischer Sicht vorhersagen würden« (Jamieson 1992: 144). Verhalten, das nicht mit dem ökonomischen Eigeninteresse übereinstimmt, kann nicht einfach als das Ergebnis mangelnder Information, Gewissheit oder Transparenz abgetan werden; Menschen handeln immer und unvermeidlich auch nicht-rational und aus nicht-rationalen Gründen: »Menschen sind Geschöpfe von sozialen Routinen und Gewohnheiten, Moden und Marotten. Diese Muster aus Routinen und Moden ergeben sich daraus, wie Menschen in viele verschiedene Arten von sozialen Institutionen, alten wie neuen, eingebunden sind und sie reproduzieren« (Szerszynski und Urry 2010: 3). Damit ist nicht gesagt, dass sich Routinen und Moden nicht ändern oder nicht geändert werden können, sondern dass dies oft nicht ökonomisch total »rational« ist.

Es ist nicht anzunehmen, dass die Gesellschaft auf allzu simple Weise durch Wirtschaftspolitik geformt wird und dass Wirtschaftspolitik ausreicht, um die Gesellschaft »umweltfreundlicher« zu machen, aber dies wird von den Befürwortern des Einsatzes von wirtschaftspolitischen Instrumenten zur Bekämpfung des Klimawandels oft vergessen (Machin 2013: 16–27). Tatsächlich wird der Klimawandel gemeinhin nicht nur als »Marktversagen« konstruiert, sondern auch als eine »Marktchance«, die von angehenden Unternehmern genutzt wird, um mit klimafreundlichen Innovationen Profit zu machen, und die somit allen etwas bringt. Aber dies täuscht über das umfassendere Problem des Strukturwandels hinweg; statt die bestehende Ordnung zu verändern, können solche ökonomische Lösungen sie sogar *verfestigen*. So meint Richard York, um die Umweltkrise anzugehen, könnte es nötig sein »Maßnahmen zu ergreifen, die das für die Modernisierung grundlegende Wachstumsparadigma infrage stellen«, statt es immer wieder zu bekräftigen (York 2010: 8).

Wirtschaftspolitische Maßnahmen könnten durchaus die entscheidende Grundlage für einen Übergang zu einer weniger umweltzerstörerischen Welt schaffen, aber sie können nur dann funktionieren, wenn sie neben *anderen* politischen Maßnahmen eingesetzt werden (Green Fiscal

Commission 2009; Janicke 2004). Die derzeit vorherrschende Klimawandelpolitik geht davon aus, dass Umweltziele und ökonomische Ziele miteinander vereinbar sind, und übersieht dabei die Möglichkeit, dass es zwischen beiden ein deutliches Spannungsverhältnis geben könnte (Berger et al. 2001). Es könnte durchaus sein, dass eine wirksame Klimapolitik eine viel radikalere Politik erfordert (Morena et al. 2016). Es könnte auch sein, dass für eine wirksame Klimapolitik die ökonomischen Instrumente durch einen ordnungspolitischen Ansatz ergänzt werden müssen.

6.3 Ordnungspolitik

Die letzte hier zu bewertende Gruppe von politischen Maßnahmen sind solche, die Umweltschäden durch Beschlüsse und Vorschriften eindämmen wollen. Dieser politische Ansatz geht davon aus, dass die richtigen Energiespartechnologien womöglich nicht so schnell kommen wie erhofft und dass die Märkte nicht so rational und effizient funktionieren könnten wie erwartet. Solche Maßnehmen sind zum Beispiel Standards und Gesetze für Häuserbau und Baumaterialien, Verschmutzungsgrade, Entwaldung, Landnutzung oder Regelungen zum Verzicht auf fossile Brennstoffe.

Ein Beispiel für eine solche ordnungspolitische Maßnahme ist die Schaffung, Revision und Anwendung von Gesetzen zur Landnutzung im brasilianischen Amazonasgebiet. In Brasilien liegen 64% des Regenwalds der Erde, aber seit 1970 wurden über 700.000 Quadratkilometer abgeholzt (eine Fläche, doppelt so groß wie Deutschland) (Yale Forest Atlas a, o. J.). Entwaldung reduziert nicht nur die Artenvielfalt, zerstört die Lebensräume der eingeborenen Völker und die Habitate zahlreicher Arten und schädigt eine wichtige Ressource für die Regulierung des Erdklimas – die »Lungen der Welt« –, sondern setzt auch Tonnen von CO_2, das in den Bäumen gebunden ist, in die Atmosphäre frei. Wälder werden hauptsächlich für die landwirtschaftliche Nutzung abgeholzt: Weideflächen für Rinder und Anbauflächen für Nutzpflanzen wie Sojabohnen. Entwaldung ist möglicherweise die zweitgrößte Quelle von CO_2-Emissionen nach der Verbrennung von fossilen Brennstoffen (von der Werf et al. 2009). Zudem gibt es die Sorge, dass die Entwaldung des Amazonasbeckens einen Punkt erreichen könnte, an dem das Ökosystem kippt, das heißt, nicht mehr in der Lage ist, sich selbst zu regulieren, und einfach »abschaltet«, eine Situation, die als »Amazon dieback« (»Amazonassterben«) bekannt ist (Tollefson 2013).

Der allgemeine Rückgang der Entwaldungsraten in Brasilien um 70% unter den Durchschnitt von 1996 bis 2005 hat Brasilien jedoch zum »globalen Vorreiter der Klimawandel-Mitigation« (Nepstad et al. 2014) und zum potentiellen Vorbild für andere Staaten gemacht. So schreibt

Jeff Tollefson (2015): »Wenn andere Staaten nachziehen und Wälder schützen und wieder aufforsten, wodurch CO_2 in Bäumen und Böden gebunden wird, könnten sie den Anstieg der globalen CO_2-Emissionen verlangsamen«. Aber der brasilianische Erfolg könnte verschiedene Ursachen haben: »Die Geschichte klingt anders, je nachdem, wer sie erzählt« (Tollefson 2015). Manche Autoren meinen, der entscheidende Faktor sei der Markt gewesen (Nepstad et al. 2014). Auch Umweltschutzkampagnen könnten eine Rolle gespielt haben (Tollefson 2015). Greenpeace zum Beispiel hat mehrere Kampagnen durchgeführt, um Druck auf die Sojabohnen- und Rinderzuchtindustrien auszuüben (Greenpeace 2009). Dennoch scheint staatliches Durchgreifen besonders wichtig (Nolte et al. 2013). Brasiliens Forstgesetzgebung von 1965 sieht Schutzmaßnahmen für den Regenwald vor. Danach müssen Landbesitzer dafür sorgen, dass 80% des ihnen gehörenden Landes bewaldet bleiben (Yale Forest Atlas b o. J.). Doch die brasilianischen Behörden hatten Schwierigkeiten bei der Anwendung der Forstgesetze; Regulierung setzt Institutionen und Mechanismen voraus, die sie auch durchsetzen können. Unter Präsident Luiz Inacio da Silva (allgemein bekannt als »Lula«) wurde 2006 versucht, das Forstmanagement und den Urwaldschutz durch Gesetzes- und Infrastrukturreformen zu verbessern (Bauch et al. 2009). Aber während die Politik auf Bundesebene gemacht wird, sind Management und Durchführung dezentralisiert, was Vorteile hat, aber auch Probleme mit sich bringt (Bauch et al. 2009). 2009 wurde ein Landregister eingeführt, das der brasilianischen Regierung helfen soll, landwirtschaftliche Betriebe in aller Form zu genehmigen und zu kontrollieren (Tollefson 2015). Viele glauben, dass die offensichtlich positiven Ergebnisse weitgehend ein Ergebnis des REDD+-Programms der UNO ist (Reducing Emissions from Deforestation and Forest Degradation, deutsch etwa: Programm zur Verringerung der durch Entwaldung und Waldschäden bedingten Emissionen), ein Programm, das mit dem Clean Development Mechanism zusammenhängt (siehe oben). Lula begründete den »Amazon Fund« (»Amazonas-Fonds«), um die Entwaldung zu verlangsamen (Doyle und Lawrence 2015). Der Fonds besteht aus freiwilligen Zahlungen von verschiedenen Staaten, vor allem Norwegen, das von 2008 bis 2015 1 Milliarde Dollar einzahlte. Mit dem Geld werden Projekte zur Wiederaufforstung finanziert, zum Schutz von Quellen und zur Überwachung des Regenwaldes mit Hilfe von Satellitenbildern.[6]

Was hier zum Rückgang der Entwaldung (und sogar zu einer vermehrten Wiederaufforstung) geführt hat, war wahrscheinlich eine Kombination aus verschiedenen politischen Maßnahmen. Ebenso wahrscheinlich ist jedoch, dass ohne einen weiteren Strukturwandel und ohne eine

---

6 Siehe die Website des Amazonas-Fonds: http://www.amazonfund.gov.br/ FundoAmazonia/fam/site_en (abgerufen 21.01.2019).

Verknüpfung mit anderen politischen Fragen – etwa Ungleichheit – die erfolgreiche Verlangsamung der Entwaldung eine prekäre Leistung bleiben wird: »Die Durchsetzung wurde verbessert, aber an den grundlegenden Faktoren, die die Entwaldung vorantreiben – wozu auch Armut und die Rentabilität von landwirtschaftlichen Nutzflächen gehören – hat sich nichts geändert« (Tollefson 2015).

In den USA wurde von der Environment Protection Agency (Umweltschutzbehörde) bis vor kurzem eine ordnungspolitische Strategie praktiziert, die als Versuch begonnen hatte, staatliche Beschränkungen der CO_2-Emissionen von Kraftwerken einzuführen. Dies war Teil von Präsident Barack Obamas »Clean Power Plan«, mit dem sich, so hoffte man, die CO_2-Emissionen von Kraftwerken um fast ein Drittel reduzieren könnten. Die Verantwortung dafür, dass die Zielvorgaben bis 2022 erreicht würden, lag dann bei den einzelnen Bundesstaaten (Harder et al. 2015). Auf der einen Seite waren damit klare Ziele für den Klimawandel festgelegt worden. Auf der anderen stoßen diese, gerade weil sie so sichtbar sind, bei der Industrie und im Privatsektor oft auf Widerstand. Das Problem bei dem ordnungspolitischen Ansatz ist, dass Vorschriften, mit denen keine unmittelbaren finanziellen Vorteile verbunden sind, oft in dem Ruf stehen, bei der Bevölkerung durchweg unbeliebt zu sein. Wenn Politiker glauben, dass die Wähler solche Maßnahmen kaum unterstützen dürften, werden auch sie sie nicht unterstützen. Dies gilt ganz offensichtlich für Präsident Donald Trump, der im März 2017 einen Präsidialerlass zur Revision des Clean Power Plan unterschrieb, Teil eines allgemeinen Versuchs, Obamas Umweltpolitik rückgängig zu machen (Meyer 2017; Davenport und Rubin 2017); womit wir zu der Frage des scheinbaren Widerspruchs zwischen demokratischen Regierungsformen und Klimaschutzpolitik kommen. Sind sie unvereinbar?

6.4 Klimapolitik: Wer entscheidet?

Viele Menschen, die sich wegen des Klimawandels Sorgen machen, sind über die scheinbare Diskrepanz zwischen den Erkenntnissen der Wissenschaftler und der Dringlichkeit des Problems Klimawandel einerseits und den Institutionen der Demokratie andererseits beunruhigt. Moderne demokratische Regierungen haben bislang diese Diskrepanz zwischen Klimaforschung und Klimapolitik nicht nur nicht verringert, sondern scheinen ihrer Verringerung eher im Wege zu stehen. Es könnte also scheinen, als sollte man der Öffentlichkeit und den von ihr gewählten Amtsträgern die Entscheidungen aus der herumtastenden Hand nehmen und der ruhigeren Hand der Experten überlassen. Neben Al Gores berühmter »unbequemer Wahrheit« scheint es auch noch eine »unbequeme Demokratie« zu geben (Stehr 2015). Könnten eine »gutartige Diktatur« oder ein

»Öko-Autoritarismus« im Umgang mit solchen globalen Umweltproblemen effizienter sein?

In der Vergangenheit galten kriegsähnliche Zustände und große Katastrophen als typische Rechtfertigung für die – allerdings vorübergehende – Aussetzung demokratischer Rechte. Der Begriff »außergewöhnliche Umstände« verweist auf die Bedingungen, auf die man sich oft berief, um Regierungen zusätzliche Befugnisse zur Abwendung unvorhergesehener Gefahren einzuräumen. So fasste zum Beispiel der bekannte Klimaforscher James Hansen die allgemeine Frustration zusammen, als er behauptete, dass »der demokratische Prozess nicht funktioniert« (Adam 2009). James Lovelock, ein weiterer Klimaforscher und schon lange eine warnende Stimme, vergleicht Klimawandel mit *Krieg* und betont, dass wir die Demokratie aufgeben müssen, um die Welt aus ihrer Lethargie zu reißen (Lovelock 2009). Auch Dale Jamieson ist ein Beispiel für den skeptischen Blick auf die Hindernisse, die unserer derzeitigen politischen Ordnung bei der Bewältigung der Folgen des Klimawandels im Weg stehen. Er warnt, der Klimawandel sei »für das kollektive Handeln das größte Problem, vor dem die Menschheit jemals gestanden hat [...] Wir haben die politischen Institutionen nicht so angelegt, dass die Demokratie der Herausforderung des Klimawandels gewachsen ist. [...] Leider«, fügt er hinzu, »nicht gesagt, dass die Demokratie der Herausforderung des Klimawandels gewachsen ist« (Jamieson 2014: 16). Bei dem Historiker Eric Hobsbawm schließt die immer schon vorhandene Demokratie-Skepsis auch starke Zweifel ein, was die Leistungsfähigkeit von demokratischen Staaten bei der Lösung komplexer globaler Probleme wie dem Klimawandel betrifft (Hobsbawm 2008 [2007]: 118).

An diesem »Ausbruch des Überdrusses an der Funktionsweise von Demokratie« ist eigentlich nichts Neues, wie David Runciman gezeigt hat (Runciman 2013). Er macht deutlich, dass Sorgen über das Versagen der Demokratie ein Dauerbestandteil des demokratischen Lebens ist. So gab es in den 1970er Jahren eine ähnliche Skepsis in Bezug auf das Problem der Grenzen des Wachstums und des Überlebens der Menschheit. Wissenschaftler warnten vor der wesensmäßigen Langsamkeit und Unbeweglichkeit der demokratischen Institutionen und brachten ihre Präferenz für autoritäre Lösungen zum Ausdruck. Dennis Meadows (der Ko-Autor der ursprünglichen *Grenzen des Wachstums*) äußerte auch kürzlich noch einmal grundsätzliche Bedenken in Bezug auf die Grenzen demokratischer Regierungsformen: »Die Demokratie trägt derzeit nichts zu unserem Überleben bei« (Himmelfreundpointer 2012).

Das Argument der »unbequemen Demokratie« nährt sich intellektuell aus einer ganzen Reihe von Überlegungen: die Grenzen menschlichen Denkens und seine Orientierung am kurzfristigen Eigeninteresse; die Unfähigkeit von Regierungen, sich angesichts verfassungsrechtlicher Hindernisse um Langzeitziele zu kümmern; der Einfluss von

Partikularinteressen auf das politische Tagesgeschäft; die weitverbreitete Abhängigkeit der Gesellschaften von fossilen Brennstoffen; die Unfähigkeit der Öffentlichkeit und der Politiker, wissenschaftliche Erkenntnisse zu begreifen. Tatsächlich gibt es Belege, dass zumindest in den Vereinigten Staaten die Öffentlichkeit den Klimawandel nicht als eine unmittelbare Bedrohung ansieht, die eine tiefgreifende Verhaltensänderung erfordert (Leiserowitz 2006). Es könnte also scheinen, dass die demokratische Regierungsform als Methode zur Bekämpfung von Umweltproblemen grundsätzlich unzulänglich ist.

Bis vor kurzem war die explizite Äußerung von Zweifeln an den Vorzügen der Demokratie unter Intellektuellen und Politikern eher selten. Aber in dem Maße, wie sich zeigt, dass etablierte klimapolitische Programme wie die United Nations Framework Convention nicht halten, was sie versprechen, und dass es eine internationale Konferenz zum Klimawandel nach der anderen nicht schafft, eine substantielle Reduzierung der Treibhausgasemissionen zu erreichen, macht sich inzwischen immer häufiger Ernüchterung breit. Führende Klimaforscher betonen, die Menschheit stehe an einem Kreuzweg. Eine Fortsetzung der derzeitigen wirtschaftlichen und politischen Trends führe in die Katastrophe, ja zum Zusammenbruch der menschlichen Zivilisation. Sollten also Klimaforscher bei den Beratungen über die Klimapolitik eine größere Rolle spielen?

An der Vorstellung, Wissenschaft und wissenschaftliche Führung könnten in irgendeiner Form eine Alternative zur Demokratie bieten, ist einiges schief. Wissenschaftliches Wissen kann nicht diktieren, was zu tun ist. In politische Entscheidungen fließen auch ethische und ökonomische Überlegungen ein. Das Wissen, wie solche Entscheidungen am besten getroffen werden, ist bei Wissenschaftlern nicht größer als bei anderen Menschen. Außerdem ist ein solches Wissen notwendigerweise an sich schon umstritten, und selbst wenn die wichtigsten Ungewissheiten über Klimaprozesse und -risiken ausgeräumt wären, bliebe immer noch die Ungewissheit über die sozialen und politischen Prozesse, die zu wirksamem Handeln führen.

Dennoch gibt es zurzeit jede Menge Berichte, die die ökologische Führungsrolle Chinas preisen (Stern et al. 2017). 2013 erklärte China der Umweltverschmutzung den Krieg (Huang 2018) und begann, auf die Errichtung einer »Öko-Zivilisation« hinzuarbeiten (Kitagawa 2017). Als die oberste politische Gewalt eines nicht-demokratischen Staates kann die Kommunistische Partei wirksame und dauerhafte Maßnahmen ergreifen, ohne dabei durch demokratische Verfahren und Institutionen behindert zu werden. Deshalb argumentiert Mark Beeson, dass sich der Autoritarismus in Regionen, die durch den Klimawandel besonders gefährdet sind und bereits eine Neigung zu dieser Art Regime haben, eher verfestigen dürfte: »Formen eines ›guten‹ Autoritarismus, bei dem umweltschädliche Formen des Verhaltens einfach verboten werden, könnten im Hinblick auf das Überleben der Menschheit in einer wenigstens annähernd zivilisierten Form nicht nur vertretbar, sondern entscheidend sein« (2010: 289).

Über den Nutzen eines autoritären umweltpolitischen Ansatzes herrscht jedoch keine Einigkeit; empirische Studien legen sogar den Schluss nahe, dass Demokratie im Großen und Ganzen mit einem Rückgang der Umweltzerstörung korreliert (Li 2006; Neumayer 2002). Dafür könnte es verschiedene Gründe geben. Rodger Payne schreibt:»Dank Redefreiheit, Pressefreiheit und anderen Freiheitsrechten ist es den vereinten Kräften von Massenmedien, Umweltbewegungen und einschlägigen Scientific Communities möglich, die Aktivitäten der wichtigsten Verursacher von Umweltschäden – oft Unternehmen und Regierungen – zu überwachen und ihre Ergebnisse, wie kritisch sie auch sein mögen, zu veröffentlichen« (1995: 44).

Wie dem auch sei, wenn uns die Demokratie am Herzen liegt, ist es entscheidend wichtig, sie gegen die Bedrohung durch den Öko-Autoritarismus zu verteidigen. Es ist nicht leicht, angesichts des Klimawandels an der Verteidigung der Demokratie mit der Begründung festzuhalten, sie liefere die »richtigen« Ergebnisse. Aber zu glauben, die Demokratie sei daran zu messen, in welchem Maße sie »richtige« Ergebnisse produziert, wäre ein Missverständnis. »Eine Demokratie ist«, wie Tim Hayward betont, »nicht bloß ein Mechanismus zur Wahl von Regierungen, sondern, was viel wichtiger ist, eine Gesellschaftsform« (Hayward o. J.). Das heißt, Demokratie ist nicht bloß eine verdichtete Form der Aushandlung zwischen unterschiedlichen Interessen; das Leben in einer demokratischen Gesellschaft bedeutet mehr als nur die Erlaubnis, vorab feststehende und nicht mehr veränderbare Forderungen zu äußern; es ist der Nährboden für Identifikationen, Ideen, Bewegungen und Tugenden, die eine potentielle Grundlage für die Formulierung und Umsetzung einer Klimapolitik sind und ein Licht auf ungewollte, von den Bürokraten übersehene Nebenwirkungen werfen können (Huang 2018).

Letztlich kann es keine Garantie dafür geben, dass eine demokratische Politik zu nachhaltigen Ergebnissen führt, aber die Lernfähigkeit demokratischer Regierungen erlaubt es ihnen – wie Runciman erklärt –, »weiter zu experimentieren und sich weiter an die Herausforderungen anzupassen, auf die sie stoßen, sodass keine Gefahr übermächtig wird« (Runciman 2013: 319). Nur durch eine zu neuem Leben erweckte demokratische Interaktion können alternative Sichtweisen mit möglicherweise neuen Einsichten und Ideen vorgetragen, geprüft und angefochten werden. Demokraten können darauf verweisen, dass die reiche Vielfalt der Sichtweisen zu fundierten und kreativen umweltpolitischen Entscheidungsprozesse führt. In einer Technokratie dagegen würden viel alternatives Wissen und viele alternative Ideen ungenutzt bleiben. Eine autoritäre oder technokratische Regierungsform hat genau den gegenteiligen Effekt, da sie die Komplexität des sozialen und politischen Lebens verengt und radikal andere Sichtweisen ausschließt. Außerdem kann eine demokratisch zustande gekommene Umweltpolitik einen sehr viel größeren Anspruch auf Legitimität erheben und eher auf die Unterstützung der Öffentlichkeit zählen als eine Politik, die von autoritären Regierungen gemacht wird, die man letztlich nicht zur Verantwortung ziehen kann (Machin 2018).

Vielleicht lassen uns unsere politischen Institutionen angesichts der drohenden Umweltgefahren heute im Stich. Aber das ist nicht, weil sie *zu demokratisch* sind. Eher ist es, weil sie *nicht demokratisch genug* sind. Vieles von dem, was heute als »Demokratie« durchgeht, würde von Demokraten kaum unterstützt werden. Die bessere Option als die Abschaffung oder Marginalisierung der Demokratie wäre somit *mehr* Demokratie: die Würdigung der unterschiedlichen Sichtweisen von Individuen und Gruppen, die sich mit Umweltfragen beschäftigen, und die Ausweitung und Anerkennung ihres Austauschs. Über immer neue, einander ergänzende oder miteinander konkurrierende Ideen und Perspektiven kann Klimapolitik mit lokalen und regionalen Fragen verknüpft werden. Sie kann sich lokale und regionale Kapazitäten zunutze machen, wenn nicht gar stärken, um auf den Klimawandel zu reagieren. Entscheidend ist, dass bei der Verfolgung vieler verschiedener erwünschter Ziele möglichst viele unterschiedliche Stimmen einbezogen und Kreativität und Experimentierfreude gefördert werden. Wer glaubt, dass es nur einen einzigen globalen Weg zum Umgang mit dem Klimawandel gibt, für den mag die Aushöhlung der Demokratie »bequem« scheinen. Aber wir meinen, dass Klimapolitik mit Demokratie vereinbar sein muss; andernfalls wird die Gefahr für die Zivilisation ungleich größer sein als die Gefahr, die von den direkten Folgen der Erderwärmung ausgeht.

Literatur

Adam, David (2009): »Leading climate scientist: democratic process isn't working«, *The Guardian* 18.03.2009. Online unter: http://www.theguardian.com/science/2009/mar/18/nasa-climate-change-james-hansen (abgerufen am 21.01.2019).

Meyer, Robinson (2017): »The Giant Trump Climate Order is Here«, *The Atlantic* 28.03.2017. Online unter: https://www.theatlantic.com/science/archive/2017/03/trump-climate-eo/520986/ (abgerufen am 21.01.2019).

Ball, Jeffrey (2014): »Facing the Truth About Climate Change«, *The New Republic*. Online unter: https://newrepublic.com/article/120914/how-congress-can-compromise-climate-change-legislation (abgerufen am 21.01.2019).

Bauch, Simone, Erin Sills, Luiz Carlos Estraviz Rodriquez, Kathleen McGinley und Frederick Cubbage (2009):»Forest Policy Reform in Brazil«, *International Forestry* 107 (3): 132–138.

Beeson, Mark (2010):»The coming of environmental authoritarianism«, *Environmental Politics* 19 (2): 276–94.

Berger, Gerald, Andrew Flynn, Frances Hines und Richard Johns (2001): »Ecological Modernization as a Basis for Environmental Policy: Current Environmental Discourse and Policy and the Implications of Environmental Supply Chain Management«, *Innovation* 14 (1): 55–72.

Biddle, Jeff (2008):»Explaining the spread of residential air conditioning, 1955–1980«, *Explorations in Economic History* 45: 402–423.

Bownen, Alex und James Rydge (2011):»The Economics of Climate Change«, in: David Held, Angus Hervery und Marika Theros (Hrsg.): *The Governance of Climate Change: Science, Economics, Politics and Ethics*. Cambridge, Malden: Polity, 68 88.

Burgess, Kaylegh (2014):»New technology helps farmers conserve fertilizer and protect their crops«, *The Guardian* 20.08.2011. Online unter: http://www.theguardian.com/sustainable-business/2014/aug/20/adapt-n-harnessing-nitrogen-technology-farming-future (abgerufen am 21.01.2019).

Cameron, David (2014):»Speech to UN Climate Summit«. Online unter: https://www.gov.uk/government/speeches/un-climate-summit-2014-david-camerons-remarks (abgerufen am 21.01.2019).

CNN (2013):»Top climate change scientists' letter to policy influencers«, *CNN*. Online unter: http://edition.cnn.com/2013/11/03/world/nuclear-energy-climate-change-scientists-letter/ (abgerufen am 21.01.2019).

Convery, Frank J. (2009):»Origins and Development of the EU ETS«, *Environmental & Resource Economics* 43 (3): 391–412.

Davenport, Coral und Alissa J. Rubin (2017):»Trump Signs Executive Order Unwinding Obama Climate Policies«, *New York Times* 28.03.2017. Online unter: https://www.nytimes.com/2017/03/28/climate/trump-executive-order-climate-change.html (abgerufen am 21.01.2019)-

Doyle, Alster und Janet Lawrence (2015):»Norway to complete $ billion payment to Brazil for protecting Amazon«, *Reuters*. Online unter: http://www.reuters.com/article/us-climatechange-amazon-norway-idUSKCN0RF1P520150915 (abgerufen am 21.01.2019).

Europäische Kommission (2013): *Eine EU-Strategie zur Anpassung an den Klimawandel*. Mitteilung der Kommission an das Europäische Parlament, den Rat, den Europäischen Wirtschafts- und Sozialausschuss und den Ausschuss der Regionen, Brüssel.

Europäische Kommission (2015): *Factsheet: Fragen und Antworten zum Vorschlag für eine Revision des Emissionshandelssystems der EU (EU-EHS)*. Online unter: http://europa.eu/rapid/press-release_MEMO-15-5352_en.htm (abgerufen am 21.01.2019).

Findlay, Trevor (2010): *The Future of Nuclear Energy to 2030 and Its Implications for safety, security and non-proliferation: Overview*. The Centre for International Governance Innovation. Online unter: http://acuns.

org/wp-content/uploads/2012/06/NuclearEnergyFuture.pdf (abgerufen am 21.01.2019)

Gilbertson, Tamra und Oscar Reyes (2009): »Carbon trading: how it works and why it fails«, *Critical Currents*: Dag Hammarskjold Foundation Occasional Paper Series No.7.

Green Fiscal Commission (2009): »The Case for Green Fiscal Reform: Final Report of the UK Green Fiscal Commission«, *Policy Studies Institute.*

Greenpeace (2009): »Slaughtering the Amazon«. Online unter: http://www.greenpeace.org/international/en/publications/reports/slaughtering-the-amazon/ (abgerufen am 21.01.2019).

Grolle, Johann (2013): »Cheap but imperfect: Can geoengineering slow climate change? Interview with David Keith«, *Spiegel Online.* Online unter: www.spiegel.de/international/world/scientist-david-keith-on-slowing-global-warming-with-geoengineering-a-934359.html (abgerufen am 21.01.2019).

Hamilton, Clive (2014): »Geoengineering and the politics of science«, *Bulletin of the Atomic Scientists* 70 (3): 17–26.

Harder, Amy, Colleen McCain Nelson und Rebecca Smith (2015): »Obama's new climate-change regulations to alter, challenge industry«, *The Wall Street Journal.* Online unter: https://www.wsj.com/articles/obamas-new-climate-change-regulations-to-alter-challenge-industry-1438560433 (abgerufen am 21.01.2019).

Hayward, Tim (o.J.): »Why Taking the Climate Challenge Seriously Means Taking Democracy More Seriously«. Online unter: http://www.humansandnature.org/democracy-tim-hayward (abgerufen am 21.01.2019).

Hillebrand, Rainer (2013): »Climate protection, energy security, and Germany's policy of ecological modernization«, *Environmental Politics* 22 (4): 664–682.

Himmelfreundpointer, Rainer (2012): »Dennis Meadows: there is nothing we can do«, *Church and State.* Online unter: http://churchandstate.org.uk/2013/04/dennis-meadows-there-is-nothing-that-we-can-do/ (abgerufen am 21.01.2019).

Huang, Yanzhong (2018): »Why China's Good Environmental Policies Have Gone Wrong« *New York Times* 14.01.2018. Online unter: https://www.nytimes.com/2018/01/14/opinion/china-environmental-policies-wrong.html (abgerufen am 21.01.2019).

Hobsbawm, Eric (2008 [2007]): *Globalisation, Democracy and Terrorism.* London: Abacus.

Hulme, Mike (2014): *Can Science Fix Climate Change? A Case Against Climate Engineering.* Cambridge: Polity Press.

Jamieson, Dale (1992): »Ethics, Public Policy and Global Warming«, *Science, Technology & Human Values* 17 (2): 139–153.

Jamieson, Dale (2014): *Reason in a Dark Time. Why the Struggle against Climate Change failed – and what it means for our Future.* New York, NY: Oxford University Press.

Janicke, Martin (2004): »Industrial Transformation Between Ecological Modernisation and Structural Change«, in: Klaus Jacob, Manfred Binder und Anna Wieczorek (Hrsg.): *Governance for Industrial Transformation*. Berlin: Environmental Policy Research Centre, 201–207.

Keith, David (2013): *A Case for Climate Engineering*. Cambridge: MIT Press.

Kitagawa, Hideki (2017): »Environmental Policy Under President Xi Jinping Leadership: The Changing Environmental Norms«, in: Hideki Kitagawa (Hrsg.): *Environmental Policy and Governance in China*. Tokyo: Springer Japan.

Leiserowitz, Anthony (2006): »Climate Change Risk Perception and Policy Preferences: The Role of Affect, Imagery and Values«, *Climatic Change* 77: 45–72.

Li, Quan (2006): »Democracy and environmental degradation«, *International Studies Quarterly* 50: 935–956

Lovelock, James (2009): *The Vanishing Face of Gaia*. New York: Basic Books.

Machin, Amanda (2013): *Negotiating Climate Change: Radical Democracy and the Illusion of Consensus*. London: Zed Books.

Machin, Amanda (2018): »Green Democracy«, in: Noel Castree, Mike Hulme und James Proctor (Hrsg.): *The Companion to Environmental Studies*. London & New York: Routledge, 184–187.

McKean, Cameron A. (2013): »Tokyo installing 300-ton pendulums in skyscrapers to keep them from falling down«, *Next City*. Online unter: https://nextcity.org/daily/entry/tokyo-installing-300-ton-pendulums-in-skyscrapers-to-keep-them-from-falling (abgerufen am 21.01.2019).

Metcalf, Gibert (2009): »Designing a Carbon Tax to Reduce U.S. Greenhouse Gas Emissions«, *Review of Environmental Ethics and Policy* 3 (1): 63–83.

Morena, Camila, Daniel Speich Chassé und Lili Fuhr (2016): »Carbon Metrics Global abstractions and ecological epistemicide«, *Heinrich Böll Foundation* (Zweite durchgesehene Auflage). Online unter: https://www.boell.de/sites/default/files/2015-11-09_carbon_metrics.pdf (abgerufen am 21.01.2019).

Nature (2014): »Look ahead: Research into climate engineering must proceed – even if it turns out to be unnecessary.« *Nature* 516: 8. Online unter: http://www.nature.com/news/look-ahead-1.16466 (abgerufen am 21.01.2019).

Nepstad, Daniel, David McGrath, Claudia Stickler, Ane Alencar, Andrea Azevedo, Briana Swette, Tatiana Bezerra, Maria DiGiano, João Shimada, Ronaldo Seroa da Motta, Eric Armijo, Leandro Castello, Paulo Brando, Matt C. Hansen, Max McGrath-Horn, Oswaldo Carvalho und Laura Hess (2014): »Slowing Amazon deforestation through public policy and interventions in beef and soy supply chains«, *Science* 344: 1118–1123.

Neumayer, Eric (2002): »Do democracies exhibit stronger international environmental commitment? A cross-country analysis«, *Journal of Peace Research* 39 (2): 139–64.

Nolte, Christoph, Arun Agrawala, Kirsten M. Silvius und Britaldo S. Soares-Filho (2013): »Governance regime and location influence avoided deforestation success of protected areas in the Brazilian Amazon«, *PNAS* 110 (13): 4956–4961.

Nordhaus, William D. (2007): »To Tax or Not to Tax: Alternative Approaches to slowing Global Warming«, *Review of Environmental Economics and Policy* 1 (1): 26–44.

Obama, Barack (2014): »Speech to UN Climate Summit«. Online unter: http://www.whitehouse.gov/the-press-office/2014/09/23/remarks-president-un-climate-change-summit (abgerufen am 21.01.2019).

Payne, Rodger (1995): »Freedom and the environment«, *Journal of Democracy* 6 (3): 41–55.

Pearce, David (1991): »The role of carbon taxes in adjusting to global warming«, *The Economic Journal* 101 (47): 938–948.

Royal Society (2009): »Geoengineering the Climate: Science, Governance and Uncertainty«. Online unter: https://royalsociety.org/policy/publications/2009/geoengineering-climate/ (abgerufen am 21.01.2019).

Runciman, David (2013): *The Confidence Trap. A History of Democracy in Crisis from World War I to the Present.* Princeton, NJ: Princeton University Press.

Schuppert, Fabian (2011): »Climate change mitigation and intergenerational justice«, *Environmental Politics* 20 (3): 303–321.

Senit, Carole-Anne (2012): »France's missed rendezvous with carbon-energy taxation«, *IDDRI Working Paper*. Online unter: https://www.iddri.org/sites/default/files/import/publications/wp0412_cas_france-carbon-taxation.pdf (abgerufen am 21.01.2019).

Stavins, Robert (2008): »Cap-and-Trade or a Carbon Tax«, *The Environmental Forum* 25. Online unter: https://scholar.harvard.edu/files/stavins/files/column_22.pdf (abgerufen am 21.01.2019).

Stehr, Nico (2015): »Climate policy: Democracy is not an inconvenience«, *Nature* 525. Online unter: http://www.nature.com/news/climate-policy-democracy-is-not-an-inconvenience-1.18393 (abgerufen am 21.01.2019).

Stephan, Benjamin und Matthew Paterson (2012): »The politics of carbon markets: an introduction«, *Environmental Politics* 21 (4): 545–562.

Stern, Nicholas (2006): *Stern Review: The Economics of Climate Change. Executive summary*. Online unter http://webarchive.nationalarchives.gov.uk/+/http://www.hm-treasury.gov.uk/stern_review_report.htm (abgerufen am 21.01.2019).

– (2009) *Blueprint for a Safer Planet*. London: Vintage.

Stern, Nicolas, Isabella Neuweg und Patrick Curran (2017): »China's leadership on sustainable intrastructure: lessons for the world«, *LSE Policy Brief*. Online unter: http://www.lse.ac.uk/GranthamInstitute/wp-content/uploads/2017/07/Stern-et-al-2017_China-leadership_policy-brief.pdf (abgerufen am 21.01.2019).

Szerszynski, Bronislaw und Maialen Galarraga (2013): »Geoengineering knowledge: interdisciplinarity and the shaping of climate enginnering research«, *Environment and Planning A* 45: 2817–2824.

Szerszynski, Bronislaw und John Urry (2010): »Changing Climates: Introduction«, *Theory, Culture and Society* 27 (2-3): 1–8.

Tollefson, Jeff (2013): »A Light in the Forest. Brazil's Fight to Save the Amazon and Climate-Change Diplomacy«, *Foreign Affairs*. Online unter: https://www.foreignaffairs.com/articles/brazil/2013-02-11/light-forest (abgerufen am 21.01.2019).

– (2015): »Stopping deforestation: Battle for the Amazon«, *Nature* 527 (7545): 20–23. Online unter http://www.nature.com/news/stopping-deforestation-battle-for-the-amazon-1.17223 (abgerufen am 21.01.2019).

UNEP (2012): »The Emissions Gap Report 2012: A UNEP Synthesis Report«. Online unter http://unfccc.int/resource/docs/publications/tech_for_adaptation_06.pdf (abgerufen am 21.01.2019).

UNFCCC (o.J.), »Clean Development Mechanism«. Online unter: http://cdm.unfccc.int/index.html (abgerufen am 21.01.2019).

van der Werf, Guido R., Douglas C. Morton, Ruth S. DeFries, Jos G.J. Olivier, Prasad S. Kasibhatla, Robert B. Jackson, James G. Collatz and James T. Randerson (2009): »CO_2 emissions from forest loss«, *Nature Geoscience* 2: 737–738.

Wara, Michael (2007): »Is the Global Carbon Market Working?«, *Nature* 445: 595–596.

Weiner, Sophie (2015): »Beat the drought: the walls of this subterranean house save water for you«, *Fastcodesign*. Online unter: http://www.fastcodesign.com/3046575/beat-the-drought-the-walls-of-this-subterranean-house-save-water-for-you (abgerufen am 21.01.2019).

World Nuclear Association (2016): »Radioactive Waste Management«. Online unter: http://www.world-nuclear.org/information-library/nuclear-fuel-cycle/nuclear-wastes/radioactive-waste-management.aspx (abgerufen am 21.01.2019).

York, Richard (2010): »The Paradox at the Heart of Modernity: The Carbon Efficiency of the Global Economy«, *International Journal of Sociology 40* (2): 6–22.

Zeller, Tom (2013): »Carbon Capture and Storage: Global Warming Panacea, Or Fossil Fuel Pipe Dream?«, *Huffington Post*. Online unter: http://www.huffingtonpost.com/2013/08/19/carbon-capture-and-storage_n_3745522.html (abgerufen am 21.01.2019).

7. Zusammenfassung und Ausblick

Eine der Aussagen dieses Buchs ist, dass das Verständnis des Klimas einen interdisziplinären Ansatz erfordert. Im 1. Kapitel haben wir zunächst die unterschiedlichen Ausprägungen des Klimaverständnisses untersucht. Wir zeigen, wie aus einem naturwissenschaftlichen, der Gesellschaft irgendwie äußerlichen Objekt »Klima« ein komplexes, vielfach vernetztes System wurde, das immer auch von sozialen Strukturen, technologischen Praktiken und Energiekulturen beeinflusst wird. Die Erforschung des Klimasystems kann daher nicht nur im Bereich der Naturwissenschaften stattfinden, sondern muss auch die Sozial- und Humanwissenschaften einbeziehen. Diese Aussage ist, wie wir glauben, von besonderer Relevanz in einer Zeit, in der die Klimaforschung unter Druck geraten ist: Druck sowohl von der Öffentlichkeit und den Politikern, die entscheiden müssen, ob und wie auf Umweltrisiken und -gefahren zu reagieren wäre, als auch von denen, die sich fragen, ob in diesen politischen Entscheidungsprozessen die Wissenschaftler wirklich eine so prominente Rolle spielen sollten.

Klimaforschung findet, wie alle natur- und sozialwissenschaftliche Forschung, in einem bestimmten soziohistorischen Kontext statt, der alle Wissensansprüche wie auch die Art und Weise ihrer Umsetzung unvermeidlich prägt. Wir haben daher versucht, zu einem historischen Überblick über solche Wissensansprüche beizutragen, und zwar unter dem Gesichtspunkt, wie die wissenschaftlichen Darstellungen des Klimas in bestimmte gesellschaftliche Strukturen eingebunden sind und sie zugleich reproduzieren.

Im 2. Kapitel haben wir betrachtet, wie sich im Laufe der Jahrhunderte die klimawissenschaftlichen Paradigmen nicht nur aufgrund der Bemühungen um ein besseres Verständnis, sondern auch aufgrund von sozioökonomischem Druck, politischen Zielsetzungen und kulturellen Werten verändert haben. Die Beschäftigung mit vergangenen Paradigmen und früheren wissenschaftlichen Konzepten ist wichtig, weil Entdeckungen und Ideen, die auch nur ein paar Jahrzehnte zurückliegen, unter dem Druck einer fortschreitenden wissenschaftlichen Forschung rasch in Vergessenheit geraten können.[1] Beiträge von Forschern der Vergangenheit können mit etwas Glück durch »Auslöschung per Einverleibung« in den heutigen wissenschaftlichen Diskurs eingegangen sein.[2] Dagegen

---

[1] An Svante Arrhenius erinnert man sich im Allgemeinen noch, aber nur wenige kennen noch Guy Stewart Callendar, und Eduard Brückner ist so gut wie vergessen.

[2] »obliteration by incorporation« (etwa: »Auslöschung per Einverleibung«), ein von Robert K. Merton (1968[1949]: 27–29, 35–38) in seiner *Social*

bleiben Fehler und irrige Vorstellungen oft nicht im Gedächtnis haften, sodass die Gefahr besteht, dass sie mit der gleichen Begeisterung wiederholt werden, mit der sie schon einmal gemacht wurden. Solche Wiederholungen könnten weniger wahrscheinlich werden, wenn man nicht nur die wissenschaftlichen »Fakten« zerpflückt, sondern auch die diversen miteinander verflochtenen gesellschaftlichen und politischen Faktoren auffächert, die ihre Entstehung begünstigt haben, und sich die Bedingungen ansieht, die dazu beigetragen haben könnten, dass sie am Ende vergessen wurden.

Die »wissenschaftlichen« Thesen des Klimadeterminismus sind ein einschlägiges Beispiel. Wie wir im 4. Kapitel feststellten, könnte diese einst vorherrschende, hoch problematische Überzeugung, dass das Klima die menschliche Zivilisation und das menschliche Verhalten determiniert, gerade wieder an Bedeutung gewinnen. Und genau deswegen könnte eine Untersuchung des Kontextes, in dem im 19. und 20. Jahrhundert solche Thesen vertreten wurden, eine heilsame Taktik sein, um nicht noch einmal in dieselbe intellektuelle und politische Falle zu tappen. Man kann verstehen, dass die sozialwissenschaftliche Forschung nach den leidvollen Erfahrungen mit dem klimatischen, rassischen und biologischen Determinismus früherer Epochen geradezu davor zurückschreckte, sich mit der Einwirkung der natürlichen Umwelt auf die Gesellschaft zu befassen. Das hatte jedoch zur Folge, dass es viele Jahre lang kaum so etwas wie eine »sozialwissenschaftliche Klimaforschung« gab und das Feld des Klimawandels zum mehr oder weniger ausschließlichen Monopol der Naturwissenschaften wurde. Diejenigen Sozialwissenschaftler, die sich dennoch mit der Klimaforschung befassten, kamen meist aus einigen wenigen sozialwissenschaftlichen Disziplinen, meist den Wirtschaftswissenschaften (vgl. Grundmann und Stehr 2010; Clark und Yusoff 2017).

Das ist, so meinen wir, eine problematische Leerstelle. Denn mit der Erkenntnis, dass das Klima nicht total determinierend ist, ist ja nicht gesagt, dass es überhaupt keinen Einfluss hat. Klima zählt, aber nicht als

Theory and Social Structure eingeführtes Konzept. Im Zuge der »obliteration by incorporation« sind sowohl die ursprüngliche wissenschaftliche Idee als auch ihre wörtlichen Formulierungen aufgrund ihres weit verbreiteten Gebrauchs in Vergessenheit geraten und sogar in den Alltagsgebrauch sowohl in der Scientific Community als auch in der Öffentlichkeit eingegangen, werden aber nicht mehr mit ihrem Urheber in Zusammenhang gebracht; die Idee oder Entdeckung wird zu so etwas wie Allgemeinwissen in einem bestimmten Diskursfeld. Wir haben Grund zu der Annahme, dass in den Naturwissenschaften die Auslöschung des Ursprungs von Ideen, Theorien, Konzepten, Methoden oder Ergebnissen durch ihre Einverleibung in derzeit akzeptiertes Wissen viel eher die Regel ist als in den Sozialwissenschaften, wo die Ideengeschichte in den meisten Disziplinen ein jederzeit sehr lebendiges Forschungsfeld ist.

determinierender, sondern als mehr oder weniger *konditionierender* Einfluss. Wie stark ein unbeständiges Klima die Einzelnen wie die Gesellschaft in den kommenden Jahrzehnten und Jahrhunderten beeinflussen wird, muss sich erst noch zeigen und könnte von Tempo und Ausmaß des Klimawandels abhängen, von den Kippelementen, die womöglich angestoßen, und den Rückkopplungsschleifen, die womöglich in Gang gesetzt werden. Die Auswirkungen könnten dramatisch sein und sind zudem, wie wir im 3. Kapitel ausgeführt haben, unvorhersehbar und weltweit ungleich verteilt.

Das Gefühl, die Welt stehe vor noch nie dagewesenen und gravierenden künftigen, vom menschengemachten Klimawandel herbeigeführten Gefahren, Risiken und Konflikten, nimmt zu. In einer Studie über die zunehmend verzwickte Lage, in der wir uns heute befinden, bemerkt Pankaj Mishra (2017: 10): »Der Eindruck einer aus den Fugen geratenen Welt wird noch verschärft durch den Klimawandel, der das Gefühl aufkommen lässt, der ganze Planet stünde unter Belagerung, und zwar durch uns selbst.« Diese Ahnung von dramatischen Veränderungen wird noch verschärft durch das beispiellose Wachstumstempo von wissenschaftlicher Forschung und technologischer Innovation. So gibt es eine kleine Hoffnung, dass zumindest einige Aspekte des Klimaproblems wissenschaftlich-technologisch gemildert werden könnten, zum Beispiel durch neue Filtertechniken, alternative Energieformen und -nutzungen oder verbesserte Energieeffizienz (vgl. Prins et al. 2013).

Angesichts der Verweildauer und zunehmenden Aufspeicherung von Treibhausgasen in der Atmosphäre und trotz (oder teilweise vielleicht auch wegen) der Bemühungen, die Emissionen zu verringern, die Anpassungsfähigkeit zu erhöhen und neue Technologien einzusetzen, wird sich das Verhältnis von Klima und Gesellschaft unweigerlich auf neue, differenzierte und unvorhersehbare Weisen ändern. Der Klimawandel wird mit Sicherheit zu bedeutenden Veränderungen der kulturellen Werte, der politischen und ökonomischen Prozesse, der sozialen Strukturen und der technologischen Kapazitäten führen. In dieser Hinsicht sollte man die Möglichkeit, aus früheren Erfahrungen zu lernen, nicht unterschätzen. In seiner Studie über die Kleine Eiszeit stellt Wolfgang Behringer fest, »dass bereits geringe Veränderungen des Klimas zu enormen sozialen, politischen und religiösen Erschütterungen führen können« (2007: 7). Es scheint also möglich, von Reaktionen, Lösungen und Ideen zu lernen, die nicht bereits vor Hintergrund der herrschenden wissenschaftlichen und politischen Paradigmen entstanden sind. Und doch scheint paradoxerweise das Klima, je mehr Erkenntnisse gewonnen werden, an Erkennbarkeit zu verlieren. Kein Zweifel dürfte allerdings daran bestehen, dass jede Reaktion auf den Klimawandel einen Weg finden muss, mit dem Nebeneinander von unabänderlicher Ungewissheit und zunehmendem Expertenwissen und von Risiko neben Innovation fertig zu werden.

Wie das aussehen könnte, lässt sich nicht vorhersehen, und auch einen eindeutig »richtigen« Weg, den die gesellschaftlichen Akteure beim Umgang mit dem Klima beschreiten könnten, gibt es nicht. Trotz gegenteiliger Behauptungen kann sich die Wissenschaft nicht über die Politik hinwegsetzen und die Akteure zu Kompromissen über Umweltfragen zwingen (Ruser und Machin 2017: 61). Die Informationen, die die Wissenschaft zum Klima liefern kann, sind wertvoll und komplex und differenziert und können die Menschen dazu bringen, ihre Ansichten zu differenzieren oder zu revidieren, aber sie können, wie wir im 5. Kapitel hoffentlich zeigen konnten, niemals Gewissheit produzieren oder politische Entscheidungen vorwegnehmen, in die unausweichlich auch Werte anderer Art eingehen. Wenn also der britische Kronanwalt Philippe Sands fordert, dass ein internationaler Gerichtshof den Klimaskeptikern den Boden entziehen sollte, indem er Beschlüsse über »Fakten« fällt und auf diese Weise »den *wissenschaftlichen* Disput beilegt« (Vaughan 2015, Hervorhebung von uns), riskiert er dann nicht eine Gegenbewegung gegen das technokratische Abwürgen der politischen Diskussion über die Klimapolitik?

Es ist vielleicht kein Zufall, dass mit der wachsenden Bedeutung der Wissenschaft im politischen Entscheidungsprozess auch das Misstrauen gegenüber den Wissenschaftlern wächst (Machin, Ruser und von Werburg 2017). In der Öffentlichkeit wie in der Politik sind die Einstellungen sowohl zur Klimaforschung als auch zum Klimawandel jedenfalls zwiespältig: Die unbestrittene Bewunderung, die Zufriedenheit und das Vertrauen, mit denen man dem wissenschaftlichen Wissen und den technologischen Möglichkeiten einst begegnete, ist erheblich geschwunden, und an ihre Stelle ist eine eher skeptische Einstellung getreten (vgl. Stehr, 2004 und 2006). Für die Wissenschaftler sollte dies eine Herausforderung sein, die Klimaforschung als interdisziplinäres Unternehmen zu praktizieren und die sozialwissenschaftliche mit der naturwissenschaftlichen Vorstellungswelt zu verbinden. Wir brauchen neue Arten von Wissenschaft, die die Gesellschaft als Teil des Ökosystems Erde einschließen, ohne deshalb die nicht-rationale, unvorhersehbare, innergesellschaftliche Dynamik auf einen Klimadeterminismus zu reduzieren.

Letztlich gehen menschliche Gesellschaften mit Problemen und Lösungen so um, wie es ihrer jeweiligen sozialen, politischen, ökonomischen, technologischen und ökologischen Dynamik entspricht. Internationale Zusammenarbeit mag wünschenswert sein, aber es gibt berechtigte Zweifel an den Erfolgschancen von Absprachen wie dem freiwilligen Übereinkommen von Paris im Dezember 2015. Wie realistisch sind seine Ziele für Emissionsreduktion, Anpassung und Finanzierung, vor allem nach dem Ausstieg der Regierung der Vereinigten Staaten? Während manche glauben, dass man einem globalen Problem auch nur mit einer globalen Lösung begegnen kann, bezweifeln andere die Klugheit einer solchen übergreifenden Globalstrategie. Die Autoren des Hartwell-Papiers (2015 [2010]: 28) schreiben:»Statt als Einzelproblem, das gelöst werden muss, ist der Klimawandel eher als eine anhaltende Problemlage zu verstehen, mit der umgegangen werden muss und mit der sich doch nur teilweise mehr oder weniger – eher weniger - gut umgehen lässt. Er ist nur Teil eines größeren Kontextes solcher Problemlagen, zu denen unter anderem Bevölkerung, Technologie, Ungleichverteilung von Reichtum, Ressourcennutzung usw. gehören.«[3]

Im 6. Kapitel sahen wir uns dann einige der bestehenden Alternativen für Politiker an und plädierten dafür, Ansätze zu kombinieren und das Klima neben anderen politischen Fragen in andere Politikbereiche zu integrieren.

Vielfach wird der Ruf nach neuen Formen von Politik und einer kreativeren öffentlichen Diskussion laut (Behringer 2007: 8). Alte Annahmen, die davon ausgehen, dass man die menschliche Gesellschaft unabhängig von ihrer natürlichen Umwelt betrachten kann, geraten zunehmend unter Druck (Latour 1991). Die jüngste Diagnose des Anthropozäns als des geologischen Zeitalters, in dem die menschliche Gesellschaft zu einer biogeophysikalischen Macht geworden ist, die das gesamte Erdsystem zerstören könnte, macht der einfachen Trennung von Natur und Gesellschaft ein Ende. Wie eine Vorahnung liest sich da, was Johann Wolfgang von Goethe im Jahr 1825 schrieb:

»Hier nun ist vor allen Dingen der Hauptpunkt zu beachten, dass alles, was ist oder erscheint, dauert oder vorübergeht, nicht ganz isoliert, nicht ganz nackt gedacht werden dürfe; eines wird immer noch von einem anderen durchdrungen, begleitet, umkleidet, umhüllt; es verursacht und erleidet Einwirkungen, und wenn so viele Wesen durch einander arbeiten, wo soll am Ende die Einsicht, die Entscheidung herkommen, was das Herrschende, was das Dienende sei, was voranzugehen bestimmt, was zu folgen genötigt werde?« (Goethe, zitiert in Tantillo 2002: 140).

Wenn es darum geht, über Klima und Klimawandel zu debattieren, sie zu erforschen und zu verstehen, täten wir gut daran, den Blick nicht nur auf die inneren Zusammenhänge des Klimasystems zu richten, sondern auch auf die Prozesse, Praktiken und Spannungen, in denen Wissenschaft, Gesellschaft, Natur und Klima einander, wie Goethe sagt,»durchdringen, begleiten, umkleiden, umhüllen«.

---

3 Siehe Goldthau (2017) zu der Notwendigkeit, den Übergang von fossilen Brennstoffen zu Solar-, Wind-, Geothermal- und Biomasseenergie zu *managen*.

Literatur

Behringer, Wolfgang (2007): *Kulturgeschichte des Klimas*. Bonn: Bundeszentrale für politische Bildung.

Clark, Nigel und Kathryn Yusoff (2017): »Geosocial formations and the anthropocene«, *Theory, Culture & Society* 34: 3–23.

Merton, Robert K. (1968 [1949]): *Social Theory and Social Structure. Enlarged to include two new essays on theoretical sociology*. New York, NY: Free Press.

Goldthau, Andreas (2017): »The G20 must govern the shift to low-carbon energy«, *Nature* 546: 203–205.

Grundmann, Reiner und Nico Stehr (2010): »Climate change: what role for sociology? A response to Constance Lever-Tracy«, *Current Sociology* 58: 897–910.

Latour, Bruno (1991): *We Have Never Been Modern*. Cambridge, Mass.: Harvard University Press.

Machin, Amanda, Alexander Ruser und Nikolaus von Andrian Werburg (2017): »The Climate of Post-Truth Populism. Science vs. the People«, *Public Seminar*. Online unter: http://www.publicseminar.org/2017/06/the-climate-of-post-truth-populism/ (abgerufen am 21.01.2019).

Mishra, Pankaj (2017): *Das Zeitalter des Zorns. Eine Geschichte der Gegenwart*. Frankfurt am Main: S. Fischer.

Prins, Gwythian, Mark Caine, Keigo Akimoto, Paulo Calmon, John Constable, Enrico Deiaco, Martin Flack, Isabel Galiana, Reiner Grundmann, Frank Laird, Elizabeth Malone, Yuhji Matsuo, Lawrence Pitt, Mikael Roman, Andrew Sleigh, Amy Sopinka, Nico Stehr, Margaret Taylor, Hiroyuki Tezuka und Masakazu Toyoda (2013): *The Vital Spark: Innovating Clean and Affordable Energy for All*. London: LSE Academic Publishing.

Ruser, Alex und Amanda Machin (2017): *Against Compromise: Sustaining Democratic Debate*. London: Routledge.

Stehr, Nico (2006): *Knowledge Politics. Governing and Consequences of Science and Technology*. New York: Routledge.

– (2015 [2010]) (Hrsg.): *Das Hartwell-Papier. Eine Neuausrichtung der Klimapolitik an der Menschenwürde*. Wiesbaden: Springer VS.

– (2017 [2004]): *The Governance of Knowledge*. New Brunswick, NJ: Transaction Books.

Tantillo, Astrida Orle (2002): *The Will to Create: Goethe's Philosophy of Nature*. Pittsburgh: University of Pittsburgh Press.

Vaughan, Adam (2015): »World court should rule on climate science to quash sceptics, says Philippe Sands«, *The Guardian* 18.09.2015. Online unter: www.theguardian.com/environment/2015/sep/18/world-court-should-rule-on-climate-science-quash-sceptics-philippe-sands (abgerufen 21.01.2019).

Danksagung

Dieses Buch stützt sich auf frühere Veröffentlichungen von Hans von Storch und Nico Stehr. Daher gilt unser erster und größter Dank Hans von Storch für seine so wertvolle wie nachhaltige Unterstützung. Keigo Akimoto, Jun Arima, Roger A. Pielke Sr., Alexander Ruser, Franz Mauelshagen und Thomas Bruhn danken wir für ihre hilfreichen Vorschläge zum Manuskript, Oliver Wagener und Falk Stratenwerth für ihre Recherchen und ihre redaktionelle Unterstützung und Beate Gardeike für ihre Aufbereitung und Erweiterung des grafischen Materials. Besonders dankbar sind wir Volker und Roswitha Heuer, ohne deren Unterstützung dieses Projekt nicht möglich gewesen wäre. Das Institute of Advanced Sustainability Studies (IASS) in Potsdam und die Zeppelin University in Friedrichshafen boten Möglichkeiten zu anregenden Diskussionen und Überlegungen zum Thema Klima und Gesellschaft.

Namenverzeichnis

Sachverzeichnis